Michael Brander

Die Jagd

von der Urzeit bis heute

3. Auflage

Manfred Pawlak Verlagsgesellschaft mbH Herrsching

Titel der Originalausgabe *Hunting and Shooting –*
From earliest times to the present day,
erschienen bei Weidenfeld & Nicolson Ltd., London.
© Michael Brander 1971

Aus dem Englischen von Rolf Richter

1. Auflage August 1972
2. Auflage Mai 1973
3. Auflage 1978

© BLV Verlagsgesellschaft mbH, München, 1972
Lizenzausgabe für Manfred Pawlak Verlagsgesellschaft mbH Herrsching
Alle Rechte, auch die der fotomechanischen Vervielfältigung und des
auszugsweisen Nachdrucks, vorbehalten
Umschlagentwurf: Franz Wöllzenmüller, München
Satz: Aktino Lichtsatz KG, Berlin
Printed in Great Britain · ISBN 3-405-11138-2

Inhaltsverzeichnis

Vorwort

Es ist im Laufe der Jahrhunderte viel über Jagdmethoden, aber erstaunlich wenig über die Entwicklung der Jagd und ihre Auswirkungen auf Mensch und Tier geschrieben worden.

Eine Tatsache, die uns bewog, diese hochinteressante Gesamtschau »Die Jagd von der Urzeit bis heute« auch dem deutschsprachigen Leser zugänglich zu machen.

Eine zusätzliche Erkenntnis bestärkte uns, diesen Band herauszugeben, nämlich die Behandlung des Themas aus der speziellen Sicht eines Engländers. So gewinnt der Leser außer der sachlichen Information mit einer Fülle von Belegen Abstand zu altgewohnten Betrachtungsweisen; eigene Meinungen werden korrigiert oder auch bestätigt. Die grundlegenden Erkenntnisse des Autors sind allgemein und international gültig. Denn überall auf der Welt werden ganze Wildarten ausgerottet; durch Nichtwissen, Rücksichtslosigkeit, Planlosigkeit. Es ergibt sich als logische Konsequenz, daß der Jäger weit stärker als bisher Tierheger und Tierpfleger, Umweltschützer und Reviergestalter sein muß, wenn es künftig noch Jagdwild geben soll.

Wir sind davon überzeugt, daß dieses Werk gerade zum richtigen Zeitpunkt erscheint, denn noch läßt sich manche schädigende Entwicklung aufhalten. Wenn dieses Buch dazu einen Beitrag leistet, dann hat es seine Aufgabe erfüllt.

Besonders danken möchten wir dem Übersetzer, Herrn Rolf Richter, der mit peinlicher Genauigkeit und gründlicher Fachkenntnis das Werk ins Deutsche übertragen hat.

Einführung

In der Welt des 16. Jahrhunderts war die Bedeutung des Wortes »Jagen« noch allumfassend: sie umspannte sowohl die Jagd zu Pferde, wie die mit Hunden, Feuerwaffen, Armbrüsten, Spießen, Fallen und Netzen. Schießen, ob mit der Armbrust oder dem Luntenschloßgewehr, war nur eine von vielen Jagdarten. Überall im größten Teile der Welt hat das Wort »jagen« diese allumfassende Bedeutung behalten, und nur in einigen Ländern, besonders in Großbritannien, unterscheiden sich die Ausdrücke »hunting« und »shooting« in ihrer Bedeutung erheblich voneinander*.

Ich möchte deshalb von Anfang an klarstellen, daß es sich hier um ein Buch über die *Jagd im weitesten Sinne des Wortes* handelt.

Den Fortpflanzungstrieb ausgenommen, ist der Jagdinstinkt wahrscheinlich der ursprünglichste, urzeitlichste Trieb des Menschen, ja, im Grunde ist der Mensch noch immer ein Jäger. Dieses Buch folgt den Spuren der Entwicklung dieses Instinktes von den frühesten Stadien, als der Urmensch die erste einfache Fallgrube entwickelte, bis zu den letzten Beispielen elektronischer Wissenschaft, die die Paarungslaute von Wildvögeln auf Lautsprecher übertragen, um deren Artgenossen vor die wartenden Flinten zu bringen. Im gleichen Maße, wie die Zivilisation fortschritt, veränderten und verbesserten sich die Jagdmethoden, aber überraschenderweise sind einige der einfachsten die besten geblieben, und Angleichungen an primitive Verfahren werden noch heute mit bestem Erfolge angewandt.

Der Urmensch war vom Jagen natürlich viel abhängiger als der moderne Mensch. Er lernte ja entweder, diese Kunst zu meistern, oder er hatte nichts zu essen! Er war auch seiner Beute ähnlicher: wenn es ihm nicht gelang, diese zu erlegen, dann drehte sie den Spieß häufig herum, d. h. tötete und fraß ihn selbst. Heutzutage haben wissenschaftliche Fortschritte die Chancen gewaltig zugunsten des Menschen verändert. Hubschrauber und Düsenflugzeuge bringen die Wildnisse jedem Jäger nahe, und wenn dessen Instinkte und Fähigkeiten verkümmert sein sollten, dann geben ihm Hinterlader und Zielfernrohr gleichwohl einen beträchtlichen Vorsprung. Trotz alledem muß zwischen

---

* Unter »hunting« und »coursing« versteht man in England die Hetzjagd zu Pferde; »hunting« kann aber auch Jagd mit der Schußwaffe sein. »Shooting« hat neben der allgemeinen Bedeutung »schießen« und »erschießen« die der Niederjagdausübung mit der Flinte, nicht zuletzt für Standtreiben auf Flugwild, wie Moorhühner und Fasanen. Andererseits wird der Ausdruck »shooting« auch für die Großwildjagd verwendet.
Diese recht komplizierte Unterscheidung wird in Großbritannien selbst auf vieles Jagdzubehör sprachlich übertragen. So sind »hunter« und »courser« besonders für die Hetzjagd gezogene Pferde; »fowling piece« – von »wildfowl« = Wasserwild abgeleitet – ist die speziell für das Flugwildschießen brauchbare Flinte. (Anmerkung des Übersetzers)

Jäger und Gejagtem noch immer eine besondere Beziehung bestehen, so zart und undefinierbar dieses Bindeglied auch immer sein mag.

Wenn der Mensch aufhört, dem Wildtier seinen Verstand unter gleichen Bedingungen entgegenzustellen und seine Beute nicht mehr im eigentlich wilden Zustande beläßt, dann wird er zum Schlächter. Das geschieht z. B., wenn er dem Tier nicht mehr gestattet oder es nicht mehr dabei unterstützt, sich ohne Furcht vor Verfolgung zu vermehren, sondern es bei jeder Gelegenheit, oft bis zur Ausrottung, tötet.

Es ist interessant festzustellen, daß je höher der Entwicklungsgrad ist, den eine Gesellschaft erreicht, die Jagd um so steriler und entarteter wird. Wenn der Mensch aufhört, das Wild zu achten, wenn die Jagdmethoden zum Ritual werden oder Massenschlächtereien einbeziehen, dann ist die Gemeinschaft, die das zuläßt, auf dem Abstieg.

Man hat im Laufe der Jahrhunderte viel über Jagdmethoden, aber überraschend wenig darüber geschrieben, wie sich die Jagd selbst, ihre Auswirkung auf den Menschen oder die Tiere, die er jagte, entwickelt hat. Es ist wenig beachtet worden, welche sozialen Nebenwirkungen sie hatte oder welche Einflüsse auf politische Veränderungen, Revolutionen und Kriege erfolgten. Ökologische Veränderungen, die von kriegsbedingten Umweltzerstörungen herrührten, haben manchmal radikale Veränderungen der Tierverbreitung hervorgerufen und damit auch die der Jagd oder der Jagdmethoden.

So sind der europäische Wisent und der Auerochse hauptsächlich durch die zunehmende Abholzung der zentraleuropäischen Wälder, die ihren natürlichen Lebensraum darstellten, ausgestorben; sie waren noch für die fränkischen Könige und Edelleute Jagdwild. Bär und Wildschwein, einst von den angelsächsischen Königen gejagt und über die ganzen britischen Inseln verbreitet, sind dort seit langem ausgerottet. Noch vor weniger als einem Jahrhundert waren Bison und Wandertauben in Nordamerika so zahlreich, daß man von übergroßer Wilddichte sprechen konnte. Heute dagegen sind sowohl in Afrika als auch in Nordamerika, wo man einst unübersehbare Wildmengen sah, deren klägliche Reste auf Wildreservate und Nationalparks beschränkt.

Eigentlich sollten wir daraus gelernt haben, wenn es auch schon fast zu spät ist. Der Mensch als Jäger muß hegen, was er jagen will, oder es ist zum Jagen nichts mehr da. Interesse an der Arbeit der Hunde an sich oder Freude an ihrem Geläut ist dem Ende der Jagd vorzuziehen. Interesse am Schießen und die Fähigkeit sauberen Treffens sind für sich beides Hilfe und Anreiz, Beute zu machen, selbst wenn es eine zahlenmäßige Grenze für die Anzahl erlegten Wildes gibt. Wissen über das Wild und seine Umwelt, Beteiligung an seiner Erhaltung und Fortpflanzung sowie seinem Schutz vor Feinden, der Ausbreitung zivilisatorischer Gefahren und der Verschmutzung von Luft, Wasser und Lebensraum: das sind alles unentbehrliche Merkmale des heutigen Jägers.

Man darf Jagdschutz- und Hegemaßnahmen aber auch nicht zu weit treiben. Ein sogenannter »Jäger«, der mit einem firmen Hund auszieht, um einen auf den Boden gesetzten Vogel zu schießen, der vorher in seinem ganzen Leben nie einen Flügelschlag außerhalb eines Geheges getan hat, jagt nicht. Er täte besser daran, gleiche Vögel in der freien Wildbahn vor ihren Feinden zu schützen, selbst wenn es ihm nicht gelingt, sie dort zu erlegen. Es scheint immer mehr, daß die Zukunft der Jagd in kontrollierten Gebieten wie Nationalparks liegen wird, wo eine Beutegrenze eingeführt ist.

Es ist entscheidend wichtig, daß der moderne Jäger, bildlich gesprochen, wieder hineinsteckt, was er herausnimmt. Kein Land kann sich heute mehr eine Schlächterei des bestehenden Wildbestandes leisten, ohne daß der Ergänzung nachgeholfen wird. Die Natur allein kann den gierigen Anforderungen des Menschen nicht mehr genügen. Der Jäger muß deshalb Heger werden. Wenn das vorliegende Buch diesen Punkt ganz klargemacht hat, dann ist es der Mühe wert gewesen.

1 Jäger der Frühzeit

Die Höhlenbilder der Urmenschen, das vorgeschichtliche Gegenstück unserer Aufzeichnungen wichtiger Ereignisse, zeigen alle deren vorwiegende Beschäftigung mit der Jagd. Die Köpfe von Antilopen, Wildrindern, Mammuts und anderen prähistorischen Tieren sind auf den Felswänden europäischer und afrikanischer Höhlen realistisch dargestellt. Die Höhlenmalereien der Cro-Magnon-Menschen in der französischen Dordogne beweisen, daß diese sogar einen hohen Grad künstlerischer Reife erreicht hatten.

In einigen dieser Bilder finden wir nicht nur eine Aufzeichnung der Tierarten, die gejagt wurden, sondern auch Andeutungen über die Methoden, die dabei benutzt worden sind. In der Kalahariwüste ist z. B. der Buschmann auf der Straußenjagd mit einem Federkleid so geschickt straußenähnlich getarnt dargestellt, daß nur sein Speer die Rolle verrät, die er spielt. Urtümliche Menschen haben eben schon lange vor Einführung der Tarnung gewußt, wie sie ihren Umriß verändern und ihre Beutetiere täuschen konnten. Das Prinzip ist heute noch genauso brauchbar wie zur Zeit seiner Erfindung. Wie der Urmensch seine Jagdmethoden weiterentwickelte, das muß wohl im wesentlichen Vermutungssache bleiben. Das Auffinden von Hirschen, Antilopen oder Rehen, die mit ihrem Kopfschmuck in Schlingpflanzen oder dichtem Gebüsch hängengeblieben waren, mag zu dem Gedanken des Verflechtens solcher Ranken zu Fangnetzen angeregt haben. Der Anblick von Tieren, die sich in steilwandigen Geländespalten gefangen hatten, könnte zur Entwicklung einer einfachen Fallgrube geführt haben. Ein labil gelagerter Stein oder vom Wild halb umgelegter Baum kann der Vorläufer der ersten Schwerkraftfalle gewesen sein.

Von den primitiven Stein- und Holzkeulen dachte sich der Urmensch zum Speer herauf, und von diesem ging es schrittweise weiter zum Wurfbrett (Speerschleuder), durch das Genauigkeit und Reichweite gesteigert wurden. Er war notgedrungen bereits ein vorzüglicher Werfer von Steinen u. a. m.; im Laufe der Zeit entwickelte er die Schleuder dazu. Mit seiner Fähigkeit, Feuer zu machen und dadurch Tiere in beliebige Richtungen zu treiben, wird er bald entdeckt haben, daß er Herden von Auerochsen, Rentieren oder Wildpferden über Klippen in Abgründe lenken konnte, um eine überreichliche Fleischversorgung sicherzustellen. So haben es nordamerikanische Indianer noch vor etwa 200 Jahren gemacht. In Solutré bei Lyon hat man unter einer Klippe, die wahrscheinlich für dieses Verfahren benutzt wurde, die Überreste von mehr als 10 000 Wildpferden entdeckt, die aus der Zeit von etwa 40 000 vor Christus stammen. Hirschhornpfeifen aus gleicher Zeit, die beim Anblasen hohe Töne erzeugen, sind ebenfalls gefunden worden. Sie mögen für die Verständigung zwischen den Jägern benutzt worden sein, waren also Vorläufer des Jagdhorns.

Wild war in der griechisch–römischen Zeit im Überfluß vorhanden. Diese persische Jagdszene
zeigt König Chosroes II., von seinen Hunden begleitet, bei der Jagd.

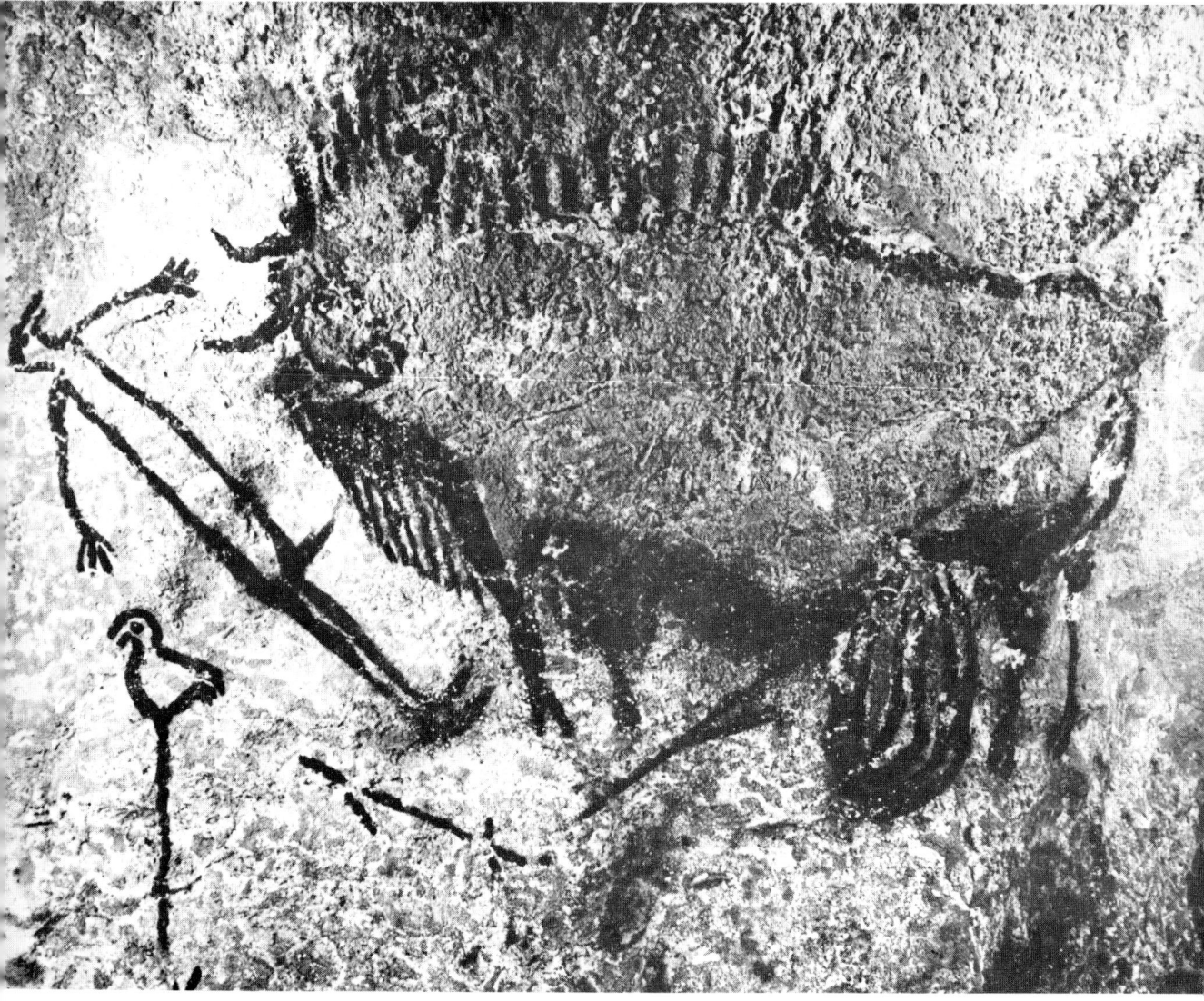

Der Wisent war mit das gefährlichste Jagdwild des Urzeitmenschen. Eines der Höhlengemälde aus Lascaux beschreibt sehr lebendig das Schicksal eines Jägers, der ein solches Tier angriff.

Die allmähliche Zähmung des Hundes kann man sich leicht vorstellen. Wahrscheinlich waren die Vorfahren unserer heutigen Jagdhunde ängstlich schleichende, heimliche Geschöpfe, die zu Jagdverbündeten wurden, um die Überreste zu erlangen, ähnlich wie es beim Schakal der Fall ist, der dem Löwenrudel folgt. Während sie am Wohnhöhleneingang herumstrichen, um jeden Fetzen Fleisch und jeden Knochen zu ergattern, der herausgeworfen wurde, warnten sie gleichzeitig vor allen Störenfrieden. Als der Mensch dann allmählich seine Vorherrschaft errichtete, wurde der Wolf zumindest zum halbzahmen Wildhund. Und als die Jungen von Menschen und Wildhunden schließlich gemeinsam im Staube vor der Höhle spielten und herumtollten, war der unentbehrliche Bund zwischen Jäger und Hund geschlossen.

Aus den Überresten ehemaliger Wohnhöhlen ist es möglich, die hauptsächlichen Wildarten zu bestimmen, die dem Urmenschen in den verschiedenen Perioden seiner Entwicklung als Beutetiere dienten. Während des Frühpaläolithikums, als Europa von

14

Urwäldern bedeckt war und der Neandertaler auf der Höhe seiner Macht stand, war der Höhlenbär eines seiner Hauptbeutetiere. Diese Vorzeitbestie war erheblich größer als der heutige europäische Bär. Sie wurde während des Winterschlafes ausgeräuchert oder mit Speeren erlegt.

Während der Magdalénienzeit, etwa 30 000 vor Christus, erreichte der Urzeitmensch mit der Erfindung von Bogen, Pfeil und Schlinge eine verhältnismäßig fortgeschrittene und verfeinerte Stufe in bezug auf die Jagd. Kein Tier war mehr vor ihm sicher, und zu seinen hauptsächlichen Fleischquellen zählten Wildrinder und Rene, die er in morastige Gebiete, über dünnes Eis oder Schneeharsch, über Klippen oder in vorbereitete Fallgruben trieb, um sie dann mit Bogen und Pfeil, Harpune oder Speer zu töten.

Durch die ganze letzte Eiszeit hindurch, etwa 10 000 vor Christus, war das Mammut bei der entsprechenden Klimaänderung die bevorzugte Beute des Menschen. Auf ähnliche Art gefangen, wie eben erwähnt, dann durch Durchtrennen der Achillessehnen gelähmt und zu Tode gespießt, scheint sein eigenes Gewicht bei entsprechender Größe es entscheidend behindert zu haben. So war das an der Schulter 3,7 bis 4 Meter hohe, mit Stoßzähnen von über 3,5 Meter Länge bewaffnete Tier wahrscheinlich überraschend leicht zu erlegen. Ähnlich wie die Eingeborenen Afrikas dem Elefanten, waren die Vorzeitmenschen dem Mammut mehr als gewachsen und dürften, wie beim Höhlenbären, wohl der Hauptfaktor für sein Aussterben gewesen sein.

Gegen Ende der Steinzeit hatte der neolithische Mensch wieder beträchtliche Fortschritte erzielt. Er hatte die Jungen von Beutetieren gezähmt und benutzte sie als Köder, um Artgenossen herbeizulocken, oder als Deckung beim Anschleichen an Wildrudel. Diese halbzahmen Tiere wurden zum Grundstock von Herden und zu Vorläufern der Haustiere. Zur gleichen Zeit begann er, Stämme zu gründen und das Land um seine Behausungen herum zu bebauen.

In der Frühzeit waren die Jäger die Stärksten und Behendesten ihrer Sippe. Sie versorgten die übrigen durch ihre Jagderfolge mit Nahrung. Die Kinder, die Alten und die Frauen blieben während einer Jagd entweder zu Hause, oder sie erfüllten die größtenteils passiven, wenn auch manchmal gefährlichen Aufgaben der Treiber. Ihnen blieben auch die unangenehmeren Tätigkeiten bei der übrigen Nahrungsbeschaffung, wie Vieh hüten, Säen und Ernten, vorbehalten. Wenn eine Sippe oder ein Stamm mit einer anderen aneinandergeriet, verwandelten sich die Jäger wie selbstverständlich in Krieger, die

Speere, Bogen und Pfeile waren die Hauptwaffen des Vorzeitmenschen. Dieses Höhlengemälde zeigt einen Jäger, der einen Keiler mit dem Speer angreift.

die schwächeren Stammesgenossen verteidigten. Waren sie siegreich, so wurden die überlebenden Feinde entweder getötet oder zu Sklaven gemacht: auf diese Weise entstand allmählich eine recht differenzierte Gesellschaft.

Man darf annehmen, daß der Mensch schon früh und unabsichtlich einige grundlegende aerodynamische Prinzipien entdeckte und praktisch anwandte. So entstanden das Wurfholz in der Art des australischen Bumerangs oder die altägyptischen Wurfstäbe, die wie ein gestrecktes S aussahen, um der Schwerkraft und dem Luftwiderstand Trotz zu bieten. So, wie er die Paarungslaute von Haar- und Federwild nachzuahmen lernte, um es in Reichweite seines Verstecks zu bringen, lernte er ohne Zweifel auch, aus Lehm und Federn Lockvögel herzustellen.

Bis zu den sumerischen und chinesischen Kulturen vor vier- oder fünftausend Jahren kennen wir nur wenige Aufzeichnungen über den Menschen als Jäger. Klar ist allerdings, daß damals bereits ein fortgeschrittenes Zivilisationsstadium erreicht war, das wahrscheinlich schon einige Jahrhunderte existiert hatte. Diese Zeit hinterließ uns zum ersten Male ein klareres Bild ihrer Jagdmethoden in Gestalt von Bildern auf Topfscherben und Schrifttafeln.

Im Fernen Osten wie im Mittelmeerraum hatte der Mensch den Hund, den Gepard und den Falken als Jagdhelfer gewonnen und abgerichtet. Auch Elefant und Pferd waren für Jagdzwecke gezähmt. Der Fang von Elefanten war sowohl in China als auf den Küstenebenen des Mittelmeeres ein anerkannter Sport: Es ist bezeichnend, daß sie in beiden Gebieten seit langem ausgestorben sind... Wie wir bereits gesehen haben, begann der Mensch, noch bevor er die Steinzeit ganz hinter sich hatte, entscheidenden Einfluß auf Ökologie und Fauna seiner Umwelt auszuüben.

Seit dem Beginn der ägyptischen Kultur stehen uns genauere Aufzeichnungen zur Verfügung. Die ägyptische Kriegerklasse jagte nämlich gern. Als einen Hinweis auf Zahl und Artenreichtum des an den Mittelmeerküsten damals vorhandenen Wildes darf man den folgenden verläßlichen Bericht ansehen: Pharao Thutmosis III. jagte im Jahre 1464 vor Christus an einem Wasserloch 120 Elefanten! Wie viele er davon erlegte, ist allerdings eine andere Sache...

Die Wasservogeljagd mit dem S-förmigen Wurfholz auf Seen und Flüssen scheint damals ein beliebter Sport gewesen zu sein. Für die Wasserjagd auf Enten und Gänse wurden auch Schlagnetze benutzt, das waren Netze an langen Stangen, die plötzlich vor den niedrig anstreichenden Vögeln aufgerichtet und scharf zusammengeklappt wurden, wenn sich die Beute darin verfangen hatte. Lockenten aus Lehm und Federn sind auch in ägyptischen Gräbern gefunden worden.

Es ist klar, daß die ägyptischen Adligen ihre Windhunde sehr schätzten. Daß aber Hetzjagden damit bereits bekannt waren, ist nur zu vermuten.

Da die auf den Friesen um die Gräber herum dargestellten Windhunde mit den heutigen identisch zu sein scheinen, ist es aber wahrscheinlich. Die Beutetiere mögen Gazellen gewesen sein, obwohl man diese auch mit Geparden gejagt haben wird. Auch Falken wurden anscheinend abgetragen und geflogen.

Als sich die Zivilisation weiterentwickelte, wurde die Jagd bis zu einem gewissen Grade ritualisiert. Die Hauptmethode scheint gewesen zu sein, das Wild, wie Antilopen, Gazellen und Wildrinder, ja, selbst Löwen und Elefanten an den wartenden Jägern vorbeizutreiben. Das waren Könige, Prinzen und Adlige, die ohne Zweifel von Berufsjägern unterstützt und geschützt wurden. Das Ganze kam also auf wenig mehr als einen Wettbewerb im Bogenschießen und Speerwerfen heraus oder auf ein Schauspiel von Hundearbeit, wobei die Hunde nach Sicht, nicht nach der Nase dem Wilde folgten. Eine andere Möglichkeit war die Verfolgung des Wildes in Streitwagen.

Oben Die Jagd mit Pfeil und Bogen vom Streitwagen aus war eine beliebte ägyptische Methode (eine Szene vom Pfeilköcher Tut-ench-Amuns; etwa 1339 v. Chr.).
Unten Die assyrische König Assurnasipal II. schießt einen Löwen von seinem Streitwagen. Er brüstete sich, auf einer einzigen Jagd 450 Löwen, 390 Wildrinder, 200 Strauße und 30 Elefanten erlegt zu haben.

Bei den Assyrern und Persern sowie fast sicher bei den Ägyptern wurden Wildtiere aller Art in Einfriedigungen oder mauerumgebenen Parks für die aristokratischen Jäger bereitgehalten. Gazellen, Rehe und Wildschweine, sogar Löwen und Tiger wurden auf solche Weise gehalten. Um 850 v. Chr. erreichten die Gesellschaftsjagden in Streitwagen einen Gipfelpunkt, als König Assurnasipal III. prahlte, er habe im Verlaufe einer einzigen Jagd 450 Löwen, 390 Wildrinder, 200 Strauße und 30 Elefanten erlegt. Außerdem habe er einige 20 Löwen, 50 Rinder, 140 Strauße und 5 Elefanten gefangen. Die hat er vermutlich für ein späteres Jagdvergnügen aufgehoben ...

Während der griechischen und römischen Zivilisationsperiode wurde die Jagd zum ersten Male ausführlich beschrieben. Plato, Virgil, Cicero und Horaz, um nur einige der berühmten klassischen Autoren zu nennen, priesen alle die Jagd.

Der Gebrauch von Pferd und Hund bei der Hetzjagd und die Geschicklichkeit im Gebrauch von Bogen, Pfeil und Speer wurden von ihnen gleichermaßen mit Beifall bedacht.

Der Hauptunterschied zwischen Griechen und Römern scheint jagdlich darin bestanden zu haben, daß die ersteren keine Wildgatter hatten, während die letzteren sie kannten. Es mag allerdings bis zu einem gewissen Grade der Zweck ihrer Wildgehege vorwiegend im Herausfüttern bestanden haben, denn einige davon waren für Jagdzwecke kaum groß genug.

Die ersten Jagdgesetze, die uns überkommen sind, wurden von den Römern eingeführt. Sie verboten die Jagd auf bebauten Feldern oder in Stadtnähe. Auf der anderen Seite war der griechische General Xenophon der erste, der genaue Anweisungen für die Hunde- und Pferdezucht gab.

Die Römer schrieben auch ausführlich über die besten Jagdmethoden. Arrian, ein bekannter Jäger, der sich seine Windhunde aus Britannien kommen ließ, weil er sie für die besten hielt, war ein ergebener Schüler Xenophons und wiederholte viele von dessen Ratschlägen, nicht ohne einige eigene hinzuzufügen. Was er sagte, liest sich bemerkenswert ähnlich den Ratschlägen, die erfahrene Hundezüchter oder Jäger auch heute

Auf dem Fries vom Alexandersarkophag benutzen persische Jäger Äxte und Spieße, um einen Luchs zu erlegen. Unter den Persern und Assyrern wurden alle möglichen Wildarten in ummauerten Parks für das Vergnügen adliger Jäger bereitgehalten.

geben würden: »Wer auch immer gute Windhunde hat, sollte sich hüten, sie zu nahe am Hasen zu schnallen und anzuhetzen oder mehr als zwei zu verwenden. Denn obwohl das Tier schnell ist und die Hunde oft schlagen wird, ist es zunächst so erschreckt von dem Hallogeschrei, daß selbst die besten, sportlichsten Exemplare häufig getötet werden, ohne die Zuschauer unterhalten zu haben. Man sollte dem Hasen deshalb gestatten, einigen Vorsprung zu gewinnen und seine Gedanken zu sammeln. Ist es dann ein guter Vertreter seiner Art, wird er seine Löffel aufstellen und mit langen Sätzen davonflitzen, während die Hunde mit schnellster Tätigkeit ihrer Gliedmaßen, als ob sie sprängen, hinterhersetzen. Das bietet ein Schauspiel, das die Mühe wettmacht, die man notwendigerweise für das Aufziehen und Abführen solcher Hunde aufzubringen hat.«
Das ist die Art von Gefühlen, die ein Sportsmann unserer Tage wohl in ähnliche Worte kleiden würde; sie wurden aber bereits im ersten nachchristlichen Jahrhundert niedergeschrieben. Was könnte moderner sein, als folgende Empfindung: »Das Ziel des wahren Sportsmannes ist nicht die Erbeutung des Hasen, sondern es besteht darin, ihn zu einem Wettrennen oder Duell zu bewegen. Er ist erfreut, wenn es dem Tier gelingt zu entkommen.«
Gedanken über den Sport hatten also bereits Formen angenommen, die in mancher Beziehung seitdem unverändert geblieben sind.
In anderer Hinsicht war die Jagd allerdings damals schon zunehmend entartet. Das Kolosseum, dessen Bau von Kaiser Vespasian begonnen worden war, wurde im Jahre 72 n. Chr. vollendet. Hier wurde zur Erbauung des römischen Pöbels das Zeremoniell des Gladiatorenkampfes gegen Raubtiere oder von Raubtieren gegeneinander vorgeführt. Tausende und Abertausende von Wildtieren wurden mit Lassos oder Fallen in der Wildnis gefangen, nach Rom gebracht und dort zu Schauspielen der geschilderten Art verwendet. Das war wirklich der absolute Tiefpunkt jeden Sports! Er ist in solcher Form nicht wieder erreicht worden.
Zu dieser Zeit waren im Mittelmeerraum bereits mehrere Zivilisationen gekommen und gegangen. Der Tiernachwuchs begann nachzulassen. Monokulturen und Raubbau am Wald hatten viele früher fruchtbare Gebiete in Wüsten verwandelt, und eine dauernde Folge von Kriegen hatte die Brunnen, Kanäle und Aquädukte beschädigt, von denen die Bewässerung des Landes abhing.
Die Tiere waren nach und nach gezwungen, in andere Gegenden abzuwandern, weil ihnen die passende Umgebung und somit auch die Ernährungsbasis entzogen waren. In Nord- und Mitteleuropa begannen inzwischen die endlosen Wälder weniger zu werden, als ein germanischer Stamm den anderen im Vorwärtsdringen nach Westen ablöste. Auerochsen, Wisente, Bären, Wölfe und Wildschweine waren noch überall verbreitet, allerdings mit Ausnahme der britischen Inseln, wo Auerochse und Wisent bereits ausgestorben waren. Eine Bemerkung über Wisente und Auerochsen in Europa ist in Cäsars Bericht von den gallischen Kriegen zu finden. Er notierte, daß sie in den herzynischen Wäldern (deutsche Mittelgebirge) »mit großem Eifer gejagt werden. Sie werden in Fallgruben gefangen und getötet. Durch solche Taten härten sich die jungen Männer ab und verbessern ihre Geschicklichkeit in der Waffenführung. Diejenigen, die die größte Anzahl von Tieren erlegt haben, gewinnen hohes Ansehen, wenn sie als Beweis die Hörner öffentlich ausgestellt haben. Es ist unmöglich, diese Bestien an die Gegenwart menschlicher Wesen zu gewöhnen und sie zu zähmen, selbst wenn sie jung gefangen werden.«
Cäsar war auch der erste, der von einem Gewährsmann über »alces« (Elche) etwas hörte und davon berichtete. Er behauptete, sie würden dadurch gefangen, daß man Bäume halb absägte. Lehnte sich der Elch zum Schlafen an den Baum, fiel er damit

Die Entartung der Jagd unter den Römern ist auf diesem Fries gut zu erkennen. Gladiatoren kämpfen zur Belustigung der Zuschauer mit Löwen. Tausende von Tieren wurden gefangen und für solche Zwecke nach Rom geschafft.

zur Erde. Das ist wahrscheinlich die Beschreibung einer Art Prügelfalle, die beim Weitererzählen verballhornt wurde*.

Es erscheint seltsam, daß die Römer, die das Kaninchen gut kannten, es nicht nach England hinüberbrachten. Erst im 13. Jahrhundert, einige Zeit nach der normannischen Eroberung, werden Kaninchen erwähnt, aber nicht etwa als überall vorkommendes Wild, sondern als in Spezialgehegen gehütete Delikatesse. Die Römer führten jedoch den Fasan ein, der sich im Laufe der Zeit über das ganze Land verbreitete und als wohlschmeckendes Jagdwild sehr willkommen geheißen wurde. Er gilt seit langem fast als »eingeborener« Vogel.

Der Rückzug der Römer hinterließ England schwach und wehrlos gegen Eindringlinge. Für die nächsten vier Jahrhunderte wurde das Land immer wieder überfallen und geplündert; erst von den Angeln und Sachsen, dann abwechselnd von den Dänen und Wikingern. Endlich wurden die Dänen von Alfred dem Großen besiegt, und ein recht ungemütlicher Friede folgte.

König Alfred erzog seine Söhne und Töchter nach dem Motto: »Übt alle menschlichen Künste und Fertigkeiten, besonders aber Jagen und Reiten sowie jene anderen Beschäftigungen, die sich für Edelleute ziemen ... sie lernten ihre Psalmen ebenso sorgfältig, wie den häufigen Gebrauch von Hunden und Falken.«

König Alfred scheint die Falkenjagd und die Jagd zu Fuß besonders geschätzt zu haben. Bei letzterer bevorzugte er Hunde, die spurlaut und nicht sichtlaut jagten. Zu seiner Zeit ist überhaupt das Geläut der Hunde in seiner Bedeutung erst richtig erkannt worden.

---

* Eine andere Erklärung wäre die, daß man den großen Cäsar einmal richtig auf den Arm genommen hat. Träfe sie zu, dann hätten wir damit eines der frühesten Beispiele erfolgreichen Jägerlateins. (Anmerkung des Übersetzers)

20

Die Hetzjagd zu Pferde blieb natürlich auch ein beliebter Sport, wobei Hirsch und Hase die bevorzugten Beutetiere waren. Die Frage nach Hege stellte sich noch nicht, denn es gab weiterhin weit mehr Wild, als die verhältnismäßig dünne Bevölkerung hätte beeinträchtigen können, selbst wenn die Jagd nicht vorwiegend dem Adel vorbehalten gewesen wäre.

Ein besonderes Charakteristikum unter den angelsächsischen Königen war die Einführung von Hagen oder Dauerzäunen, die im allgemeinen nach dem Prinzip weidenrutenverflochtener Pfähle errichtet wurden. Sie waren etwa eine halbe Meile (800 Meter) lang und standen manchmal in Verbindung mit natürlichen Hindernissen, wie Klippen, um die Tiere zu zwingen, einen Weg einzuschlagen, der an den wartenden Jägern vorüberführte. Während der Eingang weitgehalten wurde, verengten sich die Zäune trichterförmig zu einem schmalen Ausgang. Hier wurde das Wild, von Treibern durch den Trichter gezwungen, in Gruben oder Fallen gefangen, gespießt oder mit Pfeil und

Lebensvolle Jagdszenen aus einem Mosaikfußboden der Villa del Cassale. Im Vordergrund liegt ein verwundeter Adliger mit zerbrochenem Jagdspieß, während sein Jäger und die Hunde den Keiler von allen Seiten angehen. Im Hintergrund sieht man einen anderen Jäger, der dabei ist, einen Hasen mit gegabeltem Speer in der Sasse festzunageln.

21

Bogen erlegt. Möglicherweise wurden auch wartende Hunde geschnallt, und manchmal wurde eine Kombination aller erwähnten Verfahren angewandt.

Die verschiedenen Methoden des Fallen- und Schlingenstellens waren zu jener Zeit bereits hoch entwickelt. Die beiden Urtriebe Hunger und Liebe wurden voll genutzt und Herdentrieb und Mutterinstinkt ebenfalls gnadenlos ausgebeutet. So wurden z.B. Wildäcker als Anziehungspunkte für Rot- und anderes Wild angelegt, bei denen die Jäger in der Morgen- und Abenddämmerung lauerten. Andere Wildtiere wurden durch Paarungslaute in den Schußbereich wartender Bogenschützen gelockt. Lockenten oder Nachbildungen anderer Wildvögel dienten zum Heranbringen der Artgenossen ans Schlagnetz. Rotwildkälber wurden aufgezogen und dazu abgerichtet, Deckung für den auf Schußweite an das Rudel herankriechenden Jäger abzugeben.

Es gab viele Arten von Fallen, angefangen von einfachen Fallgruben bis zu Baumfallen und Selbstschüssen, bei denen eine Leine den Pfeil oder Speer »abfeuerte«. Außerdem waren Schlingen im allgemeinen Gebrauch, die an herabgebogenen Bäumen befestigt waren; das Auslösen besorgte ein leicht beweglicher Holzpflock. Zahllose Abwandlungen solcher Vorrichtungen wurden auf den Wildwechseln in der Nähe jeder Siedlung und jeden Dorfes angebracht. Außerdem versah man Kreuzungen von Wechseln im Walde sowie Tränken an Wasserläufen und Mooren damit.

Als praktische Naturkundige hätten unsere Ahnen vor elf- bis fünfzehnhundert Jahren wenig von uns Heutigen lernen können. Sie standen der Natur näher, und ihr Lebensstandard hing noch immer sehr weitgehend von ihrer Fähigkeit ab, das Haar- und Federwild zu erlegen oder zu fangen, das es in reichem Maße gab.

Eine angelsächsische Saujagd: der Jäger bläst in das Horn; die Hunde sind zusammengekoppelt und bereit zum Schnallen. Jagden endeten in dieser Epoche oft mit Verletzung oder Tod des Jägers.

2 Die Einführung von Forst- und Jagdgesetzen

Im 7. Jahrhundert erließ der fränkische König Dagobert die ersten Verordnungen, die die Jagdausübung in Europa betrafen. Durch diese Kapitularien oder Forstgesetze wurde das Recht, Wild zu erlegen, strikt auf König und Adel beschränkt. Förster mit weitgehenden Vollmachten bezüglich Strafen im Schnellverfahren wurden eingesetzt, um diese Verordnungen bei denen durchzusetzen, die ihnen unterworfen waren. Besonders schwere Strafen waren Tätern angedroht, die »Anschleichtiere« töteten, das waren die schon erwähnten zahmen Exemplare von Rot- oder Rehwild, die dazu dienten, dem Jäger Deckung zu geben, wenn er das Rudel beschlich. Natürlich war ein für solche Zwecke abgerichtetes Tier wertvoll und nicht leicht zu ersetzen.

Der Gedanke, das Wild während seiner Setz- bzw. Brutzeit zu schonen, hatte sich noch nicht durchgesetzt, aber die Idee besonderer Jagdzeiten für die verschiedenen Wildarten gewann bereits an Boden.

Während der folgenden Jahrhunderte entwickelten sich Zeremoniell, Formen und Gesetze, die die Jagd betrafen, stetig weiter. Karls des Großen Kapitularien, die im 9. Jahrhundert erlassen wurden, verstärkten die bereits von Dagobert verordneten. Außerdem umgab Karl seine Jagden mit besonderem Schaugepränge und vielen Förmlichkeiten, und das sollte künftig ein zunehmend wichtiger Bestandteil der Jagd auf dem Kontinent werden.

Eines der ersten Beispiele irgendeiner Art von Steuerung der Jagd, die in England beurkundet ist, scheint die jährliche Abgabe von dreihundert Wolfsfellen zu sein, die den Walisern von König Edgar auferlegt wurde. In den felsigen Tälern und dicht bewaldeten Schlupfwinkeln des Westens blieben die Kelten, obwohl dem Namen nach Christen und normalerweise ruhig, doch primitiv, wild und stets zum Aufruhr bereit. Trotzdem diente eine solche Abgabe natürlich letzten Endes den Besteuerten selbst und muß auch wohl in diesem Sinne ausgelegt worden sein. Sie konnte ja nicht viele Jahrzehnte lang geleistet werden, ohne daß die Zahl der Wölfe beträchtlich zurückging. Unglücklicherweise haben wir keinerlei Aufzeichnungen darüber, wie lange sie auferlegt wurde und wie wirksam sie zu jener Zeit war.

Erst während der Regierung des dänischen Königs Knut des Großen wurde im Jahre 1016 das erste englische Jagdgesetz eingeführt. Es lautete: »Ich befehle, daß jeder auf dem Land oder in den Wäldern, die sein Eigentum oder sein Herrschaftsgebiet sind, das Waidwerk nach Belieben ausüben kann. Aber jedermann soll sich der Jagd Meines Wildes dort enthalten, wo Ich bestimme, daß Meine Tiere ungestörten Frieden haben sollen. Zuwiderhandelnde verwirken alles, was ein Mensch verwirken kann.«

Die Bedeutung war klar und unmißverständlich. Niemand durfte bei Todesstrafe in den Wäldern des Königs jagen. Überall sonst gehörte das Wild und das Jagdrecht zum Eigentum oder zu der Lehensherrschaft an Grund und Boden.

Gegenüber oben Ein Gemälde aus den Höhlen von Altamira: Der Wisent war eines der gewöhnlichsten Beutetiere des Urmenschen.

Gegenüber unten Die ägyptische Wasserjagdmethode mit S-förmigen Wurfhölzern; aus einem Gemälde im Grabe des Nakht in Theben (etwa 1300 v. Chr.).

24

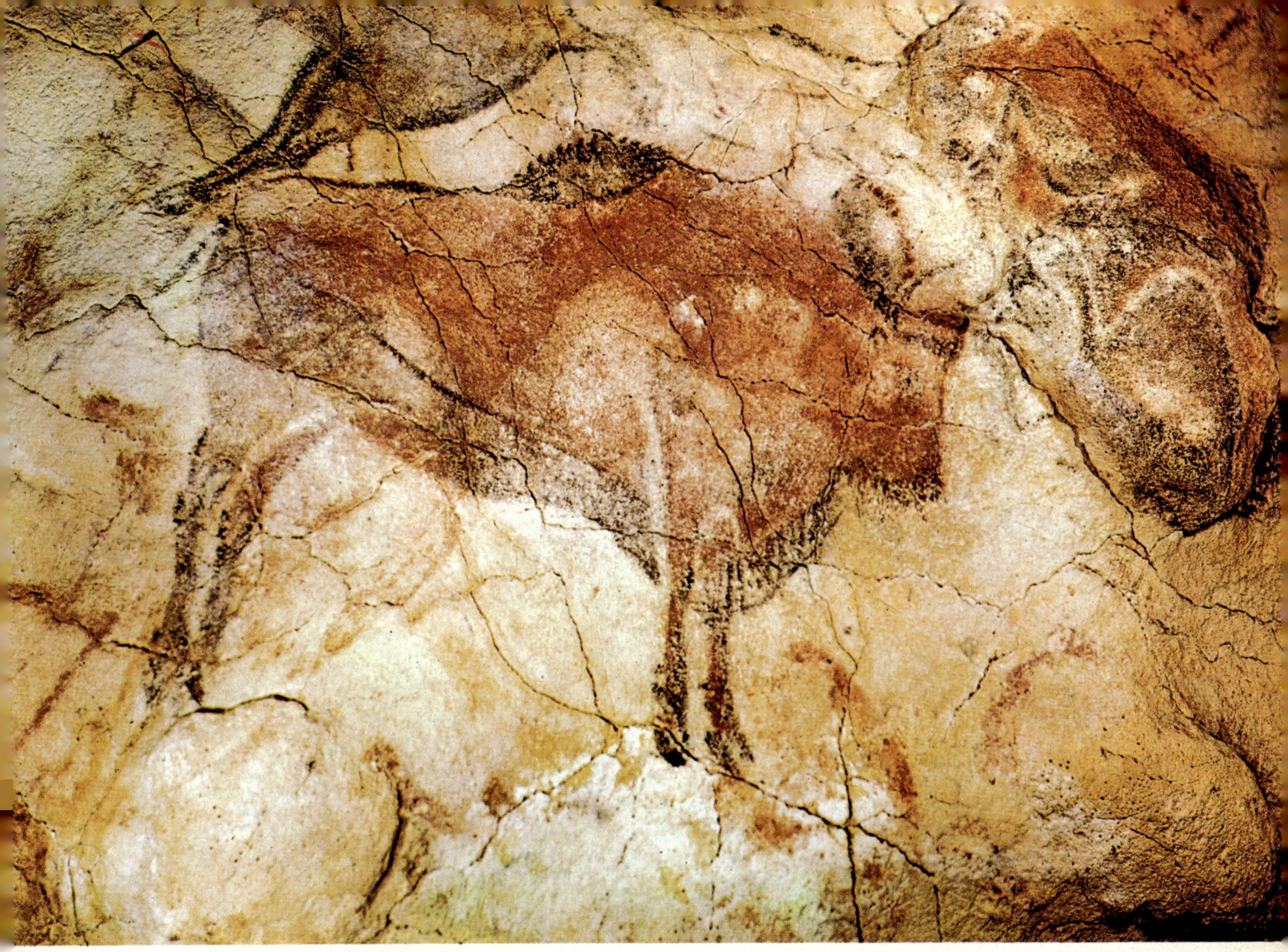

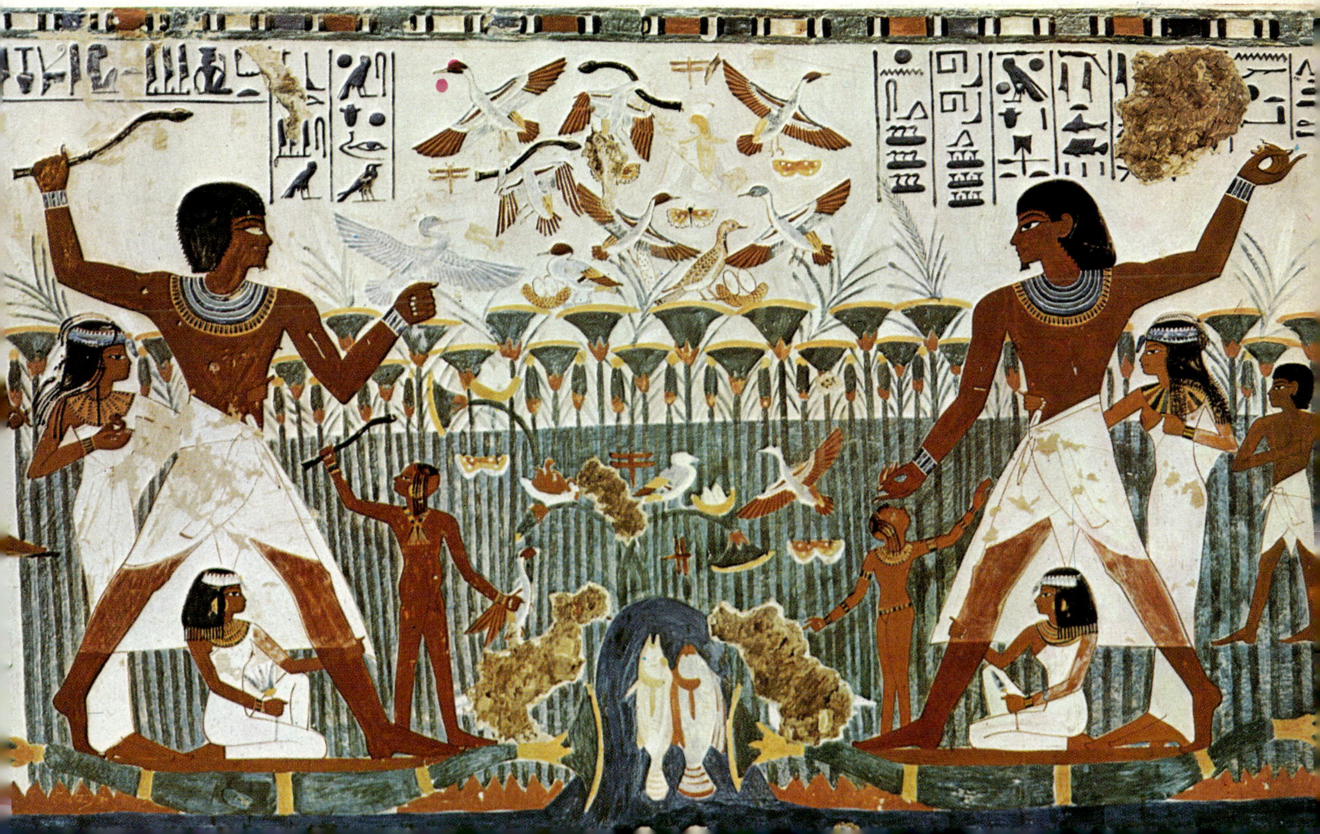

Aus solchen einfachen Anfängen sind die heutigen englischen Jagdgesetze entstanden. Diejenigen, die ihnen ablehnend gegenüberstanden, wurden automatisch zu Verbrechern, wenn sie ihren Widerstand in die Tat umsetzten und Wild in des Königs Wäldern töteten. Im Gegensatz zu den heutigen Jagdanfeindern waren sie aber im allgemeinen Naturkenner, die vom Wilde ebensoviel verstanden, wie nur einer...

Während der Feudalzeit gab es sowohl in England als auch auf dem Kontinent enge Beziehungen zwischen Jägern und Kriegern. Die Aristokratie oder Jäger-Krieger-Klasse schlug Schlachten, wenn das nötig war, um ihr Land zu schützen, oder auf Geheiß ihres Königs. Ihre Gefolgsleute, ob Leibeigene oder freie Männer, mußten zu den Waffen, wenn sie aufgerufen wurden. Das galt für den Fall, daß sie ihrem Herrn in der Schlacht beistehen sollten, und genauso, wenn es sich um Treiberdienste bei der Jagd handelte. Beides waren gefährliche Pflichten, die mit plötzlichem Tode oder dauernder Invalidität enden konnten.

Unter Knut war die alte sächsische Art der Jagd mit Hecken oder Zäunen in Trichterform, durch die das Wild den wartenden Jägern zugetrieben wurde, noch immer die hauptsächliche Methode. Das Prinzip, die Hunde gesondert zu halten, wurde ebenfalls noch eingehalten: gewisse Bauern oder Leibeigene waren zusätzlich zu ihren anderen Pflichten verantwortlich für die Betreuung und Fütterung einiger Hunde. Wenn die Jäger-Krieger, mit Bogen und Pfeilen oder Speeren bewaffnet, sich dann am Ende der Zäune versammelten, um die zugetriebenen Tiere zu erwarten, standen die Bauern neben ihnen, jeder mit einigen Hunden, die bereit waren, auf verwundete Hirsche oder Keiler losgelassen zu werden.

Mit der Eroberung Englands durch die Normannen im Jahre 1066 begann ein neues Zeitalter. Die wichtigste Folge war, daß England vorwiegend mit Mitteleuropa anstatt mit Skandinavien verbunden wurde und sich entsprechend orientierte. Die Auswirkungen dieses Überganges waren sehr tiefgreifend.

Die alten dänischen Gefolgsadligen (thanes) und sächsischen Grafen wurden durch normannische Ritter ersetzt. Das Land wurde zwischen den Eroberern aufgeteilt. Wer sich ihnen widersetzte, wurde rücksichtslos hingerichtet. In bezug auf die Landwirtschaft, die hauptsächlich von den besiegten Sachsen weitergeführt wurde, blieben die alten angelsächsischen Wörter und Redewendungen weiter bestehen, aber das normannische Französisch der Neuankömmlinge wurde die Sprache der herrschenden Klassen, des Rechtes und der Jagd. Da es keine weiteren Invasionen gegeben hat, die das noch einmal hätten ändern können, beruhen die heutigen Ausdrücke auf diesem Gebiete noch immer auf dem alten Normannenfranzösisch. Ein gutes Beispiel ist der

Eine Falkenjagdszene aus einem Kalender des 11. Jahrhunderts. Falkenjagd war ein Lieblingssport mittelalterlicher Adliger.

Gegenüber
Mykenischer Dolch aus dem 16. Jahrhundert v. Chr. Darstellung einer Löwenjagd; Löwen waren damals rund um das Mittelmeer verbreitet.

27

Neustria Johis fuit indefensa sub armis
Cum rex deliquit gallis possessa reliquit

Johannes rex genuit videlicet

Gebrauch des normannischen Rufes »Thiaulau«, wenn ein Hirsch bei Beginn der Hetzjagd erblickt wurde. Hier ist ganz deutlich der Ursprung des wohlbekannten Jagdrufes »Tally – ho!« zu finden*.

Auch die Jagdmethoden selbst wurden von den Eroberern geändert. Anstatt das Wild den Jägern zuzutreiben, war es normannische Art, das Wild mit Hunden zu Pferde »par force« auf kontinentaleuropäische Weise zu jagen. Das grundsätzliche Prinzip der »par force«-Jagdmethode bestand darin, frühmorgens aufzubrechen und die Fährten des Rotwildes sowie seine Losung zu suchen.

Wenn man passende Zeichen gefunden hatte, die auf einen ausreichend starken und genügend alten, also »jagdbaren« Hirsch schließen ließen, war der nächste Schritt, seinen Aufenthaltsort mit Hilfe eines »lymers«, d. h. Leithundes, zu finden, der an der Leine (Leitseil) geführt wurde.

Sobald der Jäger mit seinem Leithund den Hirsch gefunden hatte und dieser aufgejagt war, rief er seine anderen Hunde mit »drei langen Tönen« auf dem Horn herbei. Dann kamen seine Helfer mit den gekoppelten (zu zweien an einer Gabelleine geführten) Meutehunden herbei, und er schnallte sein bestes Paar und bestieg sein Pferd, um ihnen

Gegenüber Eine Rotwild-Parforcejagd aus einem Manuskript des 14. Jahrhunderts. Die Normannen führten in England die festländische Methode der Parforcejagd ein, eine Verfolgung des Wildes mit Hunden anstatt des Zutreibens zu den Jägern, wie es vorher in England praktiziert worden war.

Unten Das erste Jagdgesetz in England wurde 1016 erlassen; es behielt dem König und dem Adel das Jagdrecht vor. Hier sehen wir König Harold zur Jagd aufbrechen – eine Szene aus dem Wandteppich von Bayeux.

---

* »Tally – ho!« ist der heutige Jagdruf beim Erblicken des Fuchses. Man ist also ein bißchen bescheidener geworden. (Anmerkung des Übersetzers)

zu folgen. Dabei wurde wieder ins Horn gestoßen, um sie anzufeuern. Danach ritt er den Hunden so schnell wie möglich nach, über Stock und Stein, Hügel, Täler und Wälder. Auch dabei blies er die ganze Zeit sein Horn, während die übrigen Jagdteilnehmer die ihren ebenfalls erschallen ließen, um miteinander in Fühlung bleiben und der Richtung der Jagd folgen zu können. So hallte die Umgegend vom Hörnerschall, dem Geläut der Hunde und dem Geklapper galoppierender Pferdehufe wider. Schließlich wurde der Hirsch von den Hunden gestellt und vom Jäger abgefangen (getötet).

Für diese Jagdart führten die Normannen neue Pferde- und Hunderassen ein. Unter den letzteren waren die »Alaunts« bemerkenswert, eine wilde, grimmige Abart von weißen Doggen, die von den Kriegshunden der Alanen abstammte, die diese im 4. Jahrhundert während ihres Einfalles in Europa mitgebracht hatten. Eine andere von den Normannen eingeführte Rasse war der »Talbot«, eine langsame Abart vom Brackentyp mit auffallend tiefer Stimme. Diese langsamen Hunde waren ideal für die Jagd

Talbots verfolgen Wild. Die Normannen führten mehrere neue Hunderassen ein, unter ihnen den Talbot, eine langsam jagende Bracke.

auf Rotwild im Walde. Wie die Alaunts wurden sie in Zwingern gehalten und von den Jägern betreut.

Obwohl Hörner bereits in der Steinzeit bei der Jagd benutzt wurden, spielten sie im Mittelalter auch im Alltag eine wesentliche Rolle. Jeder Reisende trug nämlich ebenfalls ein Horn und benutzte es, wenn er sich einer menschlichen Behausung oder einem Dorfe näherte, um seine friedlichen Absichten anzukündigen. Der Jäger dagegen stieß in erster Linie ins Horn, um den anderen Jagdteilnehmern seinen und seiner Hunde Standort mitzuteilen und verirrte Hunde herbeizurufen.

Die Normannen führten nun eine eigene, besondere »Jagdmusik« ein. Jedes Stadium der Jagd wurde durch Zahl und Art der Hornlaute angezeigt. So bedeutete z. B. eine Serie kurzer, schneller Töne den Beginn der Hetze. Diese gingen dann zu lang ausgezogenen Klängen in größeren Abständen über, die den jeweiligen Standort des Jägers anzeigten. Die Erlegung wurde schließlich durch eine lang ausgedehnte Serie triumphierender Laute angekündigt, damit die umherschweifenden Hunde und verirrten Jäger sich wieder zurechtfinden konnten.

Ursprünglich selbst eine Jagdtrophäe, war das Horn schon damals sowohl Musikinstrument als auch Gebrauchsgegenstand. Es wurde von den mittelalterlichen Jägern zum Mitführen von Wasser oder auch stärkeren Getränken benutzt. Außerdem wurde darin die gefundene Losung aufbewahrt, indem man die Mündung mit Gras verstopfte. So wurde das Horn, ohnehin auf das engste mit der Jagd verbunden, schließlich zu ihrem unerläßlichen Bestandteil und zum Berufskennzeichen des Jägers.

Schon bald nach der Eroberung Englands erließ Wilhelm I. Jagdgesetze, die denen Kontinentaleuropas glichen. Offensichtlich waren sie auf König Knuts früheren Gesetzen aufgebaut, und ihre Übertretung wurde mit drakonischen Strafen bedroht. So hieß es z. B.: »Wer einen Hirsch, ein Wildschwein oder auch nur einen Hasen tötet, dem sollen die Augen herausgerissen werden.«

Diese Gesetze wurden skrupellos auch als politische Waffe verwendet. Sie gaben dem König die Möglichkeit, einerseits jede offen geäußerte Unzufriedenheit zu bestrafen, andererseits aber seine Anhänger durch Verleihung von Jagdgerechtsamen zu belohnen. So erhielt z. B. der Abt der »Battle Abbey« kurz nach der Schlacht von Hastings ein Wildgehege bewilligt.

Die weitere Entwicklung der Forst- und Jagdgesetze geschah außerordentlich ungleichmäßig. Außerdem wurden sie nicht im ganzen Lande einheitlich durchgesetzt, noch geschah das gleichmäßig unter den aufeinanderfolgenden Regentschaften. Wil-

Das Jagdhorn wurde im Mittelalter zu mancherlei Zwecken gebraucht. Einer davon war das Mitführen von Losung, um die Stärke des aufgespürten Hirsches anzuzeigen. In dieser Szene aus »Le Livre du Roy Modus« schüttet der Jäger Losung aus seinem Horn.

helm erklärte willkürlich große Gebiete als »Bannforste« (afforrested) und gewährte auf Teilen davon untergeordnete Rechte auf Jagd, Waldnutzung und Weide. Da die Jagd nicht nur Fleisch, sondern auch Felle bzw. Leder für Kleidung, Schuhe, Sättel und hundert andere Gebrauchsgegenstände einbrachte, war sie ein kostbarer Besitz. Bau- und Feuerholz sowie das Weiderecht waren ebenfalls wertvoll, also konnte der König für solche Rechteverleihungen beträchtliche Einkünfte erzielen oder aber durch direkte Nutzung unter dem Schutze seiner Forstbeamten davon profitieren.

Die normannischen Könige, die auf Wilhelm folgten, lernten die mächtige politische Waffe bald schätzen, die dieser geschmiedet hatte. Die Jagd- und Forstgesetze wurden schnell immer lästiger. Wilhelm Rufus, sein direkter Nachfolger, war besonders berüchtigt dafür, daß er diese Gesetze »für Herren und Knechte gleich drückend« gestaltete. Das mag sogar etwas mit seiner Ermordung zu tun gehabt haben...

Es kam weitgehend auf den regierenden Herrscher und seine Fähigkeit an, dem Drucke seiner Adligen zu widerstehen, wenn er seine Wälder und damit seine politische Macht vermehren wollte. Denn natürlich waren die Barone ebenso daran interessiert, ihre Ländereien zu vergrößern, und das war im allgemeinen nur auf Kosten der königlichen Forsten möglich. So gab es ein dauerndes Hin- und Herschaukeln der Macht, das sich in der strikteren oder schwächlicheren Geltendmachung der Jagdgesetze widerspiegelte.

Bei seiner Thronbesteigung im Jahre 1110 beanspruchte Heinrich I., der sich als strenger, aber gerechter König erweisen sollte, in einem besonderen »Walderlaß«: »Ich behalte durch die allgemeine Zustimmung Meiner Barone Meine Wälder, wie Meine Vorväter die Ihren behielten.«

In Wirklichkeit behielt er sie nicht nur, sondern vermehrte sie dauernd bei entsprechendem Machtzuwachs. Aber schon 1136 wurde sein schwächlicher Nachfolger Stephan gezwungen, das auf solche Weise »aufgeforstete« Land wieder abzutreten.

Unter Richard I. und Johann wurden die Jagdgesetze zum nationalen Unglück. Wildhüter unter einem Richter wurden ernannt, um die Forsten zu verwalten und die Forst- und Jagdgesetze, die von dem übrigen Gewohnheitsrecht des Landes völlig verschieden waren, durchzusetzen. Eine besondere Zivilverwaltung, bestehend aus Forstmeistern, Inspektoren und Verwaltern entstand. Deren Amtspflichten bestanden im Schutz von »venison« und »vert«, d. h. von Wildtieren einerseits, Baumbestand und Unterholz andererseits. Außerdem hatten sie die Gesetze durchzusetzen sowie Geldbußen und Abgaben einzutreiben. Ganz unvermeidbar führte dieses System zu verbreitetem Amtsmißbrauch: Bestechung und Korruption nahmen überhand.

Die Lage wurde dadurch noch verwickelter, daß es ein besonderes Recht für die Geistlichkeit gab. Die Bischöfe und Äbte jagten mit Pferden und Falken, ja, sie schlugen sogar Schlachten mit der gleichen Ungebundenheit wie Ritter und Barone. Sie waren und blieben aber nur dem Kirchenrecht unterworfen. Ihre Klöster, Abteien und anderen religiösen Gründungen wuchsen an Größe und Reichtum mit jeder Generation, deshalb sah sie jedes neue Jahrhundert auch mächtiger.

Obwohl die Anwendung der Forst- und Jagdgesetze unter jedem der normannischen Könige verschieden war, wurde das Recht zur Jagd auf die »Beasts of Venery« im allgemeinen nur außerhalb der königlichen Forsten verliehen. Innerhalb dieser jedoch konnte die Jagd auf die »Beasts of Chase« gestattet werden. Die »Beasts of Venery« waren Rotwild, Hase, Bär und Wolf; die »Beasts of Chase« Damwild, Fuchs, Marder und Rehwild. Der eigentliche Unterschied lag darin, daß die ersteren mit dem Leithund bzw. Spürhund aufgesucht und mit der Meute gejagt wurden, während die anderen gleich mit der Meute gesucht und auch gejagt wurden.

Das Recht, »einzuparken«, d. h. Mauern um Teile eines Jagdreviers oder eines Waldes zu bauen, konnte ebenfalls nach den Forstgesetzen verliehen werden. Da das eine Dauereinrichtung war, versuchten die Adligen natürlich, so viel Land zu ummauern, wie sie nur eben konnten. Innerhalb der Parkmauern konnten sie jagen, wie sie wollten, also war es ein beliebter Trick, Schalenwild aus der Nachbarschaft in kleine Gehege zu treiben oder zu locken, um es dann in den eigenen Park zu bringen. Das scheint eine außerordentlich verbreitete Abart der Wilderei gewesen zu sein, und da sie schwer zu entdecken war, verursachte sie viele Zwistigkeiten zwischen Forstbeamten und Parkbesitzern.

Ursprünglich bedeutete die Gewährung eines Jagdrechtes nur das Recht zur Jagd auf bestimmte, weniger wertvolle Tiere in einem Revier oder Wald. Das Kaninchen scheint erst im 13. Jahrhundert nach England gekommen zu sein, und die Normannen bewerteten es damals mit einem halben Schilling, also so hoch wie ein Spanferkel.

Eingezäunte oder mit Wällen umgebene Gehege wurden angelegt, damit sich die Kaninchen ohne Störung vermehren konnten, und diese wurden ebenfalls »warren« (Wildgehege) genannt.

Eine Jagdrechtgewährung (grant of warren) konnte zwischen den einzelnen Regierungszeiten beträchtlich verschieden sein und das Recht einschließen, auch solche Wildtiere wie Fuchs, Wildkatze, Dachs und Otter zu erlegen. Zur Zeit Eduards I. wurde ein Jagdrecht wie folgt bewilligt: »An Peter de Moresby, Pfarrer der Kirche von Aykenskarth, daß er zu allen Jahreszeiten außer den Schonzeitmonaten (fence months) Hasen, Füchse und Katzen mit seinen eigenen Hunden in der Jagd des Johann von Britannien, des Ältesten zu Wensledale, jagen darf. Diese Jagd gehört dem König, und die Bewilligung geschieht unter der Voraussetzung, daß er nicht des Königs großes Wild erlegt oder dort die Hetzjagd ausübt.«

Hier wird die Aufteilung der einzelnen Jagdrechte ganz deutlich. Johann von Britannien hatte das sozusagen mittlere Jagdrecht (»right of chase«) im Walde des Königs.

Das Hasenhetzen war ein Sport, der schon früh beliebt wurde. Es wird hier als Illustration eines englischen Psalters aus dem 14. Jahrhundert gezeigt.

Fuchsgraben – aus einer mittelalterlichen Handschrift. Der Hund wird angehetzt, wenn der Fuchs springt.

Peter de Moresby bekam das »niedere« Recht, Hasen, Füchse und Wildkatzen zu erlegen mit der Einschränkung, daß er die Kaninchengehege meiden und das Schalenwild in Ruhe lassen mußte. Die Erwähnung der Schonzeitmonate bezog sich auf jene Monate, die die Jagdgesetze als Setz- und Brutzeiten festgelegt hatten und in denen es niemandem erlaubt war, die Jagd auszuüben.

Die Einführung von Schonzeiten in die Jagdgesetze war der erste Versuch einer Hegemaßnahme in England. Wie auf dem Kontinent erwies es sich als schwierig, sie in den unzivilisierten, abgelegeneren Teilen des Landes durchzusetzen; trotzdem geschah der Schritt in der rechten Richtung. Er war ein Hinweis darauf, daß man endlich Rücksicht auf die Tiere nahm, die man jagte, wenn das auch aus rein selbstsüchtigen Gründen geschah. Die normannischen Könige liebten eben die Jagd und wünschten nicht, daß ihr Sport vereitelt oder beeinträchtigt wurde.

Ein Hinweis darauf, wie sie ihre Wälder betrachteten und welchen Gebrauch sie davon machten, ist in der folgenden Anweisung König Johanns zu finden: »Der König an Roger de Neville usw. Wir senden Euch William de Ireby mit seinen Gefährten, sieben Hunden, fünfzehn Dienern, achtundzwanzig Windhunden und vierundvierzig stumm jagenden Hunden, um Wildschweine im Park von Bricstoc zu jagen. Ihr habt dafür zu sorgen, daß das Wildpret eingesalzen und in gutem Zustande erhalten wird. Die Häute (Schwarten) habt Ihr bleichen zu lassen und aufzuwahren, wie es der besagte William Euch aufträgt. Wir befehlen Euch ferner, für Verpflegung und Unterkunft zu sorgen, solange er und seine Leute auf Unseren Befehl bei Euch sein werden. Die Kosten, die Ihr durch sie haben werdet, könnt Ihr beim Schatzmeister zurückfordern. Gegeben im Tower zu London am 28. Dezember, im 15. Jahr Unserer Regierung. Johann, 1213.«

Ein offizieller Besuch durch einen von des Königs Jägern mit seinem Gefolge war offensichtlich eine harte Bürde, eine Heimsuchung und nicht gerade ein Ereignis, dem man mit Freude entgegensehen konnte. Es erfordert nicht viel Phantasie zu begreifen, daß die Aussichten auf eine volle Begleichung der Unterhaltskosten durch den Schatzmeister in weiter Ferne lagen. Ganz abgesehen also von der Belästigung und den Unbequemlichkeiten, die durch einen solchen Besuch verursacht wurden, war der unfreiwillige Gastgeber am Ende mit hoher Wahrscheinlichkeit auch der alleinige Zahler, aber in solchen Dingen gab es keine Ablehnungsmöglichkeit. Die einzige zufriedenstellende

Lösung lag darin, sich mit allen Kräften zu bemühen, den »Besuch« abzukürzen, indem man ihm jede mögliche Hilfe gewährte.

Die Härte der Jagdgesetze lockerte sich nach dem Tode Johanns im Jahre 1217 ein wenig, und von dieser Zeit an wurde niemand mehr hingerichtet oder verstümmelt, der sich an den Hirschen vergriff. So abscheuliche und allgemein verhaßte Praktiken wie die »expeditation«, d. h. das Herausschneiden des Mittelballens am Fuße eines Hundes, um ihn so mit Absicht lahm zu machen, wurden aber noch immer angewandt. Das geschah innerhalb der königlichen Forsten, um zu verhindern, daß er im Walde des Königs zur Jagd benutzt werden konnte.

Ohne Zweifel beherrschten die königlichen Forstmeister und andere Beamte das Leben der gewöhnlichen Sterblichen in hohem Grade, während die Reichen und der Klerus davon weitgehend verschont blieben. Mit jedem neuen Regenten wurden die Jagdgesetze verwickelter und unwirksamer.

Ein Charakteristikum des 12. und 13. Jahrhunderts, das mit der Jagd eng verbunden war, war die stetige technische Weiterentwicklung der Armbrust. Obwohl die Chinesen anscheinend schon Jahrhunderte vor der Zeitwende eine Art Armbrust hatten und die Römer sie im 5. Jahrhundert n. Chr. kannten, wurde diese Waffe zu Kriegszwecken erst im 11. Jahrhundert in größerem Umfange verwendet. Im Jahre 1139 wurde sie vom Papst in den Bann getan, da sie eine mörderische und allzu tödliche Waffe sei, um in der Schlacht gegen Christen angewendet werden zu dürfen. Gegen Heiden galt das Verbot allerdings nicht ...

Der einzige, allerdings schwerwiegende Nachteil der Armbrust im Kriege war die gegenüber dem Bogen sehr niedrige »Feuergeschwindigkeit«. Auf der Jagd spielte das eine untergeordnete Rolle.

Für Frauen, Männer geringerer Körperstärke und Personen mit gewissen Gebrechen, wie z. B. verlorenen Fingern, die den Langbogen nicht zu handhaben vermochten, war die Armbrust die gegebene Wahl. Sie hatte den weiteren Vorzug einer wirksamen Schußweite von 150–200 yards (137–183 Meter) gegenüber dem Bogen, der nur auf etwa 100 yards wirklich brauchbar war. Die ersten Modelle waren sehr unbequem und reichlich schwer zum Mitführen; außerdem ging das Wiederladen langsam und war

Der Schuß auf den Hirsch mit dem Langbogen. Der Langbogen setzte große Körperstärke voraus und hatte einen wirksamen Schußbereich von nur hundert Yards (91,44 m). Er wurde während des 12. und 13. Jahrhunderts als Jagdwaffe allmählich von der Armbrust verdrängt. Noch im 14. Jahrhundert wirkte er schlachtentscheidend gegen französische Ritterheere!

schwierig. Im 13. Jahrhundert wurden aber bereits Armbrüste mit Hornbügeln herge-stellt, die verhältnismäßig leicht und einfach zu handhaben waren. Man nannte sie »Hornbogen« (hornbows), und sie hatten schon ziemlich weit fortgeschrittene Abzugs-, Visier- und Ladeeinrichtungen.

Als sich das »Zeitalter der Ritterschaft« voll entfaltet hatte, verfolgten die Ritter immer mehr das Ziel einer konventionsgemäßen Kampfesweise, die komplizierten Zeremo-nien und genauen Regeln unterworfen war. Es entstanden starre Klassenunterschiede, die vielleicht am deutlichsten bei der Falknerei hervortraten, die der Sport Nummer Eins des Mittelalters war, schon weil es so viele dafür geeignete große, offene Land-schaften gab. Jede Greifvogelart war einem bestimmten Adelsgrad, einer Klasse oder Person zugeordnet. Die Liste begann: »Ein Jagdfalke für einen Fürsten, ein Wander-falke für einen Grafen...«

Der gleiche Drang nach Zeremonie und Regel machte sich auch auf den anderen Gebieten des Waidwerks geltend. Jeder Teil der Jagd, ja, sogar jeder Körperteil des Wildes erhielt einen besonderen Namen. Jede Note des Jagdhornes bekam eine spezi-fische Bedeutung, und wenn das Wild erlegt war, mußten die Jagdregeln genauestens beachtet werden. Das richtige Signal für die betreffende Wildart mußte geblasen und das Stück in besonderer Weise zerlegt werden. Danach wurden die einzelnen Teile ge-nau angekündigt und teils den Hunden, teils den Jagdteilnehmern in einer starren Zeremonie übergeben – zumindest in der Theorie. Jeder, der dabei einen Kunstfehler machte, wurde ordnungsgemäß »geklinkt« (bladed), d. h. über den Wildkörper gelegt und mit der flachen Schwertklinge bearbeitet*.

Die Jagd war noch immer ein bedeutsamer Teil des Daseins, und bei ihrer Ausübung in abgelegeneren Gegenden hat man auf solche feierlichen Bräuche sicher weitgehend verzichtet. Aber besonders in höfischen Kreisen war sie in Gefahr, unter Pomp und Zeremonien zu ersticken. Auf dem Festlande scheint das noch mehr der Fall gewesen zu sein als in England.

Gegenüber Eine franzö-sische Falkenjagdszene aus dem 14. Jahrhundert. Bei der Beizjagd entwik-kelte sich eine strenge Eti-kette, durch die den ein-zelnen Adelsklassen be-stimmte Vogelarten zuge-wiesen wurden.

---

* Das nannte man bei uns »die Pfunde geben«. Es ist einerseits verblüffend, wie alt und weit ver-breitet das ist, was wir in unserem Sprachraum das Brauchtum nennen, andererseits ist interessant, wie negativ der Verfasser darüber urteilt. (Anmerkung des Übersetzers)

3 Einige große Jäger: Kublai Chan und Gaston Phöbus

Während des 14. Jahrhunderts hatten der nicht enden wollende Hundertjährige Krieg mit Frankreich und der Schwarze Tod bzw. die Beulenpest, die Europa 1348 heimsuchte, beträchtliche Auswirkungen auf die Jagd in England. Der Krieg bewirkte, daß sie sich in England auf eigene Art entwickelte, ohne kontinentale Methoden allzu sehr nachzuahmen. Die Pest hatte eine plötzliche und dramatische Verminderung der Bevölkerung zur Folge: zwischen einem Viertel und einem Drittel davon starben innerhalb von zwei Jahren.

Als Ergebnis des Schwarzen Todes waren ganze Dörfer, ob von Leibeigenen oder Freien bewohnt, ausgestorben, und es kam unvermeidlich zu Arbeitskräftemangel und sozialen Unruhen. Die Freien konnten für ihre Arbeit hohe Preise verlangen, während die Unfreien an das Land gebunden waren und ganz natürlich unzufrieden wurden. Das Ergebnis war ein Übergang zur Schafzucht, die wenig Arbeitskräfte erforderte, und so wurde die Wolle zum Haupterzeugnis. Das bedeutete wiederum den Aufstieg der Freisassen (yeoman farmer = kleine Gutsbesitzer) und das Heranwachsen einer starken Mittelklasse. Mit dem Verfall der Jagd- und Forstgesetze nahm die Wilddieberei zu; es erfolgte aber auch eine beträchtliche Vermehrung der schon erwähnten »niederen Jagdrechte« für Menschen aller Klassen. In ganz England stieg das Interesse an der Jagd stetig an.

Als der berühmte Forscher Marco Polo 1298 den Hof Kublai Chans besuchte, berichtete er über die gänzlich anderen Jagdmethoden des Fernen Ostens wie folgt: »Er hat zwei Würdenträger ... die Bewahrer der Mastiff-Hunde genannt. Jeder dieser beiden hat zehntausend Männer unter seinem Befehl und jede Truppe von zehntausend ist gleich gekleidet, die eine in Rot, die andere in Blau. Wenn sie den Herrscher auf der Jagd begleiten, tragen sie diese Livree, um erkannt werden zu können. Aus jeder Abteilung von zehntausend sind zweitausend mit der Führung eines oder mehrerer großer Mastiffs betraut, so daß es davon sehr viele gibt. Und wenn der Chan jagt, geht einer der beiden Würdenträger mit seinen zehntausend Leuten und etwa fünftausend Hunden zur Rechten und der andere in gleicher Weise zur Linken. Sie gehen alle Seite an Seite, so daß die ganze Linie sich über eine volle Tagesreise zu Pferde erstreckt und kein Tier ihr entkommen kann. Es ist wirklich ein wunderbares Schauspiel, die Tätigkeit der Hunde und Jäger bei solch einer Gelegenheit zu beobachten. Und wenn der Fürst, Flugwild jagend, über die Ebenen reitet, kann man diese riesigen Hunde herbeistürzen sehen, eine Meute hinter einem Keiler, eine andere hinter einem Hirsch oder einem anderen Wilde her, wie es sich gerade ereignet. Sie hetzen das Wild einmal auf dieser, einmal auf jener Seite zu Stande, und das Ganze ist wirklich ein herrlicher Sport und ein wunderbarer Anblick.

Gegenüber Beizjagd in der Nähe von Mailand im 15. Jahrhundert. Der berittene Edelmann und sein Weib schauen zu, wie die Falkner ihre Falken auf Reiher und Stockenten fliegen lassen, die von Hunden aus dem See getrieben werden.

38

Kublai Chan wird auf einem Jagdzuge auf einer Plattform von vier Elefanten getragen. Nach Marco Polo wurde er dabei von 10 000 Männern und 5 000 Hunden begleitet.

Kublai Khan bricht am 1. März auf und reist in südlicher Richtung. Er nimmt nicht weniger als zehntausend Falkner und fünfhundert Gerfalken mit, dazu große Mengen von Wanderfalken, Würgfalken und anderen Beizvögeln, darunter auch Habichte für das Wasserwild ... sie sind in alle Richtungen verteilt und fliegen beim Weiterziehen die ganze Zeit, und das meiste erlegte Wild wird dem Kaiser zugetragen ... Wenn er so auf die Beizjagd zieht, ist er von mindestens zehntausend Menschen begleitet, die paarweise eingeteilt sind; diese werden »Beobachter« genannt ... Sie werden von Platz zu Platz immer zu zweit aufgestellt und erfassen so ein riesiges Gebiet. Jeder ist mit Pfeife und Falkenhaube versehen, um einen Beizvogel herbeizurufen und auf der Faust tragen zu können. Und wenn der Kaiser einen Falken von seiner eigenen Faust gelassen hat, braucht er ihm nicht zu folgen ....

Unterdessen wird der Kaiser selbst auf vier Elefanten in einem schönen Gemach getragen, das aus Holz hergestellt und innen mit Blattgold ausgeschlagen, außen aber mit Löwenfellen umkleidet ist (denn er bewegt sich auf seinen Beizjagden immer auf diese Weise, weil er von der Gicht geplagt wird). Er hat ständig ein Dutzend seiner ausgewähltesten Gerfalken bei sich und wird von etlichen seiner Unterführer zu Pferde begleitet. Und manchmal, wenn sich der Herrscher auf dem Marsch mit ihnen unterhält, ruft einer davon: »Herr! Achtung, Kraniche!« Dann läßt dieser sofort das Dach seines Gemaches öffnen und wirft, wenn er die Kraniche bemerkt hat, denjenigen seiner Gerfalken, den er ausgewählt hat, in die Luft. Oft schlägt dieser die Beute in Sichtweite, so daß der Fürst den herrlichsten Sport vor sich hat, während er in seinem Elefantengemache sitzt oder in seinem Bett liegt, und seine Paladine genießen diesen mit! Ich er-

Gegenüber Eine Abbildung von Gaston Phöbus auf der Wildschweinjagd. Die Jäger benutzen Sauspieße (Saufedern) mit Querstücken, um zu verhindern, daß die Klinge den Wildkörper ganz durchdringt.

zähle das alles nicht ohne Grund, denn ich glaube nicht, daß es auf dieser Welt jemals einen Mann gegeben hat oder jemals geben wird, der solchen Sport, so viel gute Unterhaltung und so ungewöhnliche Gelegenheiten hat.«

Europas Gegenstück zu Kublai Chan, Gaston III., Graf von Foix und Béarn (1331–91), lebte in atemraubender Pracht am Fuße der Pyrenäen. Er war mit der Tochter des Königs von Navarra verheiratet und wegen seines lang herabfließenden blonden Haares allgemein als Gaston Phöbus bekannt. In seinem Schlosse zu Orthez hielt er sechshundert der besten überhaupt erhältlichen Jagdpferde und in einem riesigen Zwinger große Mengen von Windhunden sowie Hunden zur Rotwild-, Rehwild- und Saujagd. Er entstammte einer Familie begeisterter Jäger. Sein Großvater wurde auf einer Hirschjagd getötet, sein Bruder starb nach einem anstrengenden Kampfe mit einem wütenden Bären, und der Graf selbst verschied, ohne Zweifel so, wie er es selbst gewünscht hätte, nach einem Bärenjagdtage, im für damalige Begriffe reifen Alter von sechzig Jahren.

Der Unterschied zwischen Kublai Chan und Gaston Phöbus lag darin, daß der letztere selbst die Jagd anführte und ebenso bereit war, einem angreifenden Keiler mit der blanken Waffe in der Hand entgegenzutreten, wie einem Bären im Nahkampf. Er führte seine Meute zu Fuß gleich gern, wie er die Parforcejagd auf den Hirsch ausübte.

Gaston drückte seine Liebe zur Jagd in einem Buche aus, dessen Titel »La Livre du Chasse« lautete, allgemein aber als »Gaston Phöbus« bekannt wurde. Dieses enthielt zwar den größten Teil des Inhaltes eines früher erschienenen kleinen Bändchens »Le Roy Modus«, war aber im ganzen ein eigenes Werk und mit Sicherheit das erste ganz der Jagd gewidmete Buch. Es ergibt ein sehr klares Bild von der damaligen Jagd in Europa.

Die besonders erwähnten Jagdwaffen sind Jagdspieß, Dreizack, Wurfspeer, Langbogen, orientalischer Kurzbogen und Armbrust, obwohl von letzterer ausdrücklich gesagt wird, daß sie in England besser bekannt sei. Ferner das Jagdschwert, sehr breit am Griff, aber dann spitz zulaufend, und natürlich das Jagdmesser. Der Schweinsspieß (Saufeder) hatte unter der Klinge ein Querstück, um zu verhindern, daß er den Wildkörper ganz durchdrang. Über seinen Gebrauch schrieb Gaston: »Sobald die Spitze in den Körper des Keilers eingedrungen ist, muß man den Schaft unter die Achselhöhle klemmen und so kräftig wie nur möglich schieben, ohne jemals das Heft loszulassen. Ist der Keiler stärker als man selber, muß man sich von einer Seite zur anderen drehen, so gut man kann, ohne den Schaft loszulassen, bis Gott zu Hilfe kommt oder anderer Beistand heran ist.«

Gaston Phöbus betrachtete die Erlegung eines angreifenden Keilers mit dem Schwerte vom Sattel aus als größtes Paradestück und als »eine glänzendere und edlere Tat«, als die Erlegung mit dem Spieß. Er hob hervor, daß es gar nicht so einfach sei, das Zerhauen der eigenen Beine oder Arme zu vermeiden, wenn man nach dem Tiere schlug. Er erwähnte auch, daß er und sein Roß oft von annehmenden Keilern zu Boden geschleudert worden wären und daß Pferde unter ihm getötet worden seien. Und schließlich fügte er hinzu, daß er viele gute Edelleute und Dienstmannen habe sterben sehen, die sich einem angreifenden Keiler entgegengestellt hätten, dem keine Hunde an Läufen oder Tellern gehangen hätten oder doch zumindest auf den Fersen waren. Ein Keiler, beschrieb er, könne »einen Mann vom Knie bis zur Brust aufschlitzen und mit einem Schlage so völlig töten, daß er danach niemals wieder ein Wort spricht.«

Eduard, zweiter Herzog von York, der Wildmeister König Eduards I., verbrachte die Jahre zwischen 1406 und 1413 in Haft auf Schloß Pevensey, weil er in eine Verschwörung gegen die Krone verwickelt gewesen war. Während dieser Zeit übersetzte er den »Gaston Phöbus« unter dem Titel »Der Wildmeister« ins Englische. Dabei fügte er das hinzu, was für die Jagdausübung in England erforderlich war und ließ jene Kapitel weg, die sich dort nicht anwenden ließen. Dadurch haben wir eine vollständige Einsicht in die Unterschiede zwischen der zeitgenössischen Jagd in England und auf dem Festland erhalten.

Unter den Kapiteln, die Eduard wegließ, waren die über die Jagd auf Ren, Gams und Bär sowie überraschenderweise über die Kaninchenjagd. Seine einzige Bemerkung über Kaninchen war diese: »Über Karnickel spreche ich nicht, denn niemand jagt sie, es seien denn die Pelzjäger, und die fangen sie mit Frettchen und langen, niedrigen Netzen. Jene Hunde, die einem Kaninchen nachjagen, sollte man schelten und laut anrufen »Wahr dich, falsche Spur!«, denn bei keinem anderen Tiere in England wird von falscher Spur gesprochen.«

Daraus kann man entnehmen, daß das Kaninchen in England nun allgemein verbreitet war, aber nicht wert erachtet wurde, zum Wild gezählt zu werden. Es galt nicht als Beute eines ernsthaften Jägers.

Eduards Haltung gegenüber Mardern und Iltissen ist ebenfalls interessant. Er zitierte Gaston Phöbus über das Thema Fischotter und fügte hinzu: »Was all das andere Raubzeug* wie Marder und Iltisse angeht, so möchte ich nicht darüber sprechen. Kein guter Jäger geht mit seinen Hunden in den Wald, um darauf zu jagen, und das gilt genauso für die Wildkatze. Trotzdem kann es geschehen, daß man eine Dickung vergeblich nach einem Fuchs absucht, aber anstatt dessen die Hunde eines dieser Tiere aufspüren. Dann freut sich der Jäger über die Arbeit seiner Hunde und treibt sie an, auch weil es Räuber sind, denen sie nachjagen.«

Der vielleicht interessanteste Unterschied, den uns die beiden Bücher zeigen, ist der, daß die festländischen Jäger den Hirsch an die erste Stelle setzten, während der Herzog von York die Hasenjagd voranstellte, die Gaston Phöbus erst als sechste einstufte. Bei der Hochwildjagd traten jedoch die krassesten Unterschiede in den Jagdmethoden Englands und des Kontinents in Erscheinung.

Gaston Phöbus schrieb über Hirsche: »Die Menschen erlegen sie mit Hunden, Windhunden, Netzen, Stricken und anderer Ausrüstung; in Fallgruben, mit Pfeilen, anderen Fallen und durch die Parforcejagd (»with strength«).« Er schien wenig davon zu wissen, daß man sie auch mit der Armbrust schießen konnte.

Der Herzog von York schrieb dagegen nachdrücklich: »In England werden sie (die Hirsche) nur mit Hunden, Schüssen oder durch die Parforcejagd erlegt.« Er machte also durch Rückschluß klar, daß ihnen legal niemals durch Schlingen, Netze oder Gruben nachgestellt werde. Außerdem fügte er drei Kapitel hinzu, die sich mit der typisch

Hasenjagd – von dem Wildmeister Eduards I. als schönste Jagdart angesehen. Die Jäger mit Armbrust und Langbogen benutzen Bolzen und Pfeile mit stumpfen Spitzen, damit der Balg nicht beschädigt wird.

---

* Das Wort »vermin« kann man zur Not auch als »Kleinraubtier« übersetzen. Ich bin aber sicher, daß die Geringschätzigkeit, die es zum Ausdruck bringt, den gewählten Ausdruck rechtfertigt, auch wenn es unsere heutige Jägersprache anders will. (Anmerkung des Übersetzers)

englischen Jagdmethode in Hagen nach alter angelsächsischer Weise beschäftigten. Schließlich erwähnte er, daß diese sich auch in einem Wildpark abspielen könne und deutete die Möglichkeit an, daß auch die Königin an solcher Jagd teilnehmen konnte, indem sie mit gespannter Armbrust an der richtigen Stelle wartete. Das beweist wohl, daß diese Form der Jagdausübung nicht allzu anstrengend gewesen ist. Alles in allem war es eine Jagdart, die Gaston Phöbus bestimmt nicht gutgeheißen hätte.

Und doch schloß Gaston Phöbus in sein Werk siebzehn kurze Kapitel über Fallen und Schlingen ein, während der Herzog von York ganz klar ausdrückte, daß er mit keiner Art von Fallenstellen oder Schlingenlegen einverstanden sei. Er sagte unmißverständlich: »Ich meine wahrhaftig, daß kein guter Jäger sie so töten wird, wenn er guten Sport haben will.« Trotzdem wußte der Herzog offensichtlich ebensoviel wie Gaston Phöbus über die Materie, denn in das Kapitel über die Hasen fügte er eine kurze Erwähnung von »Hasenpfeifen« ein, bei denen es sich höchstwahrscheinlich um eine Art langer Fangnetze gehandelt hat, die von Gaston Phöbus aus irgendeinem Grunde nicht erwähnt worden waren. Der Schluß liegt nahe, daß man in England das Fallenstellen und Schlingenlegen bereits eher im Zusammenhang mit der Wilddieberei als mit der Jagd sah, und der Herzog hatte sicher nicht die Absicht, Wilderer zu unterweisen oder zu ermutigen.

Gaston Phöbus führte die sächsischen Hage und die Methode, Wild zwischen künstliche

Nach der Erlegung werden die Hunde mit Brotstücken gefüttert, die zuvor in das Gescheide getaucht wurden. Dabei erweckt das Horn ein Echo im Walde. Ein Ausschnitt aus dem franko-burgundischen »Devonshire-Gobelin« aus der Mitte des 15. Jahrhunderts.

Heckenzäune zu treiben, zwar besonders an, aber nur in Verbindung mit gestellten Fallen, seien es Fallstricke, Gleitschlingen oder Netze in Lücken der Zäune, nicht aber in bezug auf wartenden Jägern zugetriebenes Wild. Er beschrieb die Einzelheiten genau, wie z. B. die Ausmaße, die eine Fallgrube für Wildschweine haben mußte, und den Gebrauch von Ringnetzen und laufenden Schlingen für Wölfe. Er erwähnte auch die alte Methode der Benutzung von »Nadeln« (aiguilles). Das waren zugespitzte Stäbe elastischen Holzes, die man zusammenbog und in Wolfsköder steckte, so daß die Eingeweide nach dem Verschlingen durchbohrt wurden und das Tier eines qualvollen Todes starb.

Gaston Phöbus leitete seine Kapitel über die Fallenstellerei wie folgt ein: »Keiner ist ein guter Jäger, der die Tiere nicht sowohl durch die Parforcejagd, d. h. mit Pferden und Hunden, als auch mit Fallen erlegen kann. Aber ich spreche nur ungern von ihnen, denn ich möchte eigentlich nicht lehren, sie damit zu fangen. Man sollte das Wild mit Edelsinn und Vornehmheit erlegen, damit man gute Unterhaltung hat und mehr Tiere übrigbleiben. Sie sollten nicht auf unkorrekte Art getötet werden, damit immer welche zur Jagd zu finden sind.«

Daraus kann man entnehmen, daß in vielen Ländern Europas manche Wildart durch Fallenstellen, Schlingenlegen und Jagd bereits nahe an der Ausrottung war und daß die Erkenntnis der Notwendigkeit einer gewissen Hege schon Wurzeln geschlagen hatte. Vor allem anderen hielt Gaston Phöbus aber etwas von der »guten Unterhaltung«, besser ausgedrückt vielleicht vom »frohen Gejaid«.

Der Herzog von York erwähnte Bären überhaupt niemals, und aus der Art, wie er auf Wölfe hinwies, kann man deutlich erkennen, daß sie in den meisten Gegenden Englands bereits so selten waren, daß es einem Aussterben nahekam. Bemerkenswert ist auch, daß er den Füchsen nur ein Kapitel widmete, während Gaston Phöbus ihnen zwei zugestand und erwähnte, daß sie sowohl mit gelber Arsenblende und Schwefel ausgeräuchert, wie auch in Ringnetzen gefangen würden. Daraus muß man schließen, daß Füchse in England noch als wenig geeignet angesehen wurden, sportliches Jagdvergnügen zu bereiten.

Eines der zusätzlichen Kapitel des Herzogs von York betraf das Thema Jagdhörner, die in England anscheinend wichtiger gewesen sind als auf dem Festlande. Er schrieb: »Es gibt verschiedene Arten von Hörnern, das heißt Waldhörner, große Abtshörner, Jagdhörner, Trompeten, kleine Försterhörner und geringe Hörner zweier verschiedener Arten.« Er fügte Anweisungen über die richtige Größe der Jagdhörner hinzu: »zwei Spannen lang ... weder zu krumm, noch zu gerade.«

Nach dem Ende des Hundertjährigen Krieges mit Frankreich zerstörten die Rosenkriege Englands Gefüge durch innere Auseinandersetzungen, bis der Tod Richards III. im Jahre 1485 dazu führte, daß sich Heinrich VII., der erste aus dem Hause Tudor, des Thrones bemächtigte. Man kann sich leicht vorstellen, mit welcher Lässigkeit die Jagdgesetze während dieser Zeit gehandhabt wurden. In einer auf der Wolle beruhenden blühenden Wirtschaft gab es eine kraftvolle und wohlhabende Mittelklasse aus kleinen Gutsbesitzern und Kaufleuten, und jeder mit irgendeinem angemaßten Anspruch auf Rang oder gesellschaftliche Stellung konnte behaupten, wenigstens ein bißchen Jagdrecht zu besitzen. In den Wäldern selbst wurde das Rotwild seltener, aber Herden von wilden und halbwilden »Buschpferden« wurden immer zahlreicher.

Armbrüste, Balläster und Schnepper (letztere beiden waren Abarten der ersteren) wurden bei der Jagd immer mehr verwendet. Mit stumpfen Bolzen oder Steinen* waren

* Balläster und Schnepper schossen auch Kugeln aus Lehm und Metall. (Anm. des Übers.)

Zwei Illustrationen aus »Gaston Phöbus« zeigen französische Verfahrensarten beim Fallenstellen und Schlingenlegen.

Oben Ein Zaun aus zugespitzten Schanzpfählen wird mit dem Schenkel eines Pferdes beködert; der Wolf muß, um heranzukommen, durch die einzige Öffnung hindurch und löst eine Falle aus, deren Spitzen seinen Lauf festhalten.

Unten Jäger und Hunde haben einen Wolf in ein ringförmiges Netz getrieben und darin erlegt.

sie wirksame Waffen auf Federwild. Andere Jagdarten zur Erbeutung von Vögeln und kleinerem Wild, wie Lockvögel, Netzfang, Fallenstellen und Leimruten, wurden immer mehr angewendet, je weiter das Mittelalter seinem Ende entgegenging und der Schutz der Wildvögel unwirksamer wurde. Trotzdem zeigte die ungeheure Federwildmenge immer noch nur geringe oder überhaupt keine Symptome dafür, daß sie durch die Verfolgung abgenommen hätte.

Die Erfindung des Schießpulvers und die Einführung des Luntenschloßgewehres machten es jedoch unvermeidlich, daß der Vogelbestand schnell drastisch zurückging. Die ersten tragbaren Feuerwaffen überhaupt wurden etwa in der Mitte des 14. Jahrhunderts hergestellt und bestanden einfach aus einem metallenen Rohr für Pulver und Geschoß, eingelassen in einen hölzernen Schaft bzw. eine Art Stange. Am hinteren Ende befand sich eine kleine Pfanne für das Zündpulver (»Zündkraut«) und eine Bohrung (Zündloch), die zur Ladung führte. Gezündet wurde mit einer langsam brennenden Lunte aus salpetergetränktem Hanf. Diese »Handbüchsen« waren kaum mehr als kleine tragbare Kanonen. Sie benötigten beim Abfeuern eine Auflage und waren entsprechend heikel zu handhaben.

Die ersten Luntenschloßgewehre waren auch einfachste Waffen, hatten aber eine Haltevorrichtung für Lunte oder Feuerschwamm in einem zweiarmigen Hebel, der als Abzug diente und dem Benutzer erlaubte, sein Auge auf das Wild gerichtet zu halten, während er feuerte, anstatt davon wegblicken zu müssen, um die Pfanne mit der Lunte in der Hand zu finden. Das Radschloßgewehr wurde erst Anfang des sechzehnten Jahrhunderts bekannt, und die verschiedenen Abarten des Steinschlosses (Schnapphahn- und Batterieschloß) kamen noch später.

Man darf sicher sein, daß der Soldat oder noch häufiger der Seemann, der von überseeischen Abenteuern heimgekehrt war und dabei die tödlichen Wirkungen des Feuerrohres (»handgonne«) auf den Feind erlebt hatte, promt ausprobierte, wie denn wohl das Ergebnis auf die Unmengen von Wildvögeln auf den Mooren war. Selbst des Königs Hochwild in den Wäldern dürfte vor ihm nicht sicher gewesen sein, obwohl die verräterische brennende Lunte und die notwendige Gewehrauflage den Erfolg schwierig gemacht haben dürften. Solch ein Mann, der möglicherweise halb um die damals bekannte Welt gereist war, war wahrscheinlich wenig geneigt, sich nach seiner Heimkehr die Freiheit beschneiden zu lassen. Wenn er kein Land besaß oder kein Jagdrecht hatte, wilderte er vermutlich oder nahm sich das Wild, wie und wann er Lust dazu hatte. Jedes entgegenstehende Gesetz hätte er als Herausforderung betrachtet.

Unter einer frühen Gesetzesvorschrift Heinrichs VII. war »gewöhnlichen Leuten«, d. h. Personen ohne ein gewisses Vermögen in Grundbesitz oder an Geld, nicht gestattet zu besitzen: ». . . Schußwaffen, Bogen, Wind- oder andere Hunde, Frettchen, Vogelfangnetze, Glocken (an langen Seilen, um Hasen und anderes Wild in Netze zu treiben), Hasenfangnetze, Hochwildnetze, Bockzäune und andere Schlingen oder Einrichtun-

Eines der ältesten existierenden Handrohre; noch mit dem ursprünglichen Schaft. Die ersten tragbaren Feuerwaffen wurden um die Mitte des 14. Jahrhunderts hergestellt.

47

gen, die zum Fangen von Wild dienen... Niemand soll sich bei Strafe von zehn Pfund Sterling mit Waffe oder Tier an irgendein Stück Schalenwild anschleichen, es sei denn in seinem eigenen Wildpark.«

Im Jahre 1533 kam ein Gesetz heraus, wonach »...niemand irgendeine Armbrust, Feuerrohr, Arkebuse (hakebut) oder Halbhaken abfeuern oder in seinem Hause haben solle, der nicht Ländereien besäße, die einhundert Pfund im Jahre einbringen; bei Strafe von zehn Pfund für jede Zuwiderhandlung.« Das gleiche Gesetz bestimmte, daß niemand mit einer Feuerwaffe »unter einem Yard (91,44 cm) in der Länge schießen dürfe«.

Es ist wahrscheinlich, daß man die Feuerwaffen jener Zeit ganz wirksam in der Art einer »Entenkanone«* bzw. großkalibrigen Entenflinte benutzen konnte, um eine Gasse aus massiertem Wasserwild herauszuschießen oder ein ganzes Volk Hühner mit einem Schusse auszurotten. Man betrachtete sie jedoch nicht gerade als sportlich (waidgerecht). Bei weitem reizvoller und sauberer erschien der Schuß mit der Armbrust auf einen bestimmten Vogel oder gar der Einzelabschuß aus einer fliegenden Kette, einem Schwarm Wildgänse oder einem Fasanenbukett, denn dazu mußte man schon schießen können.

Anzunehmen ist auch, daß Torsions- bzw. Schlagfallen (»engines«, traps) zu dieser Zeit bereits weit entwickelt waren. Die einfachen, aber wirkungsvollen Fangeisen, die in

Entenjagd mit Lunten-schloßgewehren; aus einer Zeichnung von Stradamus etwa 1566. Während des 16. Jahrhunderts wurden in England Gesetze erlas-sen, die den gemeinen Mann daran hindern soll-ten, Feuerwaffen zu besit-zen oder damit Wild zu töten.

* Entenkanonen sind Bootskanonen im Kaliber bis zu etwa 50 mm, welche Schrotladungen bis zu annähernd 1 kg auf wirksame Schußentfernungen von 100 m und mehr verfeuerten. Sie waren sowohl als Hinter- wie auch als Vorderlader bis vor wenigen Jahrzehnten im Gebrauch und sind das vereinzelt wohl noch heute.

Die Pracht eines Festes wird auf dieser französischen Jagdszene aus dem 15. Jahrhundert vorgeführt. Im Hintergrund findet eine Falkenjagd statt, ohne daß der verzärtelte Adel davon überhaupt Notiz nimmt.

verschiedener Form und Größe von der Menschen- bis zur Rattenfalle reichten und sich für die nächsten vierhundert Jahre als leicht zu stellende Tellereisen zum Festhalten von Füßen, Läufen usw. bewährten, waren damals fast mit Sicherheit erfunden. Auch Schlingen und Netze wurden noch mit großem Erfolg verwendet.

In sportlich-jagdlicher Beziehung war das folgenreichste Gesetz, das die Tudors erließen, Heinrichs VIII. Auflösung der Klöster im Jahre 1539, gefolgt von dem Verkauf ihrer Ländereien 1544. Die alten kirchlichen Jagdrechte, die Reviere, Wildparke und Gerechtsame, die die Äbte, Priore und niedrigeren Geistlichen besessen bzw. genossen hatten (es gab zu einer Zeit nicht weniger als dreizehn Jagden, die dem Bischof von Norwich gehörten!), wurden alle aufgehoben und gingen in andere Hände über. Zusammen mit den Klosterländereien wurden die Jagdrechte an den meistbietenden versteigert. Es war aber zu dieser Zeit bereits unbestrittenes Gewohnheitsrecht in England, daß der Anspruch auf Jagdausübung und Wildaneignung »mit dem Boden ging«, d. h. Bestandteil des Grundeigentums war, während auf dem Festlande das Recht zur Jagd unabdingbar mit König und Adel verbunden blieb.

Im Jahre 1519 starb in Europa ein anderer bekannter, gewaltiger Jäger, nämlich Kaiser Maximilian I. von Österreich. Er galt den englischen Bogenschützen, die unbestritten die besten waren, als ebenbürtig, war aber auch ein Meisterschütze mit Armbrust und Balläster. Mit dem Langbogen schoß er einen hölzernen Pfeil ohne Spitze durch drei Zoll (7,62 cm) zähen Lärchenholzes. Mit der Armbrust erlegte er einst von 104 vom Wasser abstreichenden Enten 100, und das scheint mir vorzügliches Schießen zu sein, ganz gleich, mit welcher Waffe oder welchen Maßstab man sonst anlegt. Er schoß auch 26 Hasen nacheinander ohne Fehlschuß mit dem gleichen Bolzen oder Pfeil: es ist allerdings nicht überliefert, ob sie flüchtig geschossen wurden oder nicht. Er war ein unermüdlicher und unübertrefflicher Gamsjäger und scheint seine Frauen dabei mitgeschleppt zu haben. Zwei von ihnen wurden dabei so überfordert, daß sie das Vergnügen nicht überlebten. Er war eben deutlich erkennbar ein bemerkenswert leidenschaftlicher Jäger . . .

In Frankreich und Deutschland war, wie schon gesagt, die Jagd Vorrecht von Königen und Fürsten. Die mittelalterlichen Jagdgesetze blieben dort noch bedrückender, als sie in England Jahrhunderte vorher gewesen waren. In Frankreich waren die Geldstrafen für Wilddieberei außerordentlich hoch. Außerdem war es durchaus möglich, daß noch eine Auspeitschung oder der Verlust einer Hand hinzukam. Im deutschen Sprachraum wären das aber noch geradezu milde Urteile gewesen! Noch 1537 befahl der Erzbischof von Salzburg, einen Wilderer gefesselt in eine frisch abgezogene Hirschdecke einzunähen und dann auf dem Marktplatz von Hunden zerreißen zu lassen. Peitschen, Brandmarken, Augenausstechen, Handabhauen und ähnlichen Strafen für das erste Delikt folgte Tod durch den Strang für die zweite Verfehlung.

Am französischen Hofe jener Zeit gab es als Besonderheit den Gebrauch von Jagdleoparden. Sie wurden zur Jagd auf Hasen und Rehwild verwendet. Nach Tötung eines Tieres zeigte man ihnen ein wenig Blut (Schweiß) in einer Zinnschale, und sie ließen ihre Beute liegen und sprangen auf ein Kissen, das auf der Pferdekruppe hinter dem Sattel ihres Abrichters befestigt war. Wenn man das richtig bedenkt, hat es sich wahrscheinlich eher um Luchse als um Geparden gehandelt. Aber Franz I. scheint 1515 wirklich zwei Arten besessen zu haben, wahrscheinlich sowohl Jagdleoparden als auch Luchse. Heinrich II., der ihm 1547 nachfolgte, hielt auch an dieser Jagdart fest, aber die letzte Nachricht darüber vom französischen Hof stammt aus der Regierungszeit Heinrichs IV., 1601. Später wurde diese Jagdart auch in Deutschland eingeführt.

Gegenüber Eine Jagdszene aus »Gaston Phöbus«. Dieses Buch war das erste ausschließlich mit dem Waidwerk beschäftigte Werk in Europa und liefert ein umfassendes Bild von der Jagd in Frankreich während des 15. Jahrhunderts.

Ein französischer Gobelin, der das Andenken an die großen Jägertaten Kaiser Maximilians von Österreich wachhält. Es wird gesagt, daß dieser einst hundert vom Wasser aufgehende Enten mit hundertvier Armbrustschüssen erlegte.

Gegenüber Ein Gemälde aus dem frühen 17. Jahrhundert, das einen indischen Fürsten auf der Falkenjagd darstellt. Die Beizjagd war ein beliebter Sport in vielen Weltteilen und seit ältesten Zeiten.

4 Erste Jagd mit Feuerwaffen

Im Jahre 1548 erließ Eduard VI., damals elfjährig, eine Verfügung gegen das Schießen mit Schrot (Hayle Shotte). Sie hatte folgenden Wortlaut: »Sintemal im XXIII. Jahre der Regierung des verstorbenen Königs glorreichen Angedenkens Heinrichs VIII. ein Gesetz erlassen ward, das einige Freiheiten für das Schießen mit Handrohren, Hakenbüchsen und Arkebusen gewährte, so wurde doch durch solches Gesetz auch verordnet, daß niemand eines der genannten Feuergewehre ohne Kugelfang (banke of earthe) abschießen solle. Auch solle nicht auf Rotwild oder Federwild geschossen werden, es sei denn, daß die Betreffenden mehr als hundert Pfund Jahreseinkommen hätten.

Das genannte Gesetz ist damals erlassen worden, weil es für nothwendig erachtet wurde, um die Vertheidigung des Reiches sicher zu stellen. Seitdem hat es aber zu großem Müßiggang und solcherart Unziemlichkeiten geführt, daß nicht nur Wohnhäuser und Kirchen täglich beschädigt werden, indem Menschen lockeren Lebenswandels die Feuergewehre mißbrauchen, sondern ist auch die Unsitte eingerissen, mit Hagelschrot zu schießen, wodurch eine ungeheure Zahl von Vögeln getötet und viel Wild damit vernichtet, ohne daß irgend jemand Vortheil davon hätte...«

Das »Hagelschrot« wurde einfach dadurch hergestellt, daß man kleine Stückchen von einem Bleiblech abschnitt. Diese wurden anschließend dadurch grob abgerundet, daß man sie längere Zeit in einem Behälter herumwälzte, normalerweise in einem Faß oder Krug. Das Gewehr wurde dann mit einer Ladung grobkörnigen Pulvers geladen; darauf wurde ein Pfropfen aus Stoff-Fetzen oder Papier festgestampft. Als nächstes kam die Schrotladung, die ihrerseits durch einen zweiten Pfropfen festgehalten wurde. Schließlich wurde die Waffe mit feinem Zündpulver versehen, das auf die Pfanne geschüttet wurde, und war damit schußbereit, sobald die glimmende Lunte das Zündpulver berührte.

Das Ganze war eine nervtötende, langwierige und mühsame Angelegenheit. Zunächst einmal verschlang das Laden selbst viel Zeit, und es durfte weder regnen, noch windig sein. Dann verging, wenn der Abzug betätigt oder die Lunte auf das »Zündkraut« gedrückt wurde, wieder eine merkliche Zeitspanne, bis das grobe Pulver anbrannte. Es gab also manchmal eine verhältnismäßig große Verzögerung, bevor das Gewehr endlich losging. Dieses selbst war im allgemeinen so lang oder so schwer, daß man es nicht abfeuern konnte, ohne die Mündung entweder auf einen passenden Baumast oder eine eigens dafür mitgeführte Gabelstütze aufzulegen. Es war auch nicht ratsam für den Schützen, seine Wange an den Kolben zu drücken, denn der Rückstoß hätte ihm mit Sicherheit ein blaues Auge oder noch Schlimmeres eingebracht. Es war also nur ein ungefähres Zielen in eine Schar sitzender oder schwimmender Vögel hinein möglich. Sportlich war das kaum; eher schon ein Verfahren, die Speisekammer aufzufüllen.

Gegenüber Die Jagd blieb im 16. Jahrhundert in den Händen des Adels. In dieser florentinischen Bärenjagdszene verfolgen berittene Edelleute den Bären, während die Bauernschaft mit gefällten Spießen bereitsteht.

Oben Luntenschloßgewehr, wahrscheinlich niederländischer Herkunft, etwa aus dem Jahre 1590. Das Luntenschloßgewehr war die beliebteste Feuerwaffe des 16. Jahrhunderts.
Unten Französisches Pulverhorn, etwa 1590. Auf den beiden Seiten sind Heinrich IV., seine Königin und seine Familie dargestellt.

Dem Vogelsteller jener frühen Tage machte die Sportlichkeit seines Tuns aber wenig Sorgen. Sein Gewehr war, genau genommen, mehr eine an Land verwendete Bootskanone als irgend etwas anderes. Alle Schüsse wurden notgedrungen auf Vögel am Boden abgegeben, denn seine Waffe machte ihn unfähig zum Schießen auf fliegendes Wild. Er mußte deshalb seine Beute anschleichen und tat das häufig unter Verwendung einer Art von »Versteckpferd«, also jener altbewährten Methode, die sich entweder eines alten, ruhigen Pferdes (old jade) oder einer Attrappe aus Holz und Tuch oder Leinwand bediente. Dieses Prinzip stammte noch aus der Steinzeit, war aber so wirksam wie eh und je.

Trotz der Beschränkungen, die das Schießen mit dem Feuerrohr (gunne) auferlegte, waren die Tudors alle begeisterte Jäger, und Königin Elisabeth I., die letzte ihres Hauses, war keine Ausnahme. Sie scheint Gefallen daran gefunden zu haben, ihr zugetriebenes Rotwild zu schießen, allerdings höchstwahrscheinlich mit der Armbrust. Außerdem jagte sie gern mit Windhunden in ihren Gehegen. John Selwyn, der Aufseher ihres Wildparkes in Oteland, war ein drahtiger, gewandter Mann, der im Jahre 1587 das auf-

In dieser holländischen Jagdszene von Jost Amman (etwa 1575) sind mehrere allgemein übliche Jagdmethoden dargestellt, unter ihnen der Gebrauch von Laterne und Netz, um eine Kette Rebhühner zu fangen, sowie ein »Anschleichpferd«, das es dem Jäger erlaubte, in Schußweite an die ahnungslosen Vögel heranzukommen.

57

Königin Elisabeth I. war, wie all die Tudors, eine leidenschaftliche Jägerin. Auf diesem Holzschnitt wird ihr vom Jagdleiter das Waidmesser überreicht, damit sie den brauchtumsgemäßen Einschnitt in das erlegte Stück tun kann. Im Hintergrund sieht man kräftige Hunde vom Talbot-Typ.

sehenerregende Kunststück fertigbrachte, auf den Rücken eines gehetzten Hirsches zu springen, diesen mit seinem Jagdschwert vor die Füße der Königin zu lenken und dann dort zu töten. Noch vom Jahre 1600, als sie bereits 67 Jahre zählte, wird berichtet: »Ihrer Majestät geht es gut, und sie ist hervorragend zur Jagd geneigt, denn sie steigt an jedem zweiten Tage zu Pferde und setzt den Sport lange fort.«

Zu jener Zeit war die alte normannische Sitte der Parforcejagd außer Gebrauch gekommen, und alle Jagden spielten sich innerhalb von Gehegen ab. Die Freude an dieser neuen Jagdart hing nicht von Gangart und Vorwärtskommen ab, denn die Hunde waren noch ebenso langsam und schwerfällig, wie sie zur Normannenzeit gewesen waren. Jetzt kam es auf das Geläut der Meute (hound music) an. Die Tudors stellten ihre Hunde nicht nach der Größe, sondern nach dem Klang passend zusammen. Dann ließen sie einen Hirsch im Gehege frei, manchmal nachdem sie ihn absichtlich mit der Armbrust krankgeschossen hatten, und setzten ihre buntscheckige Meute auf die Fährte. Anstatt nun den Hunden zu Fuß oder Roß zu folgen, ritten sie auf einen kleinen Hügel und lauschten dem Geläut der Hunde auf der Fährte. Wenn die einzelnen Hunde Laut gaben, nannten sie sie bei Namen und folgten der Jagd ausschließlich den Tönen nach. War der Hirsch schließlich gestellt, wurde der Berufsjäger hingesandt, um ihn mit dem Hirschfänger abzufangen.

58

Im Jahre 1561 veröffentlichte der Franzose Jacques du Fouilloux ein Buch mit dem Titel »Das Waidwerk« (La Vénerie). Teilweise war das einfach eine Abschrift von Gaston Phöbus; es besteht aber Grund zu der Annahme, daß ein Kapitel darin von Karl IX. von Frankreich verfaßt wurde. Der war ein geradezu fanatisch begeisterter Jäger, von dem berichtet wird, daß er dem Hirsch allein von der Entdeckung durch den »lymer« (Leithund) an bis zur Erlegung folgte. Er hatte bereits vorher ein Buch über die Rotwildjagd, »La Chasse Royale« betitelt, geschrieben und starb im jugendlichen Alter von vierundzwanzig Jahren an einer Lungenentzündung, deren Ursache übermäßigem Jagdhornblasen zugeschrieben wurde.

Obwohl du Fouilloux' Buch einige recht lebendige Textstellen über Schwarz- und Rotwildjagd enthält, enthüllte es doch bereits gleichzeitig eine Vorliebe für Wohlleben und Genußsucht, die, nachdem sie während der folgenden hundertfünfzig Jahre sich ins Extreme gesteigert hatte, das Waidwerk als solches auf dem Festlande vernichten sollte. So regte er zum Beispiel an, man solle für die müßigen Augenblicke während der Jagd immer ein Bauernmädchen aus dem nächsten Dorfe bereithalten, damit sich der Jagdherr daran »erfreuen« könne. Als unter Ludwig XIII. (1601–1643) alle Macht beim König vereinigt und die Jagd zu einem dekadenten Schauspiel herabgesunken war, hat diese Art von Ausschweifungen an ihrem völligen Verfall in Frankreich und dem übrigen Kontinentaleuropa bedeutenden Anteil gehabt.

Das »Buch von der Jagd«, das 1576 in England in Verbindung mit George Turbervilles »Buch von der Falknerei« erschien, war nicht mehr als eine unmittelbare Übersetzung des Werkes von du Fouilloux. Ob Turberville selbst der Übersetzer war oder nicht, ist fraglich, obwohl die Wahrscheinlichkeit dafür spricht. In jedem Falle war es aber das letzte festländische Buch über die Jagd, das übersetzt werden und dabei noch irgendeine Ähnlichkeit mit dem in England betriebenen Sport aufweisen konnte.

Vieles von seinem Inhalt ist heute natürlich zwangsläufig überholt. Aber ein Zitat daraus läßt eine nur allzu bekannte moderne Saite mitschwingen und betraf offensichtlich beide Länder: »Es gibt so viele berittene Jäger, die weder blasen, noch durch Hallo-Rufe ansporn, noch vernünftig reiten können! Sie geraten zwischen die Hunde, sprengen quer durch die Meute und stören dadurch deren eingeschlagene Richtung: es ist, als ob es ihnen unmöglich wäre, richtig zu jagen...«

Französische Jäger des 16. Jahrhunderts am Hofe Ludwigs XII. mit ihren Hunden und Hörnern.

59

Inzwischen war das Wild in England merklich seltener geworden. Der letzte Keiler in Wiltshire wurde während der Regierung Königin Elisabeths von Sir Richard Grobham erlegt. Mag auch du Fouilloux andeuten, daß Füchse und Dachse nur wert wären, aus der Erde gegraben zu werden: dem Landadel tief im Herzen Englands bereiteten sie bereits große Jagdfreuden. Sir Thomas Cockaine, ein enthusiastischer alter Jäger, berichtete, er habe »einen Fuchs von dem Versteck, wo er aufgestöbert wurde, 14 Meilen weit mit Hunden und Pferden verfolgt und erlegt«.

Im Jahre 1581 schrieb der gleiche Sir Thomas das erste Jagdbuch rein englischen Ursprunges mit dem Titel »A Short Treatise on Hunting«. Er widmete sein interessantes Werk dem Earl of Shrewsbury, »der weiß, daß ich ein praktischer Jäger, aber kein Gelehrter bin«. Es ist besonders beachtenswert, daß er die Fuchsjagd an die erste und die Hasenjagd an die zweite Stelle setzte und darauf hinwies, daß das Rotwild selten würde. Die Jagd auf Rehe, Otter und Marder erwähnte er in seinem Buche ebenfalls, und von letzterer schwärmte er besonders, da sie ein großartiges Hundekonzert verursache, so daß man fast glauben könne, die Meute habe sich plötzlich verdoppelt.

Auf dem Festland begann zu dieser Zeit die Einführung des gezogenen Laufes und des Radschlosses das Schießwesen zu revolutionieren. Obwohl Leonardo da Vinci auch einen Radschloßmechanismus skizzierte, war dieser keinesfalls der erste, und der

Königin Elisabeth und ihre Falkner auf der Reiherbeize. Aus Turbervilles »Buch von der Falknerei«; die offene Landschaft ist für die Falkenjagd unbeschränkt geeignet.

eigentliche Erfinder blieb unbekannt. Das neue Schloß bestand im wesentlichen aus einem Stahlrädchen, das sich, von einer starken Feder angetrieben, unter einem daraufgepreßten Stück Schwefelkies (Pyrit) drehte und dabei einen Funkenstrom erzeugte, der das Pulver entzündete. Einer der großen Vorteile der Erfindung bestand darin, daß der Jäger nicht mehr befürchten mußte, seine Gegenwart durch die glimmende Lunte zu verraten. Da er seine Aufmerksamkeit nun ausschließlich dem Ziele zuwenden konnte, ohne dauernd prüfen zu müssen, ob seine Lunte noch richtig saß und brannte, war es ihm auch möglich, viel genauer zu zielen.

Die meisten der ersten Gewehre dieser Art bzw. deren Schlosse wurden von süddeutschen gelernten Uhrmachern aus der Gegend von Nürnberg und im nördlichen Italien hergestellt, denn sie waren die einzigen Handwerkskünstler, die den komplizierten Mechanismus bauen konnten. Die ersten Radschlosse waren, verglichen mit späteren Modellen, noch plumpe Vorrichtungen, aber die Schnitzereien, Gravuren und sonstigen Verzierungen an vielen dieser Gewehre waren von so hoher Qualität, daß man sie mehr als Kunstwerke, weniger als Gebrauchswaffen ansprechen kann. Heinrich VIII. sammelte einige besonders schöne Exemplare von frühen italienischen und französischen Radschloßwaffen, aber zu seiner Zeit (er regierte 1509–1547) gab es noch keine Büchsenmacher in England, die so etwas hätten herstellen können.

Auf einem niederländischen Stich des 16. Jahrhunderts sieht man einen mit Hilfe von Netzen in die Enge getriebenen, gestellten Keiler. Wildschweine wurden während des 16. Jahrhunderts in England ausgerottet, blieben aber auf dem Festland überall verbreitet.

Die Erfindung des Radschloßgewehres im 16. Jahrhundert revolutionierte das Schießwesen. Dieses Radschloß aus dem frühen 17. Jahrhundert zeigt den komplizierten Mechanismus.

Die Renaissance von Denken und Wissen, die sich über ganz Europa verbreitete, hatte natürlich auch auf die Jagd Rückwirkungen. Neue Ideen sind ansteckend und verbreiten sich wie Wellen auf einem Weiher. In bezug auf die Jagd wie auf allen anderen Gebieten begannen die Menschen, die alten Gewohnheiten und Denkweisen in Frage zu stellen. Einige der alten Rituale wurden aufgegeben, und es gab eine allgemeine Lockerung der härtesten Gesetze. Aber ganz neue Möglichkeiten ergaben sich besonders daraus, daß sich die Jäger den neuen Waffen zuwandten. Diese wurden bald durch neue Konstruktionen verbessert und auch leichter im Gewicht.

Im westlichen Polen stellte man z. B. ein kleinkalibriges Radschloßgewehr unter dem Namen »Tschinke« her, wahrscheinlich abgeleitet von der Stadt Teschen, wo es herstammte. Mit einem äußeren und damit gut zugänglichen und leicht zu reinigenden Schloßmechanismus versehen, erfreuten sich diese leichten Waffen großer Nachfrage. Sie boten offensichtliche Vorteile gegenüber den komplizierteren, empfindlicheren anderen Konstruktionen, deren Teile im Schaft (d. h. auf der Innenseite der Schloßplatte) verborgen lagen und an allzu schweren Waffen angebracht waren. Man konnte diese, wenn man nicht gerade Bastler war, nur schwer reinigen, was aber für die einwandfreie Funktion sehr häufig erforderlich war. Die Zufälligkeiten und Beanspruchungen eines Jagdtages in Wald und Moor beschädigten sie leicht. Ein anderer Vorteil der Tschinke war, daß man sie beim Zielen ohne Angst vor Verletzungen an die Wange legen konnte*.

Etwa gleichzeitig mit dem Radschloß entstand anfangs des 16. Jahrhunderts das Schnapphahnschloß, und zwar wahrscheinlich in den Niederlanden. Das holländische Wort »snaphaan« mit der Bedeutung »schnappender Hahn« soll nach der einen Lesart Ursprung des Namens sein. Nach der anderen bedienten sich die »Schnapphähne« oder »Schnapphänse«, also Geflügeldiebe, mit Vorliebe dieser Erfindung. Sie bestand darin, daß ein Feuerstein (Flint, also nicht Pyrit, wie beim Radschloß!) einer Stahlfläche einen streifenden Schlag versetzte und dadurch einen Funkenstrom in die Pfanne sandte, in der das Pulver dadurch entzündet wurde. Das Schnappschloß, unter welchem Namen es bekannt wurde, hatte den wichtigen Vorteil einer Ruherast, d. h. man konnte es halb gespannt führen, ohne daß die Gefahr eines nicht gewollten Schusses bestand. So war es dem Jäger möglich, sich mit geladener und bereits halb gespannter Waffe sicher zu

* Aber die Wirkung des kleinen Kalibers war natürlich auch entscheidend geringer und schränkte die Verwendungsmöglichkeiten erheblich ein! Mir sind viele Exemplare bekannt, die offensichtlich als Damengewehre gedacht waren. Die Schäfte der Feuerwaffen jener Zeit waren noch tastende Versuche auf Handrohr- und Armbrustbasis, etwa so, wie die ersten Autos pferdelosen Kutschen glichen. Eine auch ästhetisch befriedigende Hinterschaftform, die den Rückstoß optimal auf die Schulter leitete, entstand erst im 18. Jahrhundert. (Anmerkung des Übersetzers)

bewegen und dennoch ohne große weitere Vorbereitungen schußbereit zu sein. Den großen Wert dieser Tatsache für den Jäger erkannte man schnell.

Obwohl sie auf dem Kontinent beliebt waren, wurden diese Schlosse in England nur wenig verwendet. Die Briten brauchten offensichtlich lange Zeit, um die festländischen Waffenverbesserungen richtig zu würdigen. Sie leisteten den Veränderungen, die auf diesem Gebiete eintraten, mit einer Hartnäckigkeit Widerstand, die sich nur aus ihrer Insellage und Abschließung, sowie aus ihrer Überzeugung von der eigenen Überlegenheit erklären läßt. Es kümmerte sie wenig, daß die neuen Waffen, die in Deutschland, Frankreich, Spanien und Italien hergestellt wurden, den eigenen weit überlegen waren. Erst Anfang des 17. Jahrhunderts brachten die Engländer ihr eigenes »dog-lock«* heraus, die früheste Form des englischen Steinschlosses.

Trotzdem gibt es keinen Zweifel daran, daß die Jagd mit der Feuerwaffe sowohl in England als auch auf dem Festlande immer beliebter wurde. Es ist bezeichnend, daß eines der ersten Gesetze, die Jakob I. (1603–1625) nach seiner Thronbesteigung erließ, sich wie folgt las: »Daß alle und jede Person und Personen, die vom letzten Augusttage ab mit Feuergewehr, Armbrust, Schnepper oder Langbogen Fasanen, Rebhühner, Haus- oder Wildtauben, Reiher, Stockenten, Mittelenten, Krickenten, Pfeifenten, Waldhüh-

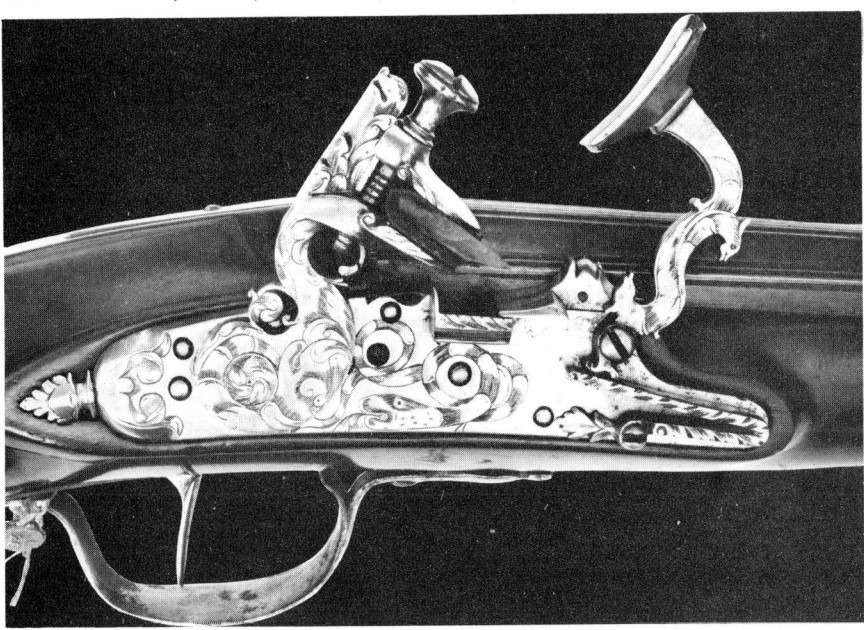

Oben Ein italienisches Schnapphahnschloß aus dem Jahre 1674. Das Schnappschloßgewehr kam im 16. Jahrhundert in den Niederlanden auf und bot dem Jäger gewisse Vorteile. –

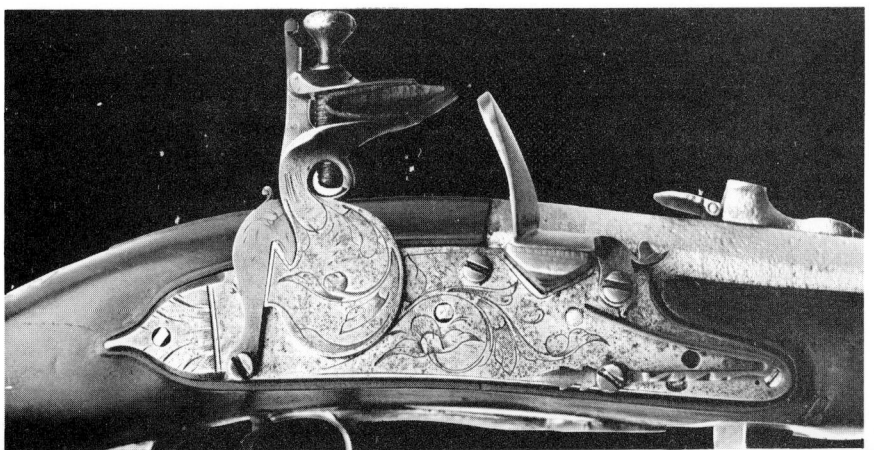

Unten England hinkte bezüglich der Waffenentwicklung weit hinter dem Festlande her. Hier sehen wir das Beispiel eines englischen Steinschlosses (dog-lock) aus dem frühen 17. Jahrhundert.

ner, Birkwild, Moorschneehühner oder irgendein anderes Federwild oder Hasen schießen, vernichten oder töten, item nach besagtem Augusttage irgendwelche Fasanen, Rebhühner, Haus- oder Wildtauben mit Vorstehhunden oder irgendeiner Art von Netzen, Schlingen, Fallen oder in irgendeiner anderen Weise erlegen, töten oder vernichten, in das Gefängnis der Gemeinde geworfen werden und darin für drei Monate verbleiben sollen... 1603 Jac. I.«

Wenn man an die großen Wildmengen jener Tage und das Beispiel denkt, das Kaiser Maximilian ein Jahrhundert zuvor gegeben hatte, ist es sicher, daß die damaligen Jäger, die wirklich gute Schützen mit Schnepper, Armbrust oder sogar Langbogen waren, gelegentlich auf Flugwild geschossen und es erfolgreich heruntergeholt haben. Zu der nun in Rede stehenden Zeit muß der mit dem Radschloß- oder Feuersteingewehr ausgerüstete Jäger auch ab und zu mit »Hagelschrot« auf Vögel im Fluge geschossen und manchmal getroffen haben, wenn auch nur durch reinen Zufall. Gewiß hat es aber auch jetzt wirklich gute Schützen gegeben, die solche Erfolge nicht nur dem Zufall verdankten, wenn auch die große Mehrzahl Treffer solcher Art ehrlicherweise ihrem Glück zuschrieb.

Trotz alledem gibt es kaum einen Zweifel daran, daß das Flugwildschießen in England mit dem Gewehr mehr als »Fleischmachen« denn als reguläre, sportliche Jagdmethode betrachtet wurde. Die sportliche Art, Vögel zu erlegen, bestand in England darin, sie auf den Feldern mit Vorstehhunden (»Setting Dogges«) aufzuspüren. Die Hunde zeigten das Wild an und legten sich dann nieder, um den Jägern von beiden Seiten zu ermöglichen, ein Netz über sie und die Vögel zu ziehen bzw. zu werfen. Diese Reaktion ist bei den Settern instinktiv und ihnen bis heute treugeblieben: Sie legen sich oft mehr oder weniger nieder, wenn sie vorstehen.

Das Fangen von Vögeln in Netzen auf diese Art war nicht so einfach, wie es im ersten Augenblick scheinen mag. Der Hund mußte abgerichtet werden, die Vögel zu finden und während des »Vorliegens« an den Platz zu bannen. Gleichzeitig ließ man, um sie am Abstreichen zu hindern, einen »Falkendrachen« über ihnen steigen. Das war ein wie ein Falke geformtes Gerät, das an einem Drachen hing, oder einfach ein Drache in Greifvogelform. Eine andere Möglichkeit bestand darin, einen wirklichen Falken frei über den Beutevögeln fliegen und später durch das Federspiel auf die Faust zurückkehren zu lassen oder ihn auf eine Stange in ihrer Sichtweite zu setzen. Jede dieser Listen brachte das Wild dazu, sich an den Grund zu schmiegen, weil es den Falken mehr fürchtete als Mensch oder Hund.

Sobald die Vögel solcherart festgenagelt waren, gingen die beiden Netzmänner vorsichtig vorwärts, zogen das Netz über den liegenden Hund und warfen es über die Vögel.

Von einer Kette dürften nur jeweils wenige Tiere diesen kunstvollen Fangmethoden entkommen sein. Diese wurden auch später noch oft benutzt, um Aufzuchtexemplare zu bekommen – und die Wilddiebe gebrauchten sie natürlich auch. Deshalb breiteten die Wildhüter Zweige auf den Feldern aus, damit deren Netze daran hängen blieben. Auf dem Kontinent wurde das gleiche Verfahren mit dem Falken oder dem Drachen angewendet, aber es wurde ein als »tirasse« bekanntes Zugnetz dabei verwendet. Der

---

* Es ist etymologisch recht interessant, daß das Schlagstück, das in England, Deutschland, den Niederlanden und den skandinavischen Ländern »Hammer« oder meist »Hahn« heißt, damals in England noch »Hund« genannt wurde. Wahrscheinlich kannte man dort überwiegend Waffen aus den romanischen Ländern; in Frankreich, Spanien und Italien ist die Bezeichnung nämlich bis heute »Hund« (chien, cano und cane), obwohl Form und Bewegung viel eher an einen pickenden Hahn erinnern. (Anmerkung des Übersetzers)

Das Fangen von Vögeln in Netzen war eine der vielen Jagdmethoden, die sich in England und auf dem Festlande unterschiedlich entwickelt hatten. Links: In England hält der Vorstehhund die Vögel nieder, während das Netz über ihn und dann die Vögel gezogen wird. Rechts: Auf dem Kontinent treiben die Hunde die Vögel ins Netz.

Hund fand das Wild und stand vor. Dann kamen die Netzträger von der anderen Seite, und der Hund wurde mit »voran!« ermutigt, sich vorsichtig vorwärts zu bewegen und die Vögel ins Netz zu treiben. Es scheint, als ob die dort gebrauchten Hunde einen natürlichen Hüteinstinkt benutzten und die Vögel vorwärts ins Netz trieben.

Während des größeren Teiles des 16. Jahrhunderts und anfangs des 17. hatten Armbrust, Schnepper, Luntenschloß, Radschloß, Schnappschloß, Batterieschloß und selbst Langbogen noch gleichzeitig ihre eifrigen Anhänger. Jeder betrachtete den anderen als irregeleitet und rühmte die Vorzüge der eigenen Waffe. Gegen Ende des 16. Jahrhunderts begann jedoch das Steinschloßgewehr seine Nebenbuhler zu verdrängen, obwohl

65

das Luntenschloßgewehr seltsamerweise selbst als Militärwaffe bis weit ins 17. Jahrhundert hinein im Gebrauch blieb*.

Mit typischer Stuart-Dickköpfigkeit tat Jakob I. nicht nur sein Bestes, um das Schießen zu verbieten, sondern auch, um die Parforcejagd auf den Hirsch wieder einzuführen. Bei seiner Thronbesteigung brachte er aus Schottland einen Brutkäfig voller Falken und eine Meute schottischer Rotwildhunde mit. Er schrieb auch an Heinrich IV. von Frankreich und bat um einen Jagdkundigen, der seine englischen Jäger die Parforcejagd lehren könne; die war nämlich seit langem völlig aus der Mode. Und er ging sogar so weit, wieder einige Wildschweine zu importieren und in den königlichen Forsten aussetzen zu lassen, da sie ja ausgerottet waren.

Er war ohne Zweifel an die Hochland-Jagdmethoden der Schotten gewöhnt, wie sie von einem Beobachter beschrieben worden sind, der dem Earl of Mar 1618 bei der Jagd in Braemar zusah. Einige hundert Stammesmitglieder hatten eine große Fläche umstellt und trieben alles Wild dem wartenden Grafen und seinen Jägern zu. »Und dann lauerten im Tal auf jeder Seite hunderte starker irischer Windhunde, um auf das Rudel losgelassen zu werden, wie es die Situation gerade erforderte; und es wurden durch Hunde, Gewehre, Pfeile, Messer und Dolche innerhalb von zwei Stunden achtzig starke Hirsche erlegt.«

Auch bei der Falkenbeize wich der englische Sport von den Festlandsgebräuchen ab. Aus den Staatsaufzeichnungen von 1624 wissen wir, daß Ludwig XIII. Jakob ein Geschenk von Falken machte: »Ein französischer Edelmann, ein guter Falkner, hat ihm (Jakob I.) 16 Falken samt Pferden und Vorstehhunden überbracht. Er und sein Gefolge zogen bei Fackelschein in großartigem Zuge ein, und sie werden bleiben, bis sie einige

* So seltsam ist das gar nicht! Das Luntenschloß kostete nur einen kleinen Bruchteil dessen, was ein Radschloß kostete, und selbst das Schnapphahnschloß war recht teuer. Dazu kam, daß in Deutschland ab 1618, in England etwa ab 1640 Krieg bzw. Bürgerkrieg Ordnung, Wohlstand und Gewerbe zerstörten: entweder gab es keine Büchsenmacher, oder man konnte der zügellosen Soldateska so wertvolle Waffen nicht anvertrauen. (Anmerkung des Übersetzers)

Eine Illustration aus einem Gedicht über die Falknerei von Erasmo Valvasone zeigt den Gebrauch eines Lockvogels (Hüttenuhu), um Beutevögel in den Bereich der Falken zu bringen.

Hasenjagd aus einem französischen Stich; sie war im 17. Jahrhundert beim Adel sowohl in England als auch auf dem Kontinent ein beliebter Sport.

unserer Leute in ihrer Weise der Falkenjagd unterrichtet haben, obwohl das Seine Majestät täglich fünfundzwanzig oder gar dreißig Pfund kostet.«

Es scheint, daß Jakob seiner Frau manchmal erlaubt hat, sein Jagdvergnügen im Wildgatter zu teilen. John Chamberlain schrieb darüber 1613: »Die Königin, auf einen Hirsch schießend, verfehlte ihr Ziel und tötete ›Juwel‹, des Königs Leit- und Lieblingshund, worauf dieser eine Weile fürchterlich gewütet. Aber nachdem er erfahren, wer es getan, war er schnell beruhigt und bat sie, nicht traurig zu sein, er liebe sie dieserhalb nicht minder. Und am nächsten Tage sandte er ihr einen Diamanten, 200 Pfund wert, als Erbe von seinem todten Hunde.«

Und etwas später, als der Erzbischof von Canterbury unabsichtlich einen Jagdaufseher erschoß, riet ihm der König »sich nicht zu beunruhigen, da solcher Unfall jedem Menschen geschehen könne. Seine Königin habe auf gleiche Weise die beste Bracke getötet, die er je gehabt.«

Diese beiden gegensätzlichen Geschichten werfen einiges Licht auf Jakobs I. komplizierten Charakter. Seine Liebe zur Jagd zeigt sich klar und deutlich, aber seine Art, diese auszuüben, war nicht die des Durchschnittsengländers. Der wählte, nach Gervase Markham, einem berühmten Jagderzähler jener Zeit, seine Hunde »nach der Süße des Lautes« aus. Markham fuhr fort: »Erkenne nur Klugheit und Tiefe der Stimme an. Setze Deinen Zwinger aus den größten und langsamsten Hunden zusammen, die Du bekommen kannst, und sorge dafür, daß sie so zuverlässig und Deinem Befehle gehorsam werden, daß sie selbst auf frischester, heißester Spur oder im Jagdeifer so parieren, daß Du nur vor sie treten und Deinen Jagdstab vor ihre Augen halten brauchst, um sie zum Halten zu bringen und Dir dann in der von Dir eingeschlagenen Geschwindigkeit mit vollem Geläute zu folgen. Und wenn es Dir gefällt, sie wieder vor Dir suchen zu lassen, sollen sie vorbeilaufen und der Witterung gründlich und ohne Aufenthalt folgen.«

67

Markham betrachtete die Hasenjagd als wahrscheinlich beliebteste Form der Jagdausübung und faßte seine Ansicht darüber wie folgt zusammen: »Es ist eine sowohl schnelle als auch angenehme Jagd von langer Dauer, und es ist auch ein Sport, der immer möglich ist und dem wohlhabenden Bauern wie dem großen Herren gleichermaßen zur Verfügung steht. Die Jagdzeit beginnt zu anderer Zeit als die auf Hirsch und Bock, nämlich zu Michaeli (29. September), wenn sie für beide aufhört, und endet ihrerseits nach dem April, wenn die Paarungszeit beginnt.«

Markhams Buch »Die Befriedigungen des Landlebens oder Der Weg zum Wohlstand, einschließlich der Künste des Reitens, der Jagd, der Falkenbeize und der Haushaltsführung usw.«, das 1611 veröffentlicht wurde, war ein Bestseller. Das gleiche gilt für »Die Verhütung des Hungers oder Die ganze Kunst der Vogeljagd zu Lande und zu Wasser«, das 1621 geschrieben wurde. Die Zahl der Neuauflagen beweist, wie groß der Wunsch des Durchschnittsmenschen jener Zeit war, etwas über die Jagd zu erfahren; das galt ganz besonders für die neureichen, landbesitzenden Kaufleute und ähnliche Klassen.

Der Nachfolger Jakobs I. war sein unseliger Sohn Karl I. Das Land war längst über die normannischen Methoden hinweg, durch die Anwendung der Forst- und Jagdgesetze Abgaben zu erheben und politischen Druck auszuüben. So wurden Karls unkluge Versuche, die Größe der königlichen Forsten zu vermehren, zu einem der Faktoren, die das Parlament dazu brachten, gegen ihn zu revoltieren. Theoretisch gelang es ihm zwar, die Königswälder von Essex so auszudehnen, daß sie vermutlich die ganze Grafschaft einnahmen. Aber schließlich griff das Parlament ein und annullierte 1640 diese Erweiterungen. Zu dieser Zeit war der Bürgerkrieg bereits unvermeidlich geworden. Für vier Jahre war das Land gespalten zwischen Stutzköpfen und Royalisten, Bischöfen und Puritanern sowie nach der Niederlage des Königs zwischen Parlament und Armee. Schließlich triumphierten die Harnischreiter unter Cromwells militärischem Genie, und von 1649 an wurde England für zehn Jahre eine Republik.

Die Auswirkungen des Bürgerkrieges auf die Jagd in England waren weitreichend. Die Wilddieberei an Rot- und anderem Wild war während des langen Kampfes etwas Alltägliches geworden, die Wildparkmauern waren durchbrochen und das Schalenwild aus vielen von ihnen verschwunden. Manche Stücke entkamen allerdings auch den örtlichen Wilderern und lebten sich in der neu errungenen Freiheit ein. Die Kaninchen vieler Gehege entkamen ebenfalls und verbreiteten sich über das ganze Land. Weniger glücklich waren die letzten von Jakobs I. Wildschweinen: Die scheint man geschossen und gegessen zu haben.

Die alten großen Wälder waren schon seit langem stetig abgeholzt worden, um Bauholz, Holz für den Schiffbau und Holzkohle zu gewinnen. Nun steigerte der Bürgerkrieg noch das Tempo: noch mehr Holz wurde geschlagen, sei es aus Notwendigkeit, als Vergeltungsmaßnahme oder zur Begleichung von Geldbußen. Das Gesicht der Landschaft wandelte sich ebenfalls, denn von den Tudors angefangen war ein dauerndes Zunehmen von Feldeinfriedigungen bemerkbar geworden. Hecken erschienen, und die Felder wurden schachbrettartig aufgeteilt: ein noch heute vertrautes Bild.

Unter der Republik waren die Puritaner, jene Spielverderber, die sogar die dörflichen Maibäume abhackten, einige Zeit im Aufstiege und legten allen normalen menschlichen Lebensäußerungen im ganzen Lande Zügel an. Die Puritaner blickten mit Mißfallen auf Jagd, Falkenbeize und Hetze, ja selbst das Schießen hatte für sie einen Beigeschmack von Frivolität. Zu einem gewissen Zeitpunkt gelang es ihnen sogar, Pferderennen zu verbieten; es war die einzige Periode in der Geschichte des Landes, wo sich so etwas ereignen konnte.

Trotzdem haben diese Fanatiker gelegentlich Niederlagen einstecken müssen, denn

Cromwell jagte selbst gern. Bei einer denkwürdigen Gelegenheit war Erzbischof Juxton, ein Anhänger der Königstreuen, mit seiner Meute hinter einem Hasen her. Wie es der Zufall wollte, ging die wilde Jagd mit fröhlichem Geläute quer durch den Friedhof von Chipping Norton, wo eine Puritanerkongregation gerade Gottesdienst abhielt. Diese sandte sofort eine Abordnung zu Cromwell, um sich zu beschweren.

»Wollet mir bitte sagen, ob ihr glaubt, der Bischof habe den Hasen absichtlich dazu gebracht, zu jener Zeit durch den Friedhof zu flüchten?« fragte dieser.

»Nein, und möge es Eurer Hoheit gefallen, ich habe nicht direkt gesagt, daß er das tat, aber der Hase ist damals über heiligen Boden gelaufen!«

»Macht, daß ihr wegkommt«, knurrte der Reichsverweser, »und laßt mich solche leichtfertigen Anklagen nicht wieder hören. Solange der Bischof meiner Regierung weiterhin keinen Grund zur Beanstandung gibt, laßt ihr ihn gefälligst sein Jagdvergnügen ungestört auskosten!«

Verschiedene Jagdszenen aus dem Wildpark von Welbeck – eine Abbildung aus der berühmten Abhandlung über die Reitkunst des Herzogs von Newcastle aus dem Jahre 1657. Während des Bürgerkrieges wurden viele der großen Parks zerstört und die Tiere getötet.

5 Veränderungen und Entwicklungen der Jagdgewohnheiten

Im Jahre 1644 schrieb Alonzo Martinez de Espinar in seinem Buche »Arte de Balle-stería y Montería«, das sich mit dem jagdlichen Schießen in Spanien beschäftigte: »Sie (die Rebhühner) werden nun im Fluge mit der Arkebuse geschossen. Aus diesem Grunde gibt es nicht mehr so viele wie früher, noch sind jetzo gute Vorstehhunde zu finden, deren Geschick die Erbeutung der Mühe werther Zahl mit der Armbrust erlau-bet. In jenen Tagen waren die Jäger noch so behende, wie es heute gar keine mehr gibt. Denn da man das Wild so leicht erleget, wünscht niemand mehr, seine Zeit mit der Abrichtung von Hunden zu vergeuden, wie es erforderlich, als man die Hühner noch am Boden schoß. Der einzige Nutzen der Hunde bestehet deute darin, das Wild aufzu-scheuchen, und dazu braucht man keine Erziehung, denn der Hund tut es von selbst.« Nun, in Frankreich scheint es 1666 keinen Mangel an Rebhühnern gegeben zu haben, denn eine Eintragung vom 21. März in Pepys Tagebuch liest sich wie folgt: »Sir John Long erzählte uns von der Fülle der Rebhühner in Frankreich, wo, wie er sagte, der König von Frankreich und sein Gefolge mit ihren Gewehren dreihundert und noch etli-che in der Ebene von Versailles bei einer einzigen Jagd erlegt haben.«

Ob diese Eintragung nun eine wirkliche oder eingebildete Knappheit von Hühnern in England anzeigt: es ist immerhin beachtenswert, daß Karls II. französischer Wildmei-ster M. Favennes de Mouchant 1673 die Erlaubnis erbat, einige französische Rebhüh-ner einführen zu dürfen. Der Marquis de Croissy, Gesandter Ludwigs XIV. bei Karl II., sorgte auch pünktlich dafür, daß diese ersten roten Rebhühner aus dem Park von Chambord geliefert wurden.

Die wehmütigen Kommentare des Alonzo Martinez de Espinar waren offensichtlich unbegründet, denn in Spanien wurde nicht nur damals und wird noch heute eine riesige Rebhuhnstrecke erzielt, sondern im folgenden Jahrhundert wurden auch viele ausge-zeichnete spanische Vorstehhunde (Pointer) von England und anderen Ländern Euro-pas importiert. Es scheint jedoch, daß der Kontinent England wieder einmal weit vor-aus war, denn die »Kunst des Flugschießens« wird in England erst 1686 in Richard Blomes Sammelwerk »The Gentleman's Recreation« erwähnt. Er sagte darin: »Es ist jetzt Mode, im Fluge zu schießen, da die Erfahrung gelehrt hat, daß das die beste und sicherste Art ist. Ist das Wild im Fluge, ist es der Gefahr mehr ausgesetzt, denn wenn nur ein einziges Schrotkorn einen Teil des ausgebreiteten Flügels trifft, wird dadurch sein Herabfallen verursacht, obwohl es dadurch nicht getötet wird. Dann wird Ihr Spa-niel es schnell ergriffen haben und herbeibringen, wenn er für diese Jagdart gut abge-richtet ist.«

Diese Buchstelle macht erstens den damals in England erreichten Stand der Schieß-kunst deutlich. Zum zweiten wirft sie eine andere der düsteren Theorien de Espinars

Gegenüber Flugschie-ßen mit einer Steinschloß-flinte; ein Stich von Ridin-ger 1740 aus »Abbildun-gen der Jagdbaren Thie-re«. Anfangs des 18. Jahr-hunderts war England dem Festlande gegenüber in der Schießkunst noch weit zurück.

Entenjagd bei Valencia von Paret y Alcazar. Es gab keinen Federwildmangel im Spanien des 18. Jahrhunderts.

über den Haufen, denn die Nachfrage nach gut abgeführten Jagdhunden war natürlich ebenso groß, wie sie immer gewesen war. Der Pointer scheint aber damals in England wenig bekannt gewesen und benutzt worden zu sein. Setter, die man für Netzjagd und Falkenbeize gebrauchte, wurden hauptsächlich dazu verwendet, das Wild auf den Feldern aufzuspüren, und Spaniels machten es dann hoch. Von beiden wurde wahrscheinlich erwartet, daß sie sowohl erlegtes Wild als auch verschossene Armbrustbolzen apportierten, und zwar wenn nötig auch aus Dickungen und aus dem Wasser. Jagdhunde sollten noch immer allgemein brauchbar sein, und man verlangte von ihnen, daß sie jedem aufgespürten Wilde nachjagten, ob das nun Otter, Fuchs, Hase oder Marder war. Im Jahre 1671 verabschiedete das Restaurationsparlament Karls II. ein Jagdgesetz, das allen unabhängigen Guts- oder Hausbesitzern, die weniger als hundert Pfund Jahreseinkommen hatten, untersagte, die Jagd auszuüben; selbst auf ihrem eigenen Grund und Boden! Dieser Akt diskriminierender Gesetzgebung und ihre Durchsetzung in den folgenden 150 Jahren sollte mehr Bitterkeit und Feindseligkeit unter dem Landvolk erzeugen, als fast jedes andere in dieser Zeitspanne erlassene Gesetz. Zusammen mit den oft äußerst unbilligen Auswirkungen der Einhegungen und dem dauernden Anwachsen des Großgrundbesitzes auf Kosten der kleineren Nachbarn entfachte es Feindschaft zwischen Reichen und Armen. Außerdem sorgte es dafür, daß das Schießen als Art der Jagdausübung auf dem Lande so unbeliebt wie nur eben möglich wurde, besonders weil diejenigen, die durch das Gesetz »autorisiert« waren, schießen konnten, wo sie wollten, wenn sie nicht von dem Landbesitzer oder seinem Jagdaufseher zum Verlassen des Grundstückes aufgefordert wurden.

Die besten leichten Flinten wurden anfangs des siebzehnten Jahrhunderts in Frankreich und Italien hergestellt. Als sich die Zahl dieser Gewehre, die in England eingeführt wurden, zu vermehren begann, fand auch ein gut Teil wertloses Zeug mit ihnen den Weg über den Kanal. Das war besonders kurz nach der Restauration (1660) der Fall, und deshalb erhielt die Büchsenmacherzunft Vollmachten, die sie berechtigte, alle Feuerwaffen vor dem Verkauf einer Beschußprüfung zu unterziehen. Sie wurden dadurch auf ihre Sprengsicherheit untersucht, daß man eine gegenüber der Gebrauchsmenge erheblich verstärkte Ladung* aus den Läufen abfeuerte. Damit war sicherge-

---

* Diese Testladung bestand laut »The Age of Firearms« von Robert Held aus der doppelten normalerweise zulässigen Pulvermenge und einer stramm gehenden Kugel. Der Lauf hatte diese Gewaltprobe zweimal auszuhalten. (Anmerkung des Übersetzers)

72

stellt, daß sie die Gebrauchsladung aushielten, ohne zu zerspringen. So »geprüfte«
Waffen wurden auf den Läufen mit Beschußstempeln versehen.

Nach Blome sollte ein für das Flugwildschießen geeignetes Gewehr: »Einen ungefähr
viereinhalb Fuß (1,37 Meter!) langen Lauf und ein nicht zu kleines Kaliber haben; ein
wenig unter dem einer Muskete*. Man sollte das Gewehr stets gespannt und in Bereit-
schaft tragen, aber wegen der Gefahr unbeabsichtigten Losgehens den Daumen über
den Hahn legen. Denn wenn man irgendeinem Wilde begegnet, muß man schnell sein
und fliegen lassen, sobald man auf dem Ziele zu sein glaubt.«

Blome fuhr dann mit Anweisungen für das Schießen vom Pferde und die Notwendigkeit, dabei das Pferd unter Kontrolle zu halten fort, und fügte hinzu: »Einige sind der
Ansicht, man müsse etwas vor den Vogel schießen, sonst wäre er vorbei, bevor ihn die
Schrote treffen, aber das ist ein verbreiteter Irrtum: keine Kreatur kann so schnell fliegen, daß das Schrot sie nicht erreicht. Denn das Schrot flieget weit und in großer Aus-
dehnung, wenn man nur richtig geladen hat. Trotzdem bin ich der Meinung, daß man,
so das Wild direkt über den Schützen fliegt, auf seinen Kopf, und wenn es von ihm weg-
fliegt, unter seinen Bauch halten sollte. Und man hat herausgefunden, daß es am besten
ist, das Wild um ein weniges vorbeizulassen, bevor man fliegen läßt, denn dann dringen
die Schrote besser in den Körper ein.

Wenn man auf Wild schießt, sei es im Fluge, auf dem Boden, auf einem Baum oder
in einer Hecke, soll man stets, so sehr es die Umstände erlauben, danach trachten, mit
dem Winde und nicht gegen ihn zu schießen. Und es ist besser, es von der Seite oder
von hinten, als von vorn zu schießen; auch soll man versuchen, mehrere mit einem
Schusse zu erlegen, wenn sie auf gleicher Höhe sind. Sitzen die Vögel in Bäumen, Hek-
ken oder auf dem Boden, muß man selbst danach trachten, in Deckung von Hecken,
Erdwällen, Bäumen oder dergleichen zu bleiben, um sich vor ihren Augen zu verbergen, denn des Menschen Anblick ist ihnen sehr widerwärtig. Ist man in Schußweite und
auf dem Ziel, darf man keine Zeit verlieren und muß sofort abdrücken.«

Wie man erkennen kann, enthalten diese Ratschläge eine seltsame Mischung von ge-
sundem Menschenverstand und falscher Auffassung; sie machen aber gleichzeitig klar,

Ein seltenes doppelläufi-
ges »Wendegewehr« aus
dem späten 17. Jahrhun-
dert, das Ludwig XIV. von
Karl XI. von Schweden
geschenkt bekam. Die be-
sten Flinten des 17. Jahrhunderts wurden in Italien
und Frankreich herge-
stellt.

* Die Musketen hatten Kaliber zwischen .80 und .92, metrisch also 19,7 bis 23,4 mm. Da die
Menschen damals kleiner waren als heute, muß man schon den Hut ziehen vor Jägern, die Flinten
solchen Kalibers und einer etwa der eigenen Größe entsprechenden Länge führten! (Anmerkung
des Übersetzers)

daß England bezüglich des Schießens noch immer weit hinter dem Festlande herhinkte. Trotz der Anmerkungen de Espinars wurden in Spanien fröhlich Hühner vor Vorstehhunden (Pointern) geschossen, und das war dort bester Sport mit ausgezeichneten Streckenergebnissen. Während des Spanischen Erbfolgekrieges entdeckten das viele englische Offiziere durch eigene Anschauung, und nachdem der Vertrag von Utrecht 1713 den Frieden wiederhergestellt hatte, kamen sie mit in Spanien erworbenen Pointern nach England zurück. Diese tiefbrüstigen, ziemlich langsamen Hunde wurden schnell außerordentlich beliebt. Mit einheimischen Rassen gekreuzt, waren sie die Grundlage für den englischen Pointer, den begehrtesten Hund für die Flugwildjagd im England des 18. Jahrhunderts.

Wie weit die Engländer im Schießen damals hinter dem Kontinent zurück waren, kann man ermessen, wenn man eine Bemerkung des Verfassers von »The Art of Shooting Flying« heranzieht. Das Buch erschien 1727: »Ich habe mich oft gefragt, warum die Franzosen unter dem Geschlechte der Menschen allein so gewandt mit dem Gewehr umzugehen wissen. Beinahe hätte ich gesagt: unfehlbar. Es ist für einen ausgesprochen guten Schützen dieser Nation ebenso selten, daß er einen Vogel fehlt, als es für einen der Unseren ist, einen zu erlegen. Wie ich aber jetzt erfahren habe, verdanken sie diese Vortrefflichkeit ihrer Erziehung. Sie werden schon in so jungen Jahren darin ausgebildet, daß sie nicht mehr überrascht sind, wenn ein Fasan vor ihnen aufgeht, als wenn es eine Fledermaus wäre.«

Ungefähr um diese Zeit begannen die Engländer sich mit dem Gedanken zu befreunden, daß man für jede Jagdart einen anderen Hundetyp benötigt. Gegen Ende des 17. Jahrhunderts gab es bereits mehrere Fuchshundemeuten in England. Die von Mr. Bowes in Yorkshire, die von Lord Grey of Wark und die des Herzogs von Monmouth in Charlton bei Goodwood zeigten bereits gute Leistungen. Es wurde immer seltener, daß man die zusammengewürfelten Meuten aus Tudortagen antraf, die allem nachjagten, was sie antrafen. Gleichzeitig kamen, mit der nun anerkannten Entwicklung des Flugschießens, sowohl die Falknerei als auch der Fang mit Netzen aus der Mode.

Es war eine Übergangszeit im Jagdwesen auf fast allen Gebieten. Das Königshaus konnte noch Rotwild im »Mariebone Park«, der heute Regents Park heißt, jagen, es gab noch reichlich Rebhühner auf den sandigen Gemeindeländereien von Surrey, und Lachse schwammen noch mehr als genug die Themse herauf. Das »Geflügel«, von den Wildgänsen bis zu den Trappen, wurde zwar vorsichtiger, als es gewesen war, aber es gab fast überall immer noch große Vogelmengen.

Sie wurden zwar bereits mit »Flinten, Netzen, Fallen und Settern« verfolgt, aber das war ein Nichts gegenüber den Nachstellungen, die später einsetzen sollten.

In dem Jahrhundert vor der industriellen Revolution in England gab es noch immer eine verhältnismäßig winzige Bevölkerung und im Vergleich dazu eine große Anzahl von Vögeln. Es gab Trappen in den Brachlandschaften von East Anglia und auf den weiten Ebenen von Salisbury, Stockenten und seltenere Wasservögel schwammen auf

»Mit lautem Gebell« von James Seymour, etwa 1742. Die Fuchsjagd wurde in England im 18. Jahrhundert eine der beliebtesten Sportarten.

jedem Teich oder See, und über allem zogen die Greifvögel ihre Kreise, kaum die Flügel bewegend und alles beobachtend, was sich unter ihnen bewegte.

Aber all das war bereits dabei, sich von Grund auf zu ändern. Die alten Forstgesetze waren in Verfall geraten, und es gab keine wirklich wirksamen neuen Jagdgesetze, die sie ersetzt hätten. In dieser zeitweiligen Gesetzesleere herrschte unbegrenzte Anarchie. Das Wild in den alten Revieren und innerhalb der alten Forstgrenzen war den Wilddieben preisgegeben, denn es gab nur noch wenige Forstbeamte, um dem Gesetz Achtung zu verschaffen. Und diese hatten keine wirklichen Befugnisse, wenn sie es ausnahmsweise einmal versuchten. Entschlossener, skrupelloser Rotwilddiebstahl läutete den Tod der Jagd auf den König der Wälder in England ein. Ungleich dem Federwild war das Schalenwild durch Verfolgung leicht zu dezimieren.

Auch die ständige Verringerung der Waldflächen und die Zunahme der Umzäunungen von Gemeindeland beeinflußte das Rotwild ungünstig. Mit dem Aufkommen des »herangekarrten« Hirsches hörte die Rotwildjagd auf, der gleiche Sport zu sein. Nur in einigen abgelegenen Landesteilen, wie den Heidemooren des Westens in Devon und Somerset, blieb diese Jagdart ungekünstelt erhalten.

Ein Beispiel des beständigen Wechsels in den Jagdverhältnissen jener Zeit war die

eigenartige Folge verschiedener Windungsarten, die bei den Jagdhörnern auftraten. Das alte gekrümmte Horn der Tudors und Stuarts war ab ungefähr 1690 aus der Mode gekommen. Ein unhandliches, langes gerades Horn herrschte danach für einige Zeit vor, gefolgt von dem hinderlich-beschwerlichen großen französischen Parforcehorn. Dieses blieb für fast ein halbes Jahrhundert in England große Mode. Viscount Weymouth wurde z. B. etwa 1730 bei der Erlegung eines Fuchses bildlich wiedergegeben: Sein nubischer Stalljunge und sein englischer Pikör blasen beide triumphierend auf riesigen französischen Hörnern, die um ihre Schultern geschlungen sind. Es gab natürlich auch Leute, die den alten Bräuchen treu blieben; so benutzte der berühmte Jagdleiter und Rüdemann John Peel z. B. das alte krumme Jagdhorn aus Metall, das noch auf die Zeit der Stuarts zurückging.

Das 18. Jahrhundert war das goldene Zeitalter der Vergnügungen im Freien in England. Das Flugwildschießen vor Pointern, die inzwischen auch das Apportieren erlegten

»Der Jagdaufseher«, Gemälde im Stil von Stubbs. Während des 18. Jahrhunderts, in dem es keine wirksamen Jagdgesetze gab, wurden die Tiere zur leichten Beute für Wilderer.

75

Wildes gelernt hatten, die Hetzjagd mit neuen Fuchshunderassen, die Hasenjagd zu Pferde und die Otterjagd waren die beliebten und gewohnten ländlichen Sportarten. Weniger häufig wurde auch die Falkenbeize noch von einigen wenigen begeisterten und hingebungsvollen Persönlichkeiten betrieben, obwohl die Schwierigkeiten durch die Einfriedigungen immer größer wurden. Die Jagd auf Rehwild ließ ebenfalls nach, und ausgedehnte Rotwildjagden gab es, wie wir bereits sahen, nur noch im Westen des Landes.

Für England war das auch das Zeitalter des Landedelmannes (Squire). Er saß hinter dem Richtertisch und wirkte als Friedensrichter. Er jagte höchstwahrscheinlich mit eigener Meute und schoß seine Rebhühner auf eigenem Gutsboden. Vielleicht hatte er auch Freude am Hasenhetzen, zog eigene Fasanen auf und hegte sie.

Er war fast mit Sicherheit ein Sportsmann, besaß vielleicht eine kleine Bibliothek und war in seinen jüngeren Jahren auf die »große Festlandsreise« gegangen. Im großen ganzen dürfte seine örtliche Herrschaft wohlwollend gewesen sein, aber wir wollen nicht vergessen, daß ein Wilderer immer noch mit Deportation oder Aufhängen bestraft werden konnte und daß Menschenfallen gesetzlich zulässig waren. Wenn er wollte, konnte der Squire die Jagdgesetze für die Armen der Gemeinde ebenso drückend machen, wie es die alten Forst- und Jagdgesetze gewesen waren. Aber einerseits gab es immer noch genug Wild, um damit auszukommen, andererseits war der Verkehr schwach und langsam: so hatte der Wilderer wenig Absatzmöglichkeiten. Er schoß oder fing also normalerweise nur für den eigenen Gebrauch. Das änderte sich erst gegen Ende des Jahrhunderts, als mit dem Tempo neuer Einfriedigungen und dem Beginn der industriellen Revolution das System zusammenzubrechen begann.

Hasenhetze mit Windhunden; eine Wiedergabe aus Richard Blomes »The Gentleman's Recreation«. Hasenhetzen war ein beliebter Zeitvertreib im ländlichen England.

Ein gutes Beispiel für den Typ des Landedelmannes war Squire Somerville auf Edstone Hall in Warwickshire, der 1742 starb. Er hielt fast sein ganzes Leben lang Hunde und jagte in der Gegend von Cotswold. Er »hielt ungefähr zwölf Paar Hasenhunde, die vorwiegend aus Kreuzungen des kleinen Cotswold Beagle mit der südlichen Rasse stammten, ferner sechs Paar ziemlich rauh- und drahthaarige Fuchshunde und schließlich fünf Paar Otterhunde, die im Winter zu den Fuchshunden hinzukamen.«

Im Jahre 1743 wurde der letzte Wolf in Britannien getötet, und zwar in Schottland durch einen Jäger namens Mac Queen in der Nähe von Forres. Eine große Treibjagd, »Tainchel« genannt, nach alter, noch aus der Steinzeit stammender Hochlandart war geplant. Mac Queen kam zu spät und ließ alle anderen warten; dementsprechend war der Laird of Mackintosh, der das Treffen arrangiert hatte, gebührend erbost. Sein Zorn legte sich aber schnell, als Mac Queen lässig den blutigen Wolfskopf unter seinem Plaid hervorholte. Ob dies wirklich der letzte Wolf war oder, wie andere behaupten, der letzte Wolf schon gegen Ende des vorhergehenden Jahrhunderts erlegt worden war, ist eine andere Geschichte. Es gibt kaum einen Zweifel, daß die Wölfe schon ein Jahrhundert lang so gut wie ausgerottet waren.

Nach der Jakobitenrebellion 1745/46 wurde das schottische Hochland durch die Militärstraßen, die General Wade hatte bauen lassen, erschlossen. Und innerhalb weniger Jahrzehnte sollten die unternehmungslustigeren unter den Engländern entdecken, was für wunderbare Jagdmöglichkeiten sie dort erwarteten. Das Moorhuhnschießen, die Rotwildpirsch und der Lachsfang waren alle so recht geeignet, die Begeisterung der Jäger und Angler im nächsten Jahrhundert hervorzurufen. Für den Augenblick hatten aber die Hochlandgrundherren (Lairds) und eine sehr geringe Zahl englischer Besucher die Hügel und das Wild noch für sich allein, und zwar so gut wie umsonst.

Bei Beginn des 18. Jahrhunderts steckte die englische Büchsenmacherkunst noch in den Kinderschuhen, obwohl bereits einige gute Gewehre hergestellt wurden. Und die Tatsache, daß auch die deutschen und französischen Büchsenmacher weiter erstklassige Waffen herstellten, konnte nichts daran ändern, daß damals die Spanier die Spitzenstellung in diesem Gewerbe innehatten. Besonders die spanische Methode der Laufherstellung war hervorragend. Die bemerkenswerte Qualität dieser Läufe beruhte auf der ausgezeichneten Güte des verwendeten Eisens und auf der Sorgfalt, mit der sie in der Laufschmiede gebohrt und bearbeitet wurden.

Man erzählte sich, daß die spanischen Läufe aus den Hufnägeln und Hufeisen von Pferden und Maultieren hergestellt würden, die auf den berüchtigt felsigen spanischen Straßen bereits gehämmert und verfestigt worden seien. Natürlich wäre jede auf solche Weise erworbene Härte beim Schmieden in weißglühendem Zustande wieder verlorengegangen. Aber das war nebensächlich, denn die meisten, die sich für die Hufeisentheorie begeisterten, würdigten bzw. begriffen diese entscheidende Tatsache nicht.

Die spanischen Gewehrläufe waren gewöhnlich im hinteren Drittel achteckig und dann rund, und ihre wahre Stärke lag in der besonderen Art des Schmiedens. Läufe wurden damals normalerweise so angefertigt, daß man ein Eisenband (Platine) in glühendem Zustande unter dem Schmiedehammer um einen Dorn bog, bis die Seiten stumpf aufeinandertrafen und eine Naht parallel zur Seelenachse bildeten. Diese Naht wurde dann bei Schweißhitze mit dem Hammer verschweißt. Sie war natürlich die schwache Stelle und verursachte oft Laufsprengungen. Das spanische Verfahren bestand darin, den Lauf in mehreren getrennten Exemplaren gleicher Länge, aber verschiedenen Außendurchmessern zu schmieden. Jeder dieser Zylinder wurde dann über den anderen geschoben und die Naht durch Hämmern über einem Dorn verschweißt. Dann wurde der ganze Lauf noch einmal gründlich mit dem Hammer bearbeitet. Das Endprodukt war viel zäher und sicherer, als das mit anderen Methoden erreichbar war, ganz besonders gegenüber dem mit der Längsnaht.

In Deutschland wurde bei Beginn des 18. Jahrhunderts das alte, leichte Radschloßgewehr mit Wangenschaft durch die Jägerbüchse verdrängt. Diese bestand aus einem schweren, gezogenen, großkalibrigen, meist achteckigen Lauf und einem Schaft, der endlich so gestaltet war, daß man ihn in die Schulter setzen konnte. Im allgemeinen war in den Kolben auf der dem Gesicht abgewandten Seite eine sogenannte »Kolbenlade« (patch box) eingelassen, die solches Zubehör wie Kugelpflaster, Ersatzfeuersteine, Kugelbohrer u. dgl. aufnahm. Diese gezogenen Gewehre erwiesen sich als ideal für die Waldjagd, denn sie schossen genau und mit einer Kugel, die für Rothirsch und Keiler ausreichte. Daß sie nur langsam wiederladbar waren, schränkte ihren Gebrauchswert kaum ein. Sie hatten deshalb beträchtlichen Einfluß auf die Büchsenentwicklung sowohl in Europa als auch in Amerika. Die berühmte Kentuckybüchse, die von den alten Grenzbewohnern benutzt wurde, war eine den anderen Verhältnissen angepaßte Version der Jägerbüchse, die eingewanderte deutsche Büchsenmacher nach Amerika mitgebracht hatten.

In der zweiten Hälfte des 18. Jahrhunderts war der fuchsjagende Landedelmann endlich zu dem Ansehen gekommen, das ihm gebührte, und zum ausgeformten Typ geworden. Ein besonders hervorstechendes Beispiel war der wohlhabende und verschrobene vielseitige Sportsmann Oberst Thomas Thornton von Thornville Royal in Yorkshire. Er begann seine jagdliche Laufbahn 1771, indem er zusammen mit dem Grafen von Orford den Falkenklub von Großbritannien gründete. Er sollte auch der erste Sportsmann werden, der die jagdlichen Möglichkeiten erkundete, die das schottische Hochland bot, und der ein Buch darüber schrieb. Als Jagdreiter, Schütze, Angler und Falkner war er bezüglich Vielseitigkeit unerreicht.

Das »Sporting Magazine« beschrieb 1783 einen Jagdtag mit seiner Meute wie folgt: »Am 19. Februar 1783 wurde um neun Uhr siebenundzwanzig Minuten bei Boroughbridge, Yorkshire ein Fuchs aus dem Bau getrieben. Abgesehen von einer halben Stunde, die man benötigte, um ihn aus einem Kaninchenbau wieder herauszuscheuchen, waren die Hunde bis vierzehn Minuten nach fünf ununterbrochen hinter ihm her. Dann erfolgte die Erlegung. In der Zeitspanne von nahezu acht Stunden harten Rennens starben mehrere Pferde auf der Stelle und viele andere wurden so angegriffen, daß sie sich nicht wieder vollständig erholten.«

Das stand natürlich in absolutem Gegensatz zu den Vorschriften, die der berühmte Jäger Peter Beckford in seinem ausgezeichneten Buche »Gedanken über die Jagd« niedergelegt hatte, das bis zum heutigen Tage eine vorzügliche Hetzjagdanleitung geblieben ist. Er jagte sowohl Füchse als auch Hasen und schrieb über Hasenhunde (harriers) 1781 das Folgende: »Die Hunde, die, wie ich glaube, am geeignetsten sind, uns ungetrübtes Jagdvergnügen zu bereiten, liegen zwischen dem großen, langsam jagenden Harrier und dem kleinen Fuchs-Beagle. Der eine ist zu stumpf, zu schwer und zu langsam, der andere zu lebhaft, zu leicht und zu flink. Der erstere hat fraglos eine vorzügliche Nase, und ich zweifle nicht daran, daß er seine Beute schließlich bekommen wird, wenn der Tag lang genug ist. Aber wir wissen alle, daß Wintertage kurz sind, und im Dunkeln jagt es sich schlecht. Der andere Typ ist im Gegensatz dazu voller Toben, Stürmen und Leben, aber jede kalte Wind zieht ihn in Mitleidenschaft, und wenn das Jagdgebiet weichen, nassen Boden hat, ist es nicht ausgeschlossen, daß einige ertrinken. Meine Hunde waren eine Kreuzung der beiden Rassen, mit der ich versuchte, soviel Knochen und Stärke in einem so kleinen Körper wie möglich unterzubringen.«

Über Fuchshunde schrieb er: »Es ist das spritzige Vorwärtsstürmen des Fuchshundes, das sein Unterscheidungsmerkmal darstellt, genau wie das Motto William's von Wickham uns auszeichnet. Eine Meute von Harriern kann, wenn sie Zeit genug hat, zwar einen Fuchs töten, aber ich fordere sie heraus, das in der Weise zu tun, wie ein Fuchs erlegt werden sollte: sie müssen ihn nämlich niederhetzen. Wenn man die Absicht hat, ihn zu erschöpfen, muß man erwarten, selbst auch überanstrengt zu werden. Ich wünsche mir keine Jagd, die weniger als eine, und keine, die länger als zwei Stunden währt. Länger wird sie selten dauern, es sei denn, es habe irgendeinen Fehler gegeben, sei es durch das Wetter, den Jagdleiter oder die Hunde. Was Lord Chatham einst von der Seeschlacht sagte, ist auf die Fuchsjagd besonders gut anwendbar: Sie sei kurz, heftig und entscheidend.«

Während die Briten so gründlich damit beschäftigt waren, ihre Hunderassen auswählend heranzuzüchten, erreichte die Jagd auf dem Festlande ihren schlimmsten Verfall seit den Tagen der Römer. In Frankreich wie in England war das größere Wild seit dem 15. Jahrhundert hauptsächlich in geschlossenen Wildparken gehalten worden, um allzu große Wildschäden an den Ernten der Bauern zu vermeiden. Parforcejagd und Pirsch auf einen bestimmten Hirsch waren die verbreitetsten angewendeten Jagdarten. Dann wurde allmählich die recht dekadente Methode entwickelt, das Wild in eine kleine Einfriedigung aus Netzen zu treiben, wo es von den aristokratischen »Jägern« mit schußbereiten Gewehren zur »Erlegung« erwartet wurde.

Während des 17. Jahrhunderts begannen dann Tuchwände die Netze oder Pfahlzäune zu verdrängen, in die das Rot- oder andere Schalenwild getrieben wurde. Diese riesigen Segeltuchbahnen waren sowohl in der Herstellung als auch durch den Aufstellungsaufwand ungemein teuer. Sie waren oft mit pittoresken Jagdszenen geschmückt, um den Anblick zu beleben. Die Damen und Herren der Jagdgesellschaft begannen ebenfalls, in bizarren Kostümen zu erscheinen, und die ganze Angelegenheit wurde zunehmend zu einem Jagdschauspiel übelster Art.

Ludwig XIV. organisierte Parforcejagden wie Schaustücke in großen Waldgebieten, die abgesperrt wurden, um das Wild am Entkommen zu hindern. Breite Reitwege wurden durch den Wald geschlagen, um es den »Jägern« zu ermöglichen, der Jagd mit einem Minimum an Unbequemlichkeiten und Schwierigkeiten zu folgen. Lichtungen

Zwei Gemälde von George Stubbs aus dem späten 18. Jahrhundert. Links: »Ringwood«, ein Fuchshund; er zeigt die Art, in der der englische Fuchshund gezüchtet wurde, nämlich mit kräftigen Läufen und tiefer Brust. Rechts: Ein braunweißer Wasser-Spaniel.

79

wurden ausgehauen, um ihnen Rast und Erfrischung, vielleicht auch anderes, zu ermöglichen.

Als Höhepunkt der Jagd führte Ludwig XIV. das »Jägerrecht« (La Curée) ein. Das wurde durch einen gewaltigen Fanfarenstoß aus den großen, kreisförmigen französischen Jagdhörnern angekündigt, während die Hunde gleichzeitig angefeuert wurden, sich um das Gescheide zu raufen. Der Leithund oder »Limier« (der alte englische Lymer!) wurde angetrieben, seine Fangzähne in das Haupt des Hirsches zu schlagen, und die Jagdtrophäen* wurden für alle sichtbar ausgestellt.

Er kreierte auch solche phantasievollen »verfeinernden Details« wie eine Mitternachtsjagd in Chantilly, bei der der gesamte Wald mit Fackeln erleuchtet wurde.

Während des größeren Teiles des 17. und 18. Jahrhunderts war das Ergebnis der Launen verschiedener französischer Könige oder Fürsten der deutschen Rheinpfalz, daß die Jagden immer mehr zu Masken- oder Kostümveranstaltungen wurden, bei denen die Teilnehmer die ausgefallensten Gewänder trugen, die man sich vorstellen kann. Da man das klassische Altertum sehr bewunderte, wurden Togen und Tuniken besonders bevorzugt.

Manche dieser sogenannten Jagden endeten in besonders ekelerregenden Blutbädern, bei denen die gehetzten Tiere gezwungen wurden, über Hindernisse in künstliche Weiher oder Seen zu springen, in denen sie von halb betrunkenen »Jägern« abgeknallt wurden. So entstand wörtlich und wirklich ein Blutbad vor einem Hintergrund aus bemaltem Segeltuch.

So wurde z. B. im Jahre 1662 zur Feier der Vermählung des Markgrafen von Brandenburg mit der Prinzessin Sophia von Dresden durch den Kurfürsten von Sachsen, dessen Vorväter beachtenswerte Jäger gewesen waren, eine große »Jagd« dieser Art im Maskenkostüm organisiert: Er selbst verkörperte dabei die Diana . . . Die Festgesellschaft – man kann sie wirklich kaum mit dem Titel Jagdgesellschaft ehren – wurde von Gefolgsleuten mit Hunden, Bären, Ottern und Eichhörnchen sowie anderen exotischen Ausstellungsstücken in Käfigen begleitet. Zwei Dudelsackpfeifer begleiteten die Safari, um den bizarren Zirkus zu vervollständigen.

Aristokratische Jagd in Spanien: es war in europäischen Hofkreisen allgemein üblich, das Wild durch lange Gassen aus Segeltuch zu treiben und die Tiere vor den Zuschauern zu töten.

* Unter Trophäen sind wohl die Teile des zerwirkten Wildes zu verstehen. (Anmerkung des Übersetzers)

Man darf nun nicht denken, daß es zu jener Zeit nicht auch erfahrene und seriöse Jäger auf dem Kontinent gegeben hätte. Aber sie waren gewiß nicht tonangebend, denn im Jahre 1764 hielt – ein anderes Beispiel – der Kurfürst der Rheinpfalz eine gleich groteske »Jagd« ab. Diese fand auf einem Hügel statt, der einen Fluß überragte, und dessen Bäume man abgeholzt und die Abhänge in Ziergärten verwandelt hatte. Eine riesige Menge Rotwild, die man vorher zusammengetrieben hatte, wurde durch einen Triumphbogen auf dem Gipfel in Gruppen von zwölf bis zwanzig Stück auf einmal hindurchgetrieben. Wenn die Tiere dann den Hügel hinunter ins Wasser stürzten, wurden sie von den wartenden Jägern mit einem Sperrfeuer von Schüssen empfangen. Im Laufe einer einzigen Stunde wurden auf diese Weise 104 Hirsche abgeschlachtet.

Der Kurfürst von Bayern ließ sich eine Zierbarke bauen, um von ihr aus ins Wasser getriebene Hirsche zu schießen; dazu wurde eine ganze Gruppe davon zusammengetrieben. Andere solcher »Jagden« loteten die tiefsten Abgründe der Entwürdigung aus, indem man die Opfer zwang, Kleider zu tragen, wenn man sie zum Erschießen trieb. Selbst die Römer haben niemals den Grad der Entartung zustandegebracht, der während des 17., 18. und frühen 19. Jahrhunderts auf dem Festlande manchmal erreicht wurde.

In einer Beziehung folgte das Schießwesen der Jagd, besonders auf dem Kontinent: es wurde immer gekünstelter und »vollendeter«. Die Schußwaffen selbst begannen durch Einlagen von Silber, Gold und Edelsteinen in einem Ausmaß kostbar zu werden, das man vordem kaum für möglich gehalten hätte. Die klaren, zweckdienlichen Linien der Gewehre wurden dadurch nicht unbedingt beeinträchtigt, aber die Schmuckeinlagen, zierlichen Figuren und Schnitzereien, mit denen man Schäfte, Läufe, Abzugsbügel und Schlösser versah, erreichten einen hohen Grad künstlerischen Wertes.

Die Gewehre in Frankreich, Italien und Deutschland waren im allgemeinen viel feiner verziert als die englischen. Die Schäfte waren oft geradezu überladen verschnitten und

Eine geradezu inszenierte Jagd für Ludwig XV. im Walde von Compiègne. Die riesigen ringförmigen Jagdhörner waren äußerst hinderlich, blieben aber für mehrere Jahrhunderte beliebt.

Ein Gemälde aus dem 18. Jahrhundert, das eine deutsche Saujagd darstellt. Der Lieblingshund ist durch einen Kettenpanzer geschützt.

mit Elfenbein oder Perlmutt eingelegt; ja, es gab sogar silberne oder goldene Figurinen und Jagdszenen. Die Schlösser konnten mit Silber oder Gold ziseliert oder mit Ätzungen von jagdbaren Tieren geschmückt sein. Doppelläufige Gewehre, die man gerade erst um die Mitte des 18. Jahrhunderts zu bauen begonnen hatte, wurden besonders verschwenderisch dekoriert.

Eines der wenigen Gebiete, wo die alten Bräuche sich vielleicht fast unverändert erhalten hatten, war Skandinavien. Dort wurde noch im 18. Jahrhundert die Armbrust mit großem Erfolg benutzt. Der Jäger auf Schneeschuhen konnte in den Wintermonaten so schwere Tiere wie Rene und Elche über dünne Schneekrusten treiben und sie auf diese Weise so erschöpfen, daß er in Schußweite kommen und seine Bolzen ohne Hast anbringen konnte. Aus seiner Sicht war eine Feuerwaffe überflüssiger Luxus. In gewissen Gegenden wurden Gruben mit steinernen Wänden, die es schon viele Jahrhunderte gab, noch immer benutzt, um Rene während der jährlichen Wanderung zu fangen. In Engpässen und an ähnlichen Stellen, die die Herden jedes Jahr passieren mußten, waren diese Gruben eine wertvolle Einnahmequelle. Außerdem waren sie natürlich ein direktes Bindeglied zur Steinzeit...

Trotz allem, was die Jäger tun mochten, bestand kaum die Gefahr, daß die Rene bis zur Ausrottungsgrenze dezimiert wurden. Das gleiche galt leider nicht für das europäische Waldrind, den Wisent, der in Frankreich schon lange ausgerottet war. 1755 war in Preußen der letzte geschossen worden, das hielt aber den König Stanislaus August von Polen keineswegs davon ab, im Jahre 1783 eine Jagd in der Belowescher Heide

Ein kunstvoll dekorierter Schaft an einem deutschen Steinschloßgewehr. Die Verzierungen an den Gewehren des Festlandes waren viel reicher als an denen englischer Herkunft.

abzuhalten, bei der unter anderem auch Wisente aus einem eigens dafür errichteten dreistöckigen Pavillon geschossen wurden. 1793 gab es in Ungarn keine Wisente mehr, obwohl sie dort vorher stark verbreitet waren. Endlich, im Jahre 1803, als die Russen sich den Belowescher Wald angeeignet hatten, verbot der Zar jedes Erlegen der restlichen Wisente. Dadurch waren sie für den Augenblick noch einmal davongekommen.

In den Alpengebieten der Schweiz, Bayerns, Österreichs und Italiens sowie in den Gebirgen Spaniens vollzog sich die Jagd auf Gams und Steinbock noch immer ziemlich genauso, wie man sie unter Maximilian I. zu Beginn des 16. Jahrhunderts ausgeübt hatte. Der Hauptunterschied lag darin, daß nun Büchsen anstatt der Armbrüste benutzt wurden. Die Jäger mußten noch immer halb Bergsteiger, halb Pirschgänger sowie außerordentlich zäh und trainiert sein. Das Wild war seltener und erheblich scheuer geworden, aber das hielt sie nicht ab.

Oft benutzten die Gamsjäger einen dunklen Umhang mit daran befestigten Krucken, um an ihre Beute leichter heranzukommen. Aber das führte natürlich gelegentlich zu Irrtümern, und manchmal erschossen sie sich unabsichtlich gegenseitig. Die Jagd auf den Steinbock galt als noch viel schwieriger, denn sie erforderte gewöhnlich ein mehrfaches Übernachten im Berg, wenn man Erfolg haben wollte.

Trotzdem gab es gegen Ende des 18. Jahrhunderts nur noch wenig Steinwild in den Alpen, weil der Aberglaube weit verbreitet war, daß gewisse Körperteile eine heilende Wirkung hätten. Glücklicherweise wurde der Steinbock in Italien rechtzeitig geschützt, bevor er ausgerottet war.

6 Die Jagd in Nordamerika im 17. und 18. Jahrhundert

Zwischen Christoph Columbus' historischem »Land in Sicht!« im Jahre 1492 und der Ankunft der Pilgerväter in der »Mayflower« vor Massachusetts (1620) vergingen hundertachtundzwanzig Jahre. Aber während des nächsten halben Jahrhunderts ging es im Gegensatz dazu mit der Besiedlung Nordamerikas durch englischsprechende Menschen ein bißchen schneller. Bis 1682 waren Rhode Island, die beiden Carolinas, New Jersey und Pennsylvania sämtlich besiedelt. Die Entwicklung der Neuen Welt hatte ernstlich begonnen.

Es ist leicht zu verstehen, daß die ersten Siedler in Nordamerika durch das bloße Ausmaß dieses Kontinents eingeschüchtert wurden. Hier gab es riesige Sümpfe, große Rohrdickichte und unermeßliche Wälder, in denen sich ein Mensch für immer verirren konnte, ganz abgesehen von der Tatsache, daß das Innere von feindlichen Indianern besetzt war. Andererseits muß sie der Überfluß des Wasserwildes auf den Flüssen, die ungeheure Anzahl von Wandertauben und anderen Vögeln sowie die der Zahmheit nahekommende Vertrautheit der großen Truthahnvölker, die sich mit Bucheckern und wildem Wein vollpropften, mit Erstaunen erfüllt haben. Biber, Otter, Waschbären, Skunks, Pumas, Füchse und Wölfe wurden wegen ihrer Felle erlegt, und zwar mit Fallen oder durch Schießen, wann immer sich eine Gelegenheit ergab. Deer*, Wapiti, Opossums, Wildtruthähne und kleineres Wild, wie Wachteln, Waldhühner, Tauben, Eselhasen (Jack-rabbits) und Eichhörnchen, wurden gleichfalls in unbegrenzter Menge geschossen und gefangen, um als Nahrung zu dienen. Die Natur schien das Land mit unendlicher Freigebigkeit ausgestattet zu haben.

Es gab so große Wildmengen, und viele Vögel und sonstige Tiere waren so zahm oder so leicht zu fangen und zu töten, daß die Unzulänglichkeit der Feuerwaffen der ersten Siedler, nämlich der schweren Lunten- und Radschloßgewehre, kaum eine Rolle spielte. Häufig handelte es sich nur darum, Vögel mit Knütteln zu erschlagen oder einen Baum zu fällen, um einen Bären oder Waschbären zu erlegen, Dutzende von Vögeln in Schlagnetzen zu fangen oder ähnliche einfache Methoden anzuwenden, um die Speisekammer zu füllen. Obwohl es als Jägerparadies erschienen sein mag, konnte von Sport kaum die Rede sein. Wenn Schießen nötig war, war wenig oder gar kein Können dazu erforderlich, und sich anzupirschen oder zu verbergen brauchte man selten. Es muß den Anschein gehabt haben, daß die Wildreserven unendlich seien.

---

* »Deer« ist ein kaum übersetzbares Sammelwort, da es mehrere Arten dieser bei uns unbekannten Schalenwildgattung gibt (Weißwedelhirsch und Maultierhirsch in mehreren Unterarten). Man könnte sie als »Kleinhirsche« oder »Großrehe« bezeichnen. Der Wapiti, in Amerika »Elk« genannt, ist dagegen die neuweltliche Form des Rothirsches (Cervus elaphus canadensis). (Anmerkung des Übersetzers)

Ein Indianer ist dabei, einen Vogel zu schießen. Aus Sir Francis Drake's »Journal of a Voyage« (Reisetagebuch), etwa 1586. Drake brachte die Kunde von dem Überfluß an Wild in der Neuen Welt mit zurück.

Ein Mann auf Schneeschuhen konnte mühelos Tiere einholen und abschlachten, die sich durch Schneeharsch vorwärtsquälten. Das war eine bei den Indianern verbreitete Jagdmethode.

Dieser Zustand konnte natürlich nicht ewig andauern. Ebenso mußten unter solchen Umständen gute Jagdhunde ein wertvoller Besitz sein. Obwohl die ersten Siedler sicher auch Hunde mitbrachten, beschäftigt sich der erste schriftlich niedergelegte Bericht über eine Hundemeute mit jener, die Robert Brooke 1650 aus England nach Maryland mitbrachte. Und zweihundert Jahre lang waren die Brooke-Hunde von Maryland weit und breit berühmt; sie blieben sogar dreihundert Jahre im Besitz der gleichen Familie! Ein Zeichen für die Bedeutung, die man Hunden beimaß, ist das Protokoll eines Gerichtshofes in Virginia aus dem Jahre 1681, aus dem hervorgeht, daß eine Hundemeute, »die Füchse, Wölfe und anderes Raubgesindel vertilget« von der Anklage, Menschen angegriffen zu haben, freigesprochen wurde.

In der ersten Zeit beschäftigten die Siedler oft Indianer, um die Jagd für sie auszuüben. Obwohl die indianischen Jagdmethoden wenig wirklich Neues boten, waren sie für die Weißen überraschend genug. So wurden z. B. Hirsche über Schneeflächen mit dünner Eiskruste getrieben und dadurch mühelos eingeholt und getötet: Das war fast die gleiche Methode, die man in Skandinavien seit unvordenklichen Zeiten angewendet hatte. Wasservögel wurden durch Lockenten angelockt und aus Schirmen heraus geschossen: also in der gleichen Weise, wie sie bereits von den alten Ägyptern praktiziert worden war. Andere Verfahren, wie der Gebrauch von Feuern zum Treiben des Wildes, kamen direkt aus der Steinzeit.

Unter den frühesten Berichten über die Jagd in Nordamerika finden sich die Briefe, die der Baron Lahontan zwischen 1684 und 1691 aus Kanada an den Herzog von Devonshire sandte. Er schrieb im Jahre 1685: »Ich verbrachte den ganzen Winter mit der Jagd auf die hiesigen Hirsche (oder Elche?*), zusammen mit den Wilden, deren Sprache ich zu lernen beginne. Die Hirschjagd wird auf dem Schnee durchgeführt, mit einer Art Tennisschläger an den Füßen, der dem Zwecke angepaßt ist, etwa zweiein-

---

* Es ist nicht ganz klar, ob in diesem Falle »Elks« im europäischen Sinne mit »Elche« oder im amerikanischen mit »Hirsche« zu übersetzen ist. Der Elch heißt in Amerika »Moose«, aber Lahontan war Europäer. (Anmerkung des Übersetzers)

halb Fuß (76 cm) lang und vierzehn Zoll (36 cm) breit ... Mit Hilfe dieser Vorrichtung laufen sie schneller auf dem Schnee, als man mit Schuhen auf einem ausgetretenen Wege gehen kann ... oft ist der Schnee drei bis vier Fuß (90–120 cm) tief ... während des Winters. Da man gezwungen ist, den oben erwähnten Tieren bei der Verfolgung dreißig bis vierzig Meilen (alte ›Leagues‹; die französische hatte 4,5 km, die englische 4,83 km) nachzugehen, fand ich, daß die Mühsal der Reise die Freude daran aufwog ...«

Mit der unparteiischen Mischung von Wahrheit und Dichtung, die für jene Zeit typisch war, fügte Lahontan hinzu: »Das Fleisch ... besonders das der weiblichen Art ißt sich köstlich, und es heißt, daß der hintere Schenkel des Weibchens ein Mittel gegen die Fallsucht ist; es rennt weder noch springt es, aber sein Trab hält fast mit dem flüchtigen alten Hirsche Schritt. Die Wilden versichern uns, daß es im Sommer drei Tage und drei Nächte unununterbrochen so trabt ...«

Er beschrieb die Reise zu einem Ausgangslager vierzig Meilen nördlich des St.-Lorenz-Stromes, wo sie Rindenzelte am Ufer eines kleinen Sees errichteten. Unterwegs erlegten sie »so viele Hasen und Waldhühner, wie wir essen konnten«. Dann wurden Spähtrupps ausgesandt, die, wenn sie Hirschfährten gefunden hatten, zurückkehrten, um die Haupttruppe der Jäger zu benachrichtigen. Es war im allgemeinen nicht erforderlich, den Fährten weiter als eine oder zwei Meilen zu folgen, um an das Rudel heranzukommen, das zwischen fünf und zwanzig Stück stark sein konnte. Lahontan schilderte, wie die Hirsche »bis an die Brust« in den Schnee einsanken. Wenn der Schnee eine harte Kruste hatte, brauchten die Jäger ihnen gewöhnlich nur eine Vierteilmeile nachzugehen, während Pulverschnee sie ebenso behinderte wie die Tiere, so daß sie ihnen oft drei bis vier Meilen folgen mußten, um zu Schuß zu kommen. Wenn sie die Hirsche erlegt hatten, bauten die Indianer neue Rindenzelte, schlugen das Wild aus der Decke, verzehrten es an Ort und Stelle und zogen erst weiter, wenn sie neuen Proviant brauchten.

Lahontan notierte, daß sie dieses Leben drei Monate fortsetzten, während derer seine kleine Horde sechsundfünfzig Stück Wild erlegte und »dreimal so viele hätte töten können, hätten wir wegen der Felle gejagt«. Er fügte hinzu, daß die Indianer die Hir-

Unter Hirchdecken verborgen, schleichen Indianer arglose Hirsche an.

Der Elk oder Wapiti, der von den Indianern und Siedlern des jungen Amerika viel gejagt wurde. Eine Zeichnung von Audubon.

Gegenüber »Hirschjagd« von Hackaert, Gemälde aus der Mitte des 17. Jahrhunderts, als die Parforcejagd in Europa allgemein üblich war.

Umseitig Jagdgesellschaft zu Ehren von Karl V. bei Schloß Torgan; ein Gemälde aus der Mitte des 16. Jahrhunderts von Lucas Cranach.

sche im Sommer entweder in Schlingen fingen, die zwischen zwei Bäumen ausgespannt würden, oder sie gegen den Wind anschlichen.

Gelegentlich eines Berichtes über eine fünfzehntägige Wasserjagd-Expedition mit etwa dreißig Indianern beschrieb Lahontan den Bau von Schirmen und fuhr fort: »Als Lockvögel haben sie Federkleider von Gänsen, Trappen* und Enten, die sie trocknen und mit Heu ausstopfen, während die Füße mit Nägeln auf einer Planke leichten Holzes, das schwimmt, befestigt werden ... (herbeilockend) eine unglaubliche Zahl von Gänsen, Enten, Trappen, Krickenten und eine schier unübersehbare Menge uns Europäern unbekannter Vögel ... (geschossen) entweder im Fluge oder auf dem Wasser ... oder mit Netzen gefangen.«

Er gab auch einen der ersten Hinweise auf die immensen Schwärme von Wandertauben (Ectopistes migratorius): »Wir entschlossen uns, den Turteltauben den Krieg zu erklären, die in Kanada so zahlreich waren, daß der Bischof (von Montreal) gezwungen wurde, sie wegen des angerichteten Schadens mehr als einmal zu exkommunizieren ... Wir ... begaben uns zu einem Anger, in dessen Nähe die Bäume mehr dieser Vögel als Blätter trugen ... Man hätte glauben können, daß sämtliche Tauben auf Erden sich diesen Platz zum Durchzuge ausgesucht ... In den achtzehn oder zwanzig Tagen, die wir dort verbrachten, hätten sich nach meiner festen Überzeugung von ihnen tausend Menschen reichlich ernähren können, ohne sich dabei irgendwie anzustrengen.«

Lahontan wurde auch in die indianischen Methoden der »Deer«-Jagd eingeweiht: »Sie führten mich zu einer Landenge, wo ich durch den Anblick einer Art Park oder Umzäunung überrascht wurde, die aus gefällten, übereinandergelegten und mit Dornen und Zweigen verflochtenen Bäumen bestand. Am Ende war eine quadratische, von Pfählen umgebene Fläche mit sehr engem Eingang. Sie trieben fünfunddreißig Hirsche hinein, und wäre die Umzäunung besser gewesen, hätten wir leicht über sechzig haben können, denn die behendesten und leichtesten von ihnen sprangen darüber, bevor sie die eigentliche Einfriedung erreichten. Wir töteten viele davon, schonten aber die Muttertiere, weil sie tragend waren ...«

Ob Lahontan oder die Indianer anregten, die beschlagenen Tiere zu schonen, ist unklar,

* Wahrscheinlich ein Irrtum Lahontans. Die Trappen sind Vögel der Alten Welt. Vielleicht Wildtruthühner (Turkeys)? (Anmerkung des Übersetzers)

88

aber bei anderen Gelegenheiten hielt er sich von nutzlosem, überflüssigem Töten zurück, wie aus folgender Stelle hervorgeht: »Der komischste Anblick, den ich hatte, war die Dummheit der Waldhühner (wood-hen; Ocydromus), die auf Bäumen sitzen und eins nach dem anderen getötet werden, ohne sich auch nur zu rühren. Im allgemeinen schießen sie die Wilden mit Pfeilen, denn sie sagen, daß sie Kugel und Pulver, mit denen man einen Elch oder Hirsch erlegen könne, nicht wert seien. Ich habe diese Art der Vogeljagd in der Nähe unseres Bezirkes oder unserer Wohnstätten zur Winterszeit fleißig ausgeübt. Dabei half mir ein Hund, der die Bäume nach der Wittrung fand und anbellte, worauf ich mich ihnen näherte und die Vögel auf den Zweigen fand ... Ihr Flügelschlagen macht ein Geräusch wie eine Trommel ... für eine Zeitspanne von etwa einer Minute ... Durch dieses Geräusch wurden wir zu den Stellen geführt, wo die unglückseligen Waldhühner saßen ... Ich versichere Ihnen feierlich, daß ich mich oft mit dem Anblick und dem Bewundern ihres Flatterns begnügt habe, ohne zu versuchen, sie zu schießen.«

Solche Zurückhaltung war bedauerlicherweise keineswegs allgemein üblich, und die Auswirkungen begannen sich darin zu zeigen, daß das Wild seltener wurde. Aber wo auch immer unberührte Gebiete erforscht wurden, da erstaunte der Wildreichtum die Forschungsreisenden. William Byrd, ein früher amerikanischer Tagebuchschreiber und Geschäftsmann, der ein Feinschmecker, aber kein Jäger war, berichtete in seiner Schrift »Eine Geschichte der Grenzlinie zwischen Virginia und Nordkarolina«, die 1728 geschrieben wurde, auch über das angetroffene Wild und andere Besonderheiten.

Zu einem gewissen Zeitpunkt war seine Reisegesellschaft knapp an Lebensmitteln, und er hielt fest: »Wegen des Mangels an Proviant verkündete unser Geistlicher, daß er uns von der Pflicht der Sabbatheiligung entbunden habe und wir es wagen dürften, eine Abteilung zur Jagd auszusenden. Diese zündete das trockene Laub eines Ringes von fünf Meilen Umfang an, der nach innen weiterbrannte und alles Wild zur Mitte trieb, wo es mit Leichtigkeit getötet wurde. Es ist wirklich ein mitleiderregender Anblick, dieses furchtbare Leid der armen Tiere, wenn sie sich von dem Feuerring umgeben sehen! Sie weinen und ächzen wie menschliche Wesen, aber nichts vermag das Erbarmen der hartherzigen Leute zu erwecken, die im Begriffe sind, sie zu ermorden. Dieses erbarmungslose Verfahren nennt man die Feuerjagd, und es wird von Indianern und Grenzbewohnern viel angewendet, die dabei manchmal in Eifer und Begier ihres Zeitvertreibs für ihre Grausamkeit bestraft werden. Es verletzt nämlich zuweilen einer den anderen, wenn sie von allen Seiten auf die in der Mitte stehenden Tiere schießen.«

Diesen Berichten Byrds haftet ein penetranter Beigeschmack von Scheinheiligkeit an, denn obwohl er selbst niemals an der Jagd teilgenommen zu haben scheint, wußte er doch die Beute beim Essen hervorragend zu würdigen. Über die verschiedenen Wildpretarten, die die Reisegesellschaft vertilgte, erzählte er in allen Einzelheiten: »Unser Indianer erlegte einen zweijährigen Bären, der sich gerade an wildem Wein gütlich tat. Im Herbste hat das Fleisch dieses Tieres einen hohen Wohlgeschmack, der von dem anderer Kreaturen abweicht, obwohl es dem Schweinefleisch oder noch eher dem des Wildschweines ähnlich ist ... Ein echter Waldläufer zieht diese Art Fleisch dem fettesten Wildpret vor ... Am Abend erschlug einer der Leute ein Opossum, das ein harmloses kleines Tier ist, das einem selten ausweicht und, wenn eingefangen, eher die Zähne zeigt als beißt. Das Fleisch war wohlschmeckend und zart, am ähnlichsten dem eines Ferkels ...« Er erwähnte auch ein Stinktier oder Skunk, das getötet wurde und das sie vorzüglich im Geschmack fanden.

Während der ganzen Expedition trafen und erlegten sie nur einen einzigen jungen Bison, der ihnen willkommene Abwechslung vom Wildbret bot. Außer von Bären und

Gegenüber »Tod eines Hirsches« von J. F. de Troy. Eine hemmungslose Freude am Töten zeichnete die festländischen Jäger des 18. Jahrhunderts aus. Daran waren die Frauen ebenso beteiligt wie die Männer.

»Deer« scheinen die Teilnehmer hauptsächlich von Wildtruthühnern gelebt zu haben, über die Byrd in seiner charakteristischen Art schrieb: »Unsere Jäger brachten uns vier Truthähne und -hennen, die zu dieser Jahreszeit (September) fett und sehr köstlich zu werden begannen, besonders die Hennen. Diese Vögel scheinen eine Art Trappen zu sein und können nur mit Mühe fliegen. Einige davon sind außerordentlich groß und wiegen mehr als vierzig Pfund; ja, einige kühne Berichterstatter gehen sogar so weit, von mehr als fünfzig zu sprechen. Sie können sehr schnell laufen und breiten dabei die ganze Zeit wie Strauße ihre Flügel segelartig aus, um ihre Geschwindigkeit noch zu erhöhen. Sie schlafen gewöhnlich auf besonders hohen Bäumen, die nahe bei einem Fluß oder Bach stehen und sind beim Anblick eines Feuers so benommen, daß die Entfachung eines solchen in der Nähe ihres Schlafplatzes es ermöglicht, mehrere Male auf sie zu schießen, bevor sie es wagen, davonzufliegen. Ihre Sporen sind so spitz und kräftig, daß die Indianer sie früher als Pfeilspitzen benutzten ... Im Frühling beginnen die Hähne zu kollern; das ist die Sprache, in der sie ihrer Liebe Ausdruck geben.«

Wölfe und Koyoten (Canis latrans) verwechselnd, schrieb er weiter: »Es gibt viele heidelbeerbewachsene Schläge in dieser Gegend, die den Wölfen und Füchsen willkommenen Schutz bieten. Das erstere dieser wilden Tiere ist nicht so groß und grimmig, wie in anderen, mehr nördlich gelegenen Ländern. Es greift den Menschen, selbst halb verhungert, nicht an ... Die Füchse sind viel dreister ... Die hiesigen Eingeborenen machen sich die Mühe, eine Unzahl von Wolfsgruben anzulegen ...«

Die Anfangssätze seiner Beschreibung von Wandertauben verrät noch einmal Byrds feinschmeckerische oder vielleicht besser gefräßige Betrachtungsweise des Wildes: »Das Wasser lief den Männern beim Anblick eines ungeheuren Schwarmes wilder Tauben im Munde zusammen, die hoch über unseren Köpfen nach Süden zogen. Die Scharen dieser Zugvögel sind manchmal so erstaunlich groß, daß sie zeitweilig den Himmel verdunkeln. Es ist auch nichts Ungewöhnliches, daß sie sich in solcher Zahl auf den größeren Ästen von Maulbeerbäumen und Eichen niederlassen, daß diese abbrechen. Auf ihren Zügen richten sie derartigen Schaden an Bucheckern, Eicheln und Beeren an, daß sie in kurzer Zeit ganze Wälder verwüsten und für die meisten anderen Tiere eine Hungersnot zurücklassen. Unter manchen Bäumen, in die sie eingefallen sind, ist

Der Bär ist wegen der Langsamkeit seiner Bewegungen eine leicht zu erlegende Beute: das war einer der Gründe für seine schnelle zahlenmäßige Abnahme in Amerika.

es nichts Außergewöhnliches, daß man den Boden mit einer drei Zoll dicken Mistschicht bedeckt findet.

Diese Wildtauben brüten in den unbewohnten Teilen Kanadas ... die Jahreszeit, in der sie ziehen, wechselt, aber sie fliegen nie den gleichen Weg zurück, den sie gekommen sind.«

Eine Ahnung von den Wildmengen, die diese kleine Expedition verzehrte, kann man aus der Tatsache ableiten, daß sie auf einem Marsch von nur sechs Meilen zwei Böcke, zwei Bären und einen Truthahn erlegte. Auf einem Acht-Meilen-Marsch schossen sie vier »Deers« und vier Truthähne bzw. Hennen. Dieser Wildverbrauch ist aber noch gar nichts gegenüber dem von Dr. Thomas Walker, als dieser als erster Engländer die Alleghanies überquerte und Kentucky von Virginia aus betrat. Er nahm eine Meute englischer Fuchshunde mit und jagte vom Pferderücken aus mit Hunden und Gewehr. Bei seiner Rückkehr, etwas über vier Monate später, hatte er als Reiseproviant 13 Bisons, 8 Hirsche, 20 »Deers« und 150 Stück Trutwild verbraucht; kleineres Wild nicht gerechnet.

Trutwild in charakteristischer Haltung. Der Hahn unterscheidet sich von der Henne durch den von seiner Brust herabhängenden Bart.

Ein anderer lehrreicher Berichterstatter aus dieser Zeit ist der schwedische Professor Kalm, der 1748 weite Gebiete Nordamerikas bereiste. Ein interessanter, wenn auch nicht überraschender Hinweis von ihm lautete: »Alle alten Schweden und Engländer, die in Amerika geboren und die ich je danach fragte, behaupteten, daß es bei weitem nicht mehr so viele eßbare Vögel gebe als zu ihrer Kinderzeit und daß sich ihre Väter darüber beklagten. In deren Jugend wären Buchten, Flüsse und Bäche mit allen Arten von Wasservögeln geradezu bedeckt gewesen. Aber jetzt gebe es manchmal keinen einzigen darauf; während ein Mann vor sechzig oder siebzig Jahren noch an einem Morgen achtzig Enten hätte erlegen können, warte man nun oft vergeblich auf eine einzige. Ein Schwede von etwa neunzig Jahren versicherte mir, daß er in seiner Jugend dreiundzwanzig Enten mit einem Schuß getötet habe.«

Seit der Ankunft großer Massen Europäer haben sich die Verhältnisse erheblich verändert; das Land ist gut besiedelt, und die Wälder sind abgeholzt. Da die Bevölkerung

Jagd in der Coloradowüste: Eine Antilope fällt einem Indianerpfeil zum Opfer.

im Lande zugenommen hat, haben die Menschen die Vögel durch Nachstellungen teils ausgerottet, teils verscheucht. Im Frühling eignen sie sich noch immer unbekümmert sowohl Eier als auch Muttertiere und Junge an, weil es keine Vorschriften dagegen gibt. Und wenn man welche erlassen hätte, würde der Geist der Freiheit, der in diesem Lande herrscht, nicht zulassen, daß man sie befolgte.«

Im Gegensatz zu den Erfahrungen William Byrds an der Grenze zwischen Virginia und Nordkarolina schrieb Professor Kalm: »Wenn der Reisende sich von der Küste einige Meilen weit ins Land oder zu den Hügeln hinauf begeben hat, sieht er oft eine Vielzahl wilder Ochsen, die hier vorkommen... Wenn diese die Gegenwart des Menschen gewahr werden, rennen sie davon, ohne Schaden anzurichten. Schießt aber jemand auf sie, und die Kugel verwundet sie nur, ohne zu töten, dann greifen sie den Schützen an und sind gefährlich genug, wenn man kein Mittel findet, sie entweder sofort totzuschießen oder zu verschwinden...«

Der schwedische Professor nahm auch Kenntnis davon, daß man sich in Virginia bemühte, Bisonkälber aufzuziehen und zu zähmen. Das endete regelmäßig damit, daß man sie erschießen mußte, denn es konnte keine Einzäunung gebaut werden, die stark genug war, ihnen standzuhalten. Er erwähnte außerdem, daß man in Carolina und anderen Staaten außerhalb Virginias versucht habe, Bisons mit Hausrindern zu kreuzen, wobei das Ergebnis »cattlo« (cattle + buffalo) genannt würde. Man erzählte ihm, daß diese Tiere meist zahm genug aber so stark wären, daß sie Zäune leicht niederbrechen und in die Maisfelder eindringen könnten.

Als einen Gradmesser für die riesigen Wildmengen darf man folgenden Absatz ansehen: »Biber sind schon so weit gezähmt worden, daß sie fischen gingen und dann ihren Herren den Fang brachten. Das gibt es auch oft bei Ottern, von denen ich einige sah, die zahm wie Hunde waren und ihrem Herrn überallhin folgten. Wenn er in einem Boot hinausfuhr, fuhr der Otter mit, sprang ins Wasser und kam nach einer Weile mit einem

96

Fisch herauf. Auch das Opossum kann so abgerichtet werden, daß es den Leuten wie ein Hund folgt... Der Waschbär... kann mit der Zeit dahin gebracht werden, daß er in den Straßen herumläuft, wie ein Haustier...«

In New Jersey traf Kalm den Besitzer eines zahmen »Deer«, das als Anlockungsmittel benutzt wurde. Es war eine Hindin, die man jung gefangen und abgerichtet hatte. Sie wurde im Winter mit Körnern und Heu gefüttert, war aber während des übrigen Jahres völlig frei, im Walde herumzustreifen, wie es ihr beliebte. Im allgemeinen trug sie ein Glöckchen am Halse, um klarzustellen, daß sie ein zahmes Tier sei, und zu verhindern, daß sie von Jägern geschossen wurde. Augenscheinlich lockte sie öfter männliche Artgenossen aus dem Walde, besonders während der Brunftzeit, und gab damit ihrem Herrn Gelegenheit, fast von seiner Türschwelle aus einen Schuß anzubringen. Dieses Verfahren erwies sich als so erfolgreich, daß mehrere andere es nachahmten und junge Tiere zum gleichen Zweck zähmten. Diese scheinen also nicht auf dieselbe Art benutzt worden zu sein, wie die »Anschleichtiere«, die von europäischen Jägern im Mittelalter als Deckung beim Heranarbeiten an das Rudel verwendet wurden.

Der Professor erwähnte: »Es gibt zwei Arten von Füchsen... die eine grau, die andere rot. Die grauen Füchse... sind in Pennsylvania und den südlichen Provinzen sehr zahlreich; in den nördlichen sind sie ziemlich selten, und die Franzosen in Kanada nennen sie deshalb Virginiafüchse. In der Größe erreichen sie unsere Füchse nicht. Den Lämmern tun sie nichts, aber sie rauben alle Arten von Geflügel, wenn sie nur herankommen können. Man betrachtet sie trotzdem nicht als Tiere, die großen Schaden anrichten, und es gibt keine Belohnung für ihre Erlegung. Diesen Füchsen sagt man nach, sie seien weniger behende als die roten...«

Kalm meinte weiter, daß die rote Spielart mit dem europäischen Fuchs identisch sei, und fügte hinzu, daß nach seinen Gewährsleuten die Indianer behaupteten, daß der Rotfuchs vor der Ankunft der Siedler aus der Alten Welt unbekannt gewesen sei. Er stellte auch die Theorie auf, daß er entweder auf dem Landwege aus dem Norden gekommen oder in größerer Zahl von einem leidenschaftlichen Fuchsjäger aus Europa importiert worden sei. In einer Fußnote überlegte er sich die Sache noch einmal und entschied sich dahingehend, daß die erste Theorie richtig sein müsse und die Indianer sich geirrt hätten.

Das Märchen, der Rotfuchs sei von einem Mr. Smith, einem begeisterten Fuchsjäger, von Europa nach Maryland gebracht worden und habe sich in dem harten Winter 1779/80 über den gefrorenen Chesapeake-Fluß hinweg nach Virginia verbreitet, wird bis zum heutigen Tag erzählt. Es mag sogar sein, daß sich Ähnliches ereignete, aber aus den Berichten solcher Reisender wie Byrd und Kalm geht ja klar hervor, daß der Rotfuchs bereits in Virginia verbreitet war, bevor die Fuchsjagd in England überhaupt ein allgemein beliebter Sport wurde. Ob die Indianer nun richtig verstanden worden waren oder nicht: der Rotfuchs war außer Zweifel einheimisch.

Wie Lahontan, Byrd, Kalm und viele andere bezeugten, war das Schießen und Fangen von Wasserwild, Trutwild, Waldhühnern, Wachteln und Tauben ebensosehr Lebensunterhalt wie Sport. Größere Tiere, wie Bären*, »Deer«, Füchse, Waschbären, Biber, Wölfe und Pumas, wurden gejagt, geschossen oder in Prügelfallen, Gruben, Schlingen und Eisen gefangen, weil man ihr Fleisch oder ihr Fell begehrte. Es gab nirgendwo einen Gedanken an Schutz und Erhaltung des noch immer überreichlichen Wildbestandes, obwohl scharfe Beobachter bereits die Auswirkungen des ungezügelten Abschlachtens zu bemerken begannen.

Die riesigen Bisonherden auf den Prärien des Mittelwestens kannten die meisten Leute nur aus den Erzählungen der Grenzer. Es gab wahrscheinlich viele Leute, die in Amerika lebten und starben, ohne je einen Bison gesehen zu haben. Man darf nie die riesige Größe des nordamerikanischen Kontinents vergessen und muß daran denken, daß zu diesem Zeitpunkt erst ein kleiner Teil davon erschlossen war. Der Rest war noch in den Händen der Indianer.

Die amerikanischen Siedler hatten natürlich die britische Art zu leben ihren Bedürfnissen und Umständen angepaßt, seit sie von der Mayflower an Land gegangen waren. Die riesigen Wälder in einigen, Sümpfe in anderen Landesteilen machten oft die Erdjagd und erst recht orthodoxes Fuchshetzen nach englischer Art unmöglich. Das von den Hunden verfolgte Wild konnte ja ebensogut ein grauer Fuchs, der wie ein Kaninchen von Deckung zu Deckung flitzte, wie ein Rotfuchs, ein Waschbär, »Deer«, Bär oder gar Wolf oder Puma sein.

Die Jagd auf Catamount, Kuguar, Painther, Panther, Puma oder Berglöwe (auch als mexikanischer Löwe bekannt) – das sind alles nur verschiedene Bezeichnungen für dasselbe Tier – war während des 18. Jahrhunderts sehr verbreitet. Alles in allem neigt der Puma dazu, vor dem Menschen zu flüchten. Er hat auch einen im Verhältnis zum Körper kleinen Kopf. Aber er kann trotzdem gelegentlich einen Menschen verletzen oder sogar töten und ist leicht in der Lage, einen Hund mit seinen Hinterkrallen aufzuschlitzen und sozusagen auszuweiden. Trotzdem folgen Hunde dem Puma gern und zeigen dabei nichts von Furcht oder Ekel, wie auf der Wolfsspur. Am Schluß wird der Puma verbellt und vom Jäger mit einer Schußwaffe erledigt. Eine andere Methode be-

---

* Mit »Bären« sind offensichtlich bisher immer Schwarzbären (Baribal, Ursus americanus) gemeint. Mit dem durch Karl May so bekannt gewordenen grauen Bären (Grizzly, Ursus arctos horribilis) wurden die Siedler zu ihrem Glück erst später konfrontiert, als sie in den Westen des Landes vordrangen. Zu diesem Zeitpunkt waren ihre Waffen bereits wesentlich wirksamer und zuverlässiger. (Anmerkung des Übersetzers)

stand darin, daß die Hunde darauf abgerichtet wurden, das Tier zu packen, das der Jäger dann mit seinem Messer tötete.

George Washington hielt sich von Jugend auf Hunde und war ein enthusiastischer Züchter und Jäger. Als begeisterter Fuchsjäger ritt er oft mit den englischen Offizieren, die zwischen 1756 und 1767* ins Land geschickt worden waren, um die Franzosen zu bekämpfen. Während des Unabhängigkeitskrieges nahm er später ein Geschenk französischer Hunde von dem Marquis de la Fayette an. In seinen Aufzeichnungen findet sich eine Notiz aus dem Jahre 1785, also mitten im Unabhängigkeitskriege**, die sich wie folgt liest:

»24. August. Erhielt sieben Hunde, die dem Marquis de la Fayette aus Frankreich geschickt worden sind, nämlich 3 Rüden, 4 Hündinnen.«

»29. November. Ritt nach dem Frühstück mit meinen Hunden aus Frankreich und zwei anderen, die mir geliehen wurden, aus. Fand einen Fuchs, der von zwei französischen Hündinnen und einem der Hunde Masons gut gehetzt wurde. Die anderen französischen Hunde zeigten dagegen wenig Lust zu folgen...«

»1. Dez. Drei oder vier der französischen Hunde entdeckten auch heute in sich keine größere Neigung zur Jagd, als am letzten Donnerstag.«

»5. Dez. Meine französischen Hunde arbeiteten heute besser und erweckten die Hoff-

Im 18. Jahrhundert wußte man von dem Leben in Nordamerika in Europa recht wenig. Das geht aus dieser Zeichnung von Holzalb in Zürich (1768) hervor: Er mußte sich offensichtlich mit den verschwommensten Beschreibungen als Vorlage begnügen.

* Der britisch-französische Kolonialkrieg fand zwischen 1754 und 1763 statt. (Anmerkung des Übersetzers)
** Der Unabhängigkeitskrieg spielte sich zwischen 1775 und 1783 ab. Der Verfasser muß sich also irren. (Anmerkung des Übersetzers)

99

Der Puma; eine Zeichnung von Audubon. Im 18. Jahrhundert wurde der Puma häufig mit Hunden gejagt, obwohl er ein gefährliches Wild ist.

nung, wirklich gut zu werden, wenn sie erst eingewöhnt sind und ganz verstanden haben, um welche Wildarten es sich hier handelt.«

Hier spricht ein begeisterter und verständnisvoller Jäger. Es wäre ja lächerlich gewesen zu erwarten, daß sich die Hunde in weniger als sechs Monaten eingewöhnten, nachdem sie die Strapazen einer Seereise in damaliger Zeit überstehen und sich an ein fremdes Land, andere klimatische Verhältnisse und neue Beutetiere anpassen mußten.

In dem Amerika des 18. Jahrhunderts waren Jagen und Schießen vorrangige Methoden zur Erlangung von Fleisch oder Pelzen, viel weniger ein Sport. Die berühmte Kentuckybüchse*, die von den Grenzbewohnern und Jägern während des späteren 18. und frühen 19. Jahrhunderts benutzt wurde, war eine Anpassung der deutschen Jägerbüchse an amerikanische Verhältnisse. Von eingewanderten Handwerkern eingeführt bzw. konstruiert, unterstrich sie die Bedeutung des Schießens als Mittel zum Überleben. Sie hatte einen langen Lauf von zwischen vierzig und fünfzig Zoll (1,02 bis 1,27 Meter), aber für damalige Begriffe ein geradezu winziges Kaliber zwischen 0,4 und 0,5 Zoll (10,2–12,7 mm). Der lange Lauf in Verbindung mit dem verhältnismäßig langsam brennenden amerikanischen Pulver ergab bemerkenswerte Schußgenauigkeit und eine vergleichsweise rasante Flugbahn. Der geringe Bohrungsdurchmesser bedeutete, daß man mehr Kugeln bei sich tragen konnte, und das war für einen Jäger, der weite Entfernungen mit kleinem Gepäck zurücklegen wollte, von großer Bedeutung. Billiger war der Einzelschuß auch. Endlich half die Länge des Laufes und damit der Visierlinie dem Schützen, genau zu zielen, und das Gewicht der Waffe unterstützte das Ruhighalten.

* Diese Bezeichnung ist zwar überall eingebürgert, aber trotzdem irreführend. Die etwa ab 1735 hergestellten Gewehre stammten von deutschen Büchsenmachern, die sich in Pennsylvania niedergelassen hatten. In Kentucky waren sie nicht öfter anzutreffen als in anderen Grenzerstaaten auch. Und als im Zuge der Ausbreitung nach Westen der Mississippi überschritten wurde und anstatt »Deers« und Indianern Bisons und graue Bären zu schießen waren, kehrte man zu größeren Kalibern zurück. (Anmerkung des Übersetzers)

Oben George Washington lädt Lord Thomas Fairfay ein, seinen Hunden zu folgen. Washington war von seiner frühen Jugend an bis nach dem Unabhängigkeitskriege ein hitziger Reiter hinter der Meute.

Unten Eines der ersten bekannten Gemälde, das eine Fuchsjagd in Neuengland darstellt, zu datieren etwa 1780.

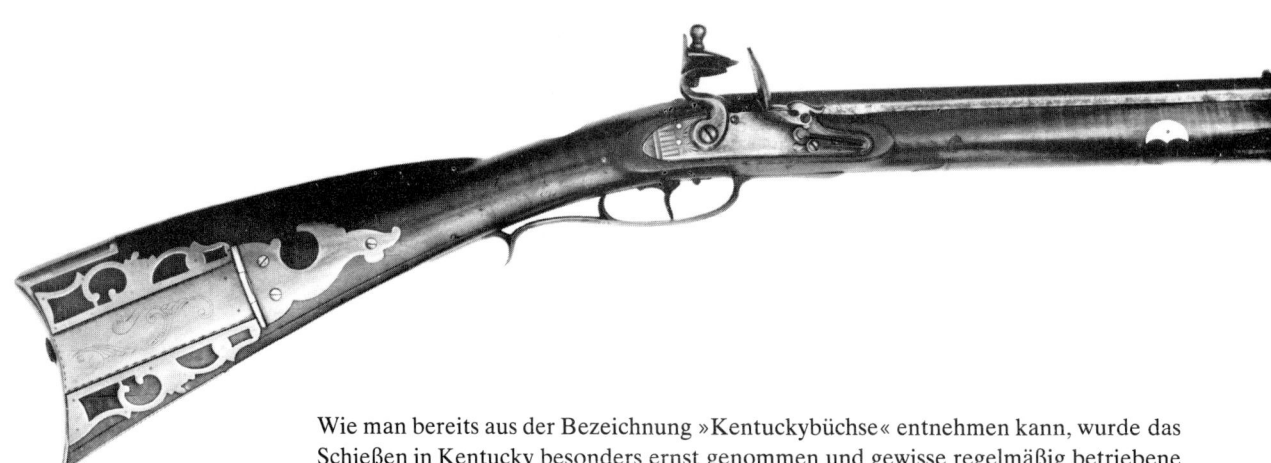

Die Kentuckybüchse, eine Anpassung der deutschen Jägerbüchse an amerikanische Verhältnisse, wie sie von Grenzern und Jägern im späteren 18. und frühen 19. Jahrhundert benutzt wurde.

Wie man bereits aus der Bezeichnung »Kentuckybüchse« entnehmen kann, wurde das Schießen in Kentucky besonders ernst genommen und gewisse regelmäßig betriebene »Sportarten« waren dort eng mit der Schießfertigkeit verbunden. Sie umfaßten z. B. das Auslöschen einer Kerze auf 50 Yards (45,72 Meter) als gute Übung für das Schießen bei Feuerschein. Das Eintreiben eines Nagels auf die gleiche Entfernung und das Abschießen eines Truthahnkopfes auf hundert Yards waren anerkannte Kunststücke, die regelmäßig ausgeführt wurden. »Barking squirrels«, d. h. das Abschießen der Rinde eines Astes direkt unter einem Eichhörnchen, das dadurch totgeprellt wurde und herunterfiel, war ein anderer Kunstfertigkeitstest. Der berühmte Daniel Boone war ein so todsicherer Schütze, und es gab so viele Eichhörnchen, daß er dafür bekannt war, diese Probe in wenigen Stunden so oft, wie es bewünscht wurde, bestanden zu haben, ohne sich von der Stelle zu rühren.

Die zeitgenössische Beschreibung eines typischen Grenzbewohners und Jägers jener Zeit (wahrscheinlich auf Daniel Boone beruhend) hört sich folgendermaßen an: »Seine Kleidung besteht aus einem ledernen Jagdhemd und einer Hose aus dem gleichen Material. An den Füßen trägt er gute Moccasins und um die Taille einen Gürtel. Seine schwere Büchse ruht auf starker Schulter; am Ende hängt sein Kugelbeutel, überragt vom Horne eines alten Büffels, das einst der Schrecken seiner Herde war, nun aber ein Pfund besten Schießpulvers enthält. Sein Jagdmesser steckt in einer Scheide und dahinter ein Tomahawk, dessen Heft durch den Gürtel gesteckt ist. Er geht mit so schnellen Schritten, daß ihm wahrscheinlich nur wenige Menschen folgen könnten, es sei denn auf eine ganz kleine Strecke... Er bleibt stehen und sieht nach Feuerstein und Zündpulver seiner Büchse, sowie nach dem ledernen Schloßschutz. Dann schweift sein Auge gen Himmel, um zu beurteilen, in welcher Richtung am ehesten Wild zu finden ist...«

Die drei verbreitetsten Methoden der Jagd auf »Deer« waren damals Pirsch, Fackeljagd und Vorstehtreiben. Die Pirsch erforderte große Beweglichkeit, hervorragendes Schießen, genaue Kenntnis des Waldes und gründliches Vertrautsein mit den Gewohnheiten der Tiere das ganze Jahr hindurch. Sie verlangte vorsichtiges Angehen durch den Wald bis zu der geeignetsten Stelle, versprach aber auch große Erfolge. Die Fackeljagd wurde, wie der Name andeutet, bei Nacht ausgeübt. Ein lodernder Kienast wurde dicht hinter dem Schützen hergetragen, und wenn dieser den Widerschein in den Lichtern des Tieres sah, schoß er. Man konnte auf diese Weise zwischen fünf und zehn Stücke in einer Nacht erlegen, aber die Strecke bestand natürlich nicht ausschließlich aus »Deer«. Auch Wölfe wurden manchmal so geschossen – gelegentlich waren auch Pferde oder Kühe dabei, die sich im Walde verlaufen hatten...

Das Vorstehtreiben organisierte man so, daß man die Hunde in den Wald ließ und die wahrscheinlichen Wechsel mit wartenden Schützen besetzte. Wenn kein Stück Wild er-

Gegenüber
Nächtliche Waschbärenjagd. Der Waschbär war über alle Staaten verbreitet und wegen seines Pelzes sehr begehrt.

schien, konnte es erforderlich werden, dem Geläut der Hunde nachzueilen. Major Hazzard aus Beaufort in Südkarolina beschrieb eine typische Jagd in seiner Heimat um die Wende des 18. zum 19. Jahrhunderts folgendermaßen: »Der größte Teil des Landes ist ein einziger Wald, es gibt eine große Menge Sümpfe . . . ihre Breite wechselt zwischen einer halben und drei Meilen. Es sind undurchdringliche Dickungen, die allen unseren Wildarten vollständigen Schutz bieten, deshalb findet man auch immer mehr oder weniger davon darin. Wenn ein Tag für eine allgemeine Jagd festgelegt ist, treffen sich alle Teilnehmer an einer bestimmten Stelle, zusammen mit den Hundeführern und Hunden. Es gibt wenige unter uns, die mehr als zehn Paar Hunde halten, aber weil jeder einige mitbringt, kommt doch eine riesige Meute zusammen. Darauf werden die Jäger in zwei gleiche Gruppen aufgeteilt, von denen die eine diesseits, die andere jenseits des Sumpfes Aufstellung nimmt. Man nimmt dann auf Schußweite Abstand voneinander, und da alle mit doppelläufigen Gewehren bewaffnet sind, sind sie für das Jagdvergnügen bestens gerüstet. Dieses beginnt in dem Augenblick, wo Hunde und Hundeführer losgehen. Nun sind diese Sümpfe von wunderbaren hohen Kiefernbeständen umgeben, die, da ohne Unterholz, bestes Schußfeld ergeben. Sobald also die Hunde eindringen, flüchtet das Wild heraus und wird von den ersten Schützen beschossen, denen es nahe kommt. Dann flüchtet es zurück in Deckung, verfolgt von den Hunden, die laut bellen. Bei den größten Sümpfen ist es nichts Ungewöhnliches, daß während der Jagd eines einzigen Tages ›Deers‹, Wölfe, Bären, Füchse, wilde Katzen* und große Mengen Wildtruthühner herausgetrieben werden, von denen jeder Schütze erlegt, was er für richtig hält. Wir verfolgen kein Stück, das einmal die Schützenlinie durchbrochen hat, es sei denn, es ist angeschossen, denn es ist bei uns nicht möglich, ›Deers‹ zu Stande zu hetzen. Da so viele Hunde beteiligt sind, würden sie sich nach einiger Zeit in mehrere Meuten zersplittern, wenn wir ihnen die Hatz erlauben würden. Nur Wölfe werden immer gehetzt, und da sie groß und stark sind, laufen sie drei bis vier oder gar fünf Stunden, wenn sie nicht bei der Verfolgung geschossen werden. Sie werden schließlich im Dickicht gestellt und nehmen dabei immer die Wurzeln eines vom Sturme gefällten Baumes (wir nennen das ›hurricane root‹) als Rückendeckung. Dort verteidigen sie sich selbst gegen die größte Meute mit wütenden und sehr gefährlichen Bissen. Unsere Bären, Füchse und wilden Katzen* ermatten dagegen schnell und klettern dann immer auf Bäume, aus denen sie vor die Hunde geschüttelt werden. Unsere Sportsleute lieben jenen Teil des Jagdvergnügens am meisten, der im Schießen wilder Truthähne besteht, die, von den Hunden aufgestöbert, aus dem Sumpf abstreichen. Sie sind sehr groß, fliegen mit hoher Geschwindigkeit und schmecken ausgezeichnet. Es ist auffällig, daß die englischen Herren, die oft mit uns jagen, auf unser großes Wild sehr schlecht schießen, obwohl sie kleinere Tiere mit Leichtigkeit erlegen. Ich habe einen Herrn gekannt, der unser schnelles Flugwild ohne jeden Fehlschuß herunterholte, ›Deers‹ und Truthähne dagegen an einem Tage fünf, sechs oder gar sieben Mal fehlte. Ich führe das auf die Erregung zurück, die durch die Geschwindigkeit verursacht wird, mit der sie vorbeikommen; daran sind Fremde nicht gewöhnt. Ich habe während eines Jagdtages vierzig ›Deers‹ flüchtig werden sehen, von denen zehn Stücke außer anderem Wilde erlegt wurden. Wenn die Jagd vorüber ist, nämlich bei Einbruch der Dunkelheit, wird die Beute gleichmäßig unter alle Jagdteilnehmer verteilt, dann trennen sich die Hundeführer mit ihren Hunden von der Gesellschaft, und alle Sportsleute mit den Gästen werden zum Essen im Hause eines der Jäger eingeladen. Dabei kommt abwechselnd jeder ein-

Gegenüber
Der graue Fuchs, von dem manche frühen amerikanischen Fuchsjäger besseren Sport erhalten zu können glaubten als vom Rotfuchs.

---

* Es ist nicht klar, ob mit »wild cats« nur Luchse oder auch Pumas gemeint sind. (Anmerkung des Übersetzers)

mal dran.« Major Hazzard war in Amerika geboren und erzogen. Deshalb konnte er sich einfach nicht zum Verständnis englischer Jagdgesetze durchringen, die damals zugegebenermaßen ein besonders kompliziertes Durcheinander waren. Aus seiner Sicht war es das einzig Vernünftige, daß jeder die absolute Freiheit hatte zu jagen und zu schießen, was er wollte. Die Auswirkungen dieser Politik des für alle offenen Spieles fingen jedoch an, ihre unvermeidliche schwache Seite sichtbar zu machen. So, wie die Bevölkerung stetig zunahm, zeigte der Wildbestand eine beständige Abnahme. Es gab allerdings noch immer so viel Wild, daß jede mahnende Stimme als Schwarzseherei abgetan wurde. Im Namen der geheiligten Sache der Freiheit fühlten sich die Amerikaner berechtigt, ohne Rücksicht auf die Folgen so viel Wild zu erlegen, wie sie wollten, und zwar überall.

7 Die Jagd in England von 1780 bis heute

Im späten 18. Jahrhundert war es in England noch immer allgemeiner Brauch, daß ein oder zwei Jäger mit einem Paar Pointern oder einem Spaniel losgingen, um Flugwild »vor den Hunden« zu schießen. Obwohl dabei manchmal beträchtliche Strecken erzielt wurden, wurde die Erlegung großer Wildmengen nicht als sportlich angesehen. Ein Engländer, der Italien 1789 besuchte, beschrieb mit deutlicher Mißbilligung die Methode der Jagdausübung in Schützenlinie, die von den Italienern angewendet wurde, so daß Hunde fast überflüssig waren, es sei denn, sie wurden zum Apportieren ins Dikkicht gefallenen Wildes gebraucht. Das Prinzip, eine Dickung rund herum mit Schützen abzustellen, während sie durchgetrieben wurde, erwähnte er auch und äußerte sich folgendermaßen darüber: »Es ist in jeder Beziehung ein sehr mörderisches Verfahren.« Es geschah im Jahre 1789, daß in Holkam (Norfolk), der Heimat des großen Landwirtes Coke, die ersten Streckenlisten aufbewahrt wurden. Dies war der gleiche Coke, der, bezeichnenderweise in Jägerkleidung, eine Rede an Georg III. gehalten hatte, die sich mit der Ratsamkeit, den amerikanischen Kolonien die Unabhängigkeit zu gewähren, beschäftigte. Das erste Buch dieser historischen Serie ist ein in Pergament gebundener Folioband, der gänzlich mit einer kritzeligen, fast unleserlichen Schrift angefüllt ist. Er umfaßt die Zeit vom 2. September 1789 bis zum 9. Oktober 1798 und hält lediglich fest, wieviel Wild täglich erlegt wurde und was es für eine Verwendung fand. Durch ihn wissen wir z. B., daß Mrs. Fitzherbert, die nicht anerkannte morganatische Gemahlin des Prinzen von Wales, am 21. Oktober 1793 einen Hasen und zwei Fasanen erhielt. Am 10. Oktober 1797 bekam Sir Horatio Nelson ein Dutzend Rebhühner, einen Fasan und einen Hasen.

Obwohl East Anglia in ganz England für seine Schießfertigkeit berühmt war, Nelson aus dieser Landschaft stammte und beinahe ein Nachbar Cokes war, ist er als leichtsinniger, hitziger Schütze bekannt gewesen. Der Dichter Southey, der ihn gut kannte, schrieb: »Nelson trug seine Flinte ganz gespannt, und sobald ein Vogel aufging, ließ er fliegen, ohne das Gewehr an die Schulter zu nehmen. Es ist deshalb nicht verwunderlich, daß die Erlegung eines Rebhuhnes durch ihn von seiner Familie als eines der beachtlichsten Ereignisse in seinem Leben betrachtet und nie vergessen wurde.«

Wegen des Krieges mit Frankreich und ihrer Abschnürung vom Festlande kamen die englischen Büchsenmacher gegen Ende des 18. Jahrhunderts endlich zu Geltung und Ansehen. Anstatt weiter europäische Ideen nachzuahmen, waren sie gezwungen, eigene zu entwickeln, und ihre angeborene Erfindergabe erhielt schließlich und endlich die Zügel frei.

Die Herstellung neuer, schneller brennender Pulver ermöglichte kürzere Läufe, die damit fast ihren endgültigen Entwicklungsstand erreichten*. Solche Büchsenmacher wie Egg und Manton begannen, wirklich fein ausbalancierte Gewehre mit eleganten,

Gegenüber Eine Erlegung (»kill«) im Seymour Park, von James Seymour.

zweckmäßigen Umrissen zu bauen, deren Läufe nur etwa dreißig bis zweiunddreißig Zoll (76–81 cm) lang waren.

Noch 1784 verurteilte Oberst Thomas Thornton, der hervorragende Jäger, Falkner, Sportfischer und Schütze, die doppelläufigen Gewehre als »bloßen Schnickschnack«, aber gegen Ende des Jahrhunderts waren sie bereits etwas Alltägliches. Nachteil und Gefahr des doppelläufigen Vorderladers lagen hauptsächlich darin, daß man leicht den gleichen, unabgeschossenen Lauf noch einmal lud, wenn man nicht dauernd aufpaßte. Das Ergebnis war gewöhnlich eine Laufsprengung, verbunden mit dem möglichen Verlust von Hand, Finger oder Auge. Diese Sprengungen erfolgten gewöhnlich in einiger Entfernung vor dem Schloß und zerrissen die Schweißnaht des Laufes, wenn dieser nicht nach spanischer Art hergestellt war. Deshalb ist der Schütze auf älteren Jagddarstellungen im allgemeinen so abgebildet, daß seine linke Hand das Gewehr weit hinten in der Nähe des Schlosses anfaßt. Man tat das, um bei solchen Ereignissen, die unglücklicherweise nur allzu häufig vorkamen, jede Verletzungsgefahr möglichst auszuschalten. Als sich die Gewehrqualität gegen Ende des Jahrhunderts verbesserte, wurden die Gewehrsprengungen zunehmend seltener.

Während des kurzen Friedens von Amiens besuchte Oberst Thornton, der ein großer Franzosenfreund war, 1802 Frankreich zu Jagdzwecken. Diese Reise beschrieb er in einer Reihe unterhaltsamer Briefe an seinen Nachbarn in Yorkshire, den Grafen von Darlington. Sie wurden später in Buchform veröffentlicht.

Die Waffen, die er mitnahm, waren bemerkenswert, welchen Maßstab man auch anlegt. Es war zum Beispiel eine Windbüchse in Stockform (»air-cane«) dabei, die weit tödlicher war als moderne Luftgewehre, denn er erlegte damit auf über fünfzig Yards ein Reh. Außerdem hatte er seine ungewöhnliche sechzehnläufige Büchse mit, die einzige ihrer Art, auf die er maßlos stolz war. Als Glanzpunkt seiner Reise überreichte er Napoléon ein Paar englischer Pistolen, war aber von seinem Besuch bei den französischen Staatsbüchsenmachern nicht im mindesten beeindruckt. Durch eine Wette, die seine Mantongewehre gegen das Beste stellte, was diese herstellen konnten, bewies er überzeugend die Überlegenheit des englischen Fabrikates.

Thornton seinerseits erhielt in Frankreich ein Wolfspaar zum Geschenk. Bei seiner Rückkehr nach England schlug er vor, es als Jagdwild in der friedlichen Landschaft Yorkshires auszusetzen. Aber die Reaktion der Öffentlichkeit war so heftig, daß er gezwungen war, von seinem Vorhaben abzusehen. Sein jagdliches Programm für die Woche nach seiner Rückkehr, das er veröffentlichte, gibt uns einen Hinweis auf die erstaunliche Vielzahl der von ihm geschätzten Sportarten: »Montag: Hirschjagd, gefolgt von Hetze auf Hasen. Dienstag: Wolfs-, Hirsch- und Fuchsjagd; Stöbern. Mittwoch: Hirschjagd und Hasenhetze. Donnerstag: Wolfs-, Hirsch- und Fuchsjagd, Stöbern und Hetzen. Treffpunkt täglich in Falconers Hall, wo ein Jägerfrühstück für alle Teilnehmer gereicht wird.«

Hauptmann George Elers, ein Offizier der indischen Armee, beschrieb einen Besuch bei dem Milizobersten in Yorkshire zu etwa dieser Zeit wie folgt: »Er war ein sehr außergewöhnlicher Mensch. Er konnte Nacht für Nacht trinkend sitzenbleiben und auf

---

* Das ist ein alter, immer wieder anzutreffender Irrtum. Schwarzpulver brennt in jedem Falle schneller ab als rauchloses Pulver: Im Schrotlauf ist z. B. die Schwarzpulververbrennung nach etwa 12–15 cm Bewegung der Geschoßvorlage beendet, während rauchloses Pulver bis zu annähernd 40 cm »schiebt«. Hätte der Verfasser recht, dann hätten die Läufe nach Einführung der Nitropulver länger werden müssen, als sie je waren. (Anmerkung des Übersetzers)

seinem Stuhle schlafen, anstatt ins Bett zu gehen. Danach bestieg er sein Pferd und jagte den ganzen Tag.

Zu dieser Zeit war er über sechzig und ich, der ich erst achtundzwanzig Jahre zählte, konnte das kaum aushalten. Er besaß nicht weniger als hundertzwanzig jagende Hunde (Beagles), und an einem Tage nahmen wir einmal die ganze Meute mit hinaus. Als sie die Hügel hinuntergaloppierten, sahen ihre sich nahe beieinander wiegenden weißen und gelben Rücken wie eine Wasserfläche aus.«

Es war bezeichnend für die damalige Zeit, daß selbst er, der wohlhabende Landedelmann, in Yorkshire etwa um 1804 feststellen mußte, daß sich die Einfriedungen in seiner Heimat derartig vermehrt hatten, daß es nicht mehr genug freies Gelände gab, um seine geliebte Falkenbeize ausüben zu können. Zu gewissen Zeiten ist die Beizjagd ein Sport schnellster Bewegung, wenn nämlich der Falkner seinem eine Beute verfolgenden Vogel im Galopp querfeldein nacheilen muß. Der Erlegungsort kann von dem Platze, wo der Falke freigegeben wurde, mehrere Meilen entfernt liegen, deshalb sind weite offene Flächen ohne Hindernisse, die die Bewegungsfreiheit einschränken könnten, erforderlich. So mußte Oberst Thornton nach Wiltshire umziehen, wo er auf der Ebene von Salisbury den freien Raum fand, den er für seine Falken brauchte. Nach der Schlacht von Waterloo (1815) übersiedelte er, von Gläubigern bedrängt, nach Frankreich. Er starb im hohen Alter von sechsundsiebzig Jahren in Paris; sein Pferd und seine Hunde warteten vor der Hoteltür.

Im Jahre 1799 versuchte der Herzog von Cumberland sein Glück mit der Verwendung von Geparden auf der Jagd. Zwei dieser Tiere waren aus Indien nach Windsor gesandt worden, und der Herzog entschloß sich, sie auszuprobieren. Es wurde eine große Umzäunung in dem Park errichtet und von starken Netzen von fünfzehn Fuß (4,6

Die Falkenbeize war im England des 19. Jahrhunderts noch immer beliebt, wobei der Reiher als hauptsächliches Beutetier betrachtet wurde. Die Reiterin übergibt gerade dem Reiter in der Mitte, der bereits eins umhängen hat, ein weiteres Federspiel (Lure).

Meter) Höhe umgeben. Ein Hirsch aus dem Walde von Windsor wurde in diese Einfriedung getrieben. Dann wurde ein Gepard, der von zweien seiner indischen Wärter begleitet wurde, hineingebracht und von seiner Haube befreit. Der Hirsch senkte sein Geweih und zeigte sich kampfentschlossen. Dem Gepard gefiel dies offensichtlich gar nicht. Er wandte sich ab, setzte mühelos über das Netz, sprang durch die entsetzte Zuschauermenge und riß ein Stück Damwild, das sich in der Nähe befand. So endete, was anscheinend der einzige Versuch war, in England mit Geparden auf die Jagd zu gehen...

Im ersten Jahrzehnt des 19. Jahrhunderts traten zwei Ereignisse ein, die für die britische Fuchsjagd von großer Bedeutung waren. Das erste war die Einrichtung des Fuchshundemeuten-Zuchtbuches im Jahre 1800, das seitdem bis zum heutigen Tage auf dem laufenden gehalten wurde. Anhand dieses Buches ist es möglich, Züchtung und Vorfahren jedes in England registrierten Fuchshundes festzustellen. Durch dieses Hilfsmittel wurde die Fuchshundezucht wesentlich verbessert, und es war nun möglich, bestimmte Eigenschaften wie Nase, Geschwindigkeit und andere heranzuzüchten. Ohne dasselbe wäre es sehr fraglich, ob die Geschwindigkeit des englischen Fuchshundes bis Ende des 19. Jahrhunderts so weit hätte gesteigert werden können, daß ein Fuchs »in den ersten vierzig Minuten des Rennens zustande gejagt« werden konnte (could be burst in the first forty minutes' run). Das war ein Faktor, der in einem Lande, das durch Eisenbahnschienen und Verkehrsstraßen immer mehr zugeschnitten wurde, sehr wichtig war.

Das andere Ereignis geschah 1808 und bestand in einem berüchtigten Prozeß in Herfordshire mit weitreichenden Folgen. Die Prozeßgegner waren der Earl of Essex und sein Halbbruder, der ehrenwerte und hochwürdige William Capel, M. F. H. (Master of Foxhounds*, den ersterer nicht ausstehen konnte. Der Graf, der ein begeisterter Jagdschütze und fanatischer Wildheger war, verklagte seinen Halbbruder wegen »unerlaubten Betretens« (trespass) mit seiner Meute, den Old Berkley Foxhounds. Bis dahin hatten alle Fuchsjäger unter dem Eindruck gestanden, daß sie ein altes Gewohnheitsrecht besäßen, bei der Verfolgung von Füchsen über jedermanns Grund und Boden zu reiten. Der Graf gewann aber schließlich den Prozeß; obwohl er nur die symbolische Entschädigung von einem Schilling erhielt, hatte er seinen Kopf durchgesetzt und war hochbefriedigt.

Man fürchtete zunächst, daß damit für die Jagd zu Pferde die Totenglocke geläutet habe. In der Praxis hatte das Urteil aber genau die entgegengesetzte Wirkung, denn es zwang alle Fuchsjäger, sicherzustellen, daß jeder, über dessen Grundstück sie möglicherweise zu reiten wünschten, angemessen entschädigt wurde. Das Ergebnis war, daß jeder Landbewohner ein Freund der Jagd wurde, und es ist immer noch wahrnehmbar, daß in einer »jagenden« Grafschaft jeder Mensch freundlicher und entgegenkommender ist, als in einer »nichtjagenden«. Selbst heutzutage wird die Reitjagd vom Landvolk im allgemeinen noch kräftig unterstützt, während die Jagd mit der Flinte, die oft auch von Städtern gleichermaßen ausgeübt wird, sich in keiner Weise ebensolcher Beliebtheit erfreut.

---

* Ich kann mir kaum einen besseren Beweis für die Bedeutung der Fuchsjagd in England vorstellen als diese drei bescheiden hinter dem Namen stehenden Buchstaben M. F. H., die man etwa mit »Meutenmeister« übersetzen könnte. Auf genau die gleiche unauffällig – unterkühlte Art wird nämlich dort auf der Visitenkarte die Inhaberschaft höchster Orden und Ämter angezeigt. Ein paar Beispiele: D. S. O. (Distinguished Service Order), K. B. E. (Knight Commander of the British Empire), K. C. B. (Knight Commander of the Bath) und L. C. J. (Lord Chief Justice)! (Anmerkung des Übersetzers)

Ein gutes Beispiel für die Macht der örtlichen öffentlichen Meinung in diesen Dingen findet sich in dem Buch »Jagdliche Beobachtungen«, das von dem Master der Essex-Meute, Oberst John Cook, geschrieben und 1826 veröffentlicht wurde. Er zitierte darin den Fall eines kürzlich aus Indien zurückgekehrten »Nabobs« oder im Ruhestand lebenden reichen Handelsherrn, der ein eifriger Schütze und Wildheger war. Als er sich auf seinem gerade erworbenen Landsitz niederließ, versuchte er zunächst, die Reitjagd auf seinem Grund und Boden zu verbieten. Er merkte aber bald, daß die öffentliche Meinung in der Grafschaft gegen ihn war, wechselte schnell seine Ansichten und wurde ein feuriger Parteigänger der Hunde. Brauch und Volksmeinung waren eben stärker als das Gesetz, solange der »Master« der Meute mit den Bauern gut stand. Andererseits mußte zumindest ein »M. F. H.«, nämlich der ehrenwerte Grantley Berkeley, eine Jagd in Harrow wegen des Widerstandes der Bauern aufgeben.

Die Tagebücher eines anderen sportliebenden Obersts, Peter Hawker aus Longparish in Hampshire, werfen ebenfalls ein bemerkenswertes Licht auf die jagdlichen Verhältnisse des beginnenden 19. Jahrhunderts. Seine Beschreibung einer Reise mit der Postkutsche nach Exeter ist für uns Heutige eine wahrhaft überraschende Lektüre: »Wir waren eine köstlich vergnügte Gesellschaft, und da es kein Posttag war, hielt die Kutsche, wann auch immer wir Wild erblickten, und ich schoß während der Reise acht Hühner. Als es zum Schießen zu dunkel wurde, stieg unsere Gesellschaft auf das Wagendach und sang im Chor (in den ich mit einstimmte und dabei die Zügel führte), und Wachmann und Kutscher nahmen sehr erfolgreich teil daran.«

Im Juli 1816 schrieb er nach einem Besuch bei seinem Freunde Mr. Rising in Horsey, East Norfolk: »15. Juli. Kam von Norwich über Newmarket (110 Meilen) innerhalb 13 Stunden (!!) hier herauf mit der leichten Telegraph-Morgen-Kutsche, die die Postkutsche um nahezu fünf Stunden schlug.

N. B. Unsere Absicht bei der Reise nach Norfolk bestand darin, junge Wasservögel zu schießen..., aber da es die Gewohnheit dieser Gegend ist, in großen Treiben zu jagen, habe ich es schließlich aufgegeben zu zählen, was ich selbst erlegte, obwohl ich weit mehr Sport hatte als die anderen... die Wasserjagd war mehr als großartig. Wir schossen eine riesige Zahl von fast jeder Art See- und Sumpfvögel; dazwischen eingestreut gelegentlich guter Anlauf von Junghasen und Kaninchen, jungen Sumpfschnepfen, Kiebitzen usw. Die einzigen Vögel aber, die ich nie zuvor erlegt hatte, waren die Haubentaucher und Löffelenten, denen ich (besonders an einem gewissen Tage) großes Jagdvergnügen verdanke. Die Umstände, die das Wild hier so überreichlich gedeihen lassen, wiegen allerdings die Freude an der Jagd völlig auf: sie bestehen darin, daß Fremde durch die Furcht vor dem Tode oder der Untergrabung der Gesundheit von dem pestilenzialischen Klima ferngehalten werden! Auch ich kam unwohl nach Hause, war aber froh, noch so billig davongekommen zu sein.«

Obwohl Hawker unbestreitbar ein beachtlicher Sportsmann war, war er zu Zeiten auch ein erstaunlicher eingebildeter Kranker. Er verschafft uns jedoch in seinen Tagebüchern ein gutes Bild der damaligen Jagd. Mit Joseph Manton, dem berühmten Büchsenmacher, verband ihn eine enge Freundschaft; er studierte alle Seiten der Waffenherstellung und meisterte den größten Teil davon selbst. Seine große Liebe gehörte der Wasserjagd, die noch fast unbekannt war. Sein Buch »Ausbildung für junge Sportsleute in der Kunst des Schießens« sollte ein Verkaufsschlager werden.

Mit der Einführung des Perkussionszündhütchens im Jahre 1818 gewann das Schießen schnell an Wirksamkeit. Bei den alten Batterieschloßflinten hatte im Durchschnitt jeder dritte Schuß versagt. Die neuen Hütchen führten weiter zur Stiftzündung* (Fußnote auf S. 112) und schließlich zum Hinterlader. Wie vorauszusehen war, hatten diese neuen Waffen zunächst Gegner; sogar solche Enthusiasten wie Hawker selbst waren unter ihnen. Dieser hat allerdings geraume Zeit später in hochanständiger Weise diesen seinen Irrtum zugegeben.

Das Endergebnis dieser Neuerungen waren natürlich größere Strecken. Obwohl zugegebenermaßen auch mit Batterieschloßwaffen manchmal bemerkenswerte Zahlen erlegten Wildes zustande gekommen sind, wären die wirklich großen Strecken, wie sie gegen Ende des Jahrhunderts erzielt wurden, damit unerreichbar gewesen. Die »Strecke«, die sich ein Herzog und Mitglied des Königlichen Hauses auf einem Hühnerjagdtage des Jahres 1811 leistete, war allerdings so oder so in keiner Weise typisch. Sie sah so aus:

Erlegtes Wild:	0
Beinverletzte:	1 Beobachter leicht
Gesichtsverletzte:	1 Reitknecht schwer
auf Kopf beschossen:	1 Hut eines Freundes
dto. linke Rumpfseite:	1 Pferd

Wie der obige Auszug veranschaulicht, war dies eine Zeit grausamer sozialer Ungerechtigkeit, aber es kann kaum überraschen, daß man in Hawkers Tagebüchern kaum etwas davon bemerkt. Da er im Sinne des Jagdgesetzes von 1671 eine »qualifizierte Person« war, konnte er auf dem Grund und Boden völlig Fremder schießen bzw. jagen, wenn er nicht von dem Eigentümer oder dessen Wildhüter zum Verlassen aufgefordert wurde. Hawker prahlte häufig damit, das getan zu haben und sogar manchmal fortgelaufen zu sein, um der Aufforderung zu entgehen, damit er bei einer späteren Gelegenheit wiederkommen konnte. Das war natürlich nichts anderes als behördlich zugelassenes Wildern, obwohl andererseits im Jahre 1817 nächtliches Wildern ohne Waffe mit sieben Jahren Deportation nach Botan Bay in Australien bestraft wurde. Durch das Ende der Napoleonischen Kriege und die Nachkriegswirtschaftskrise verarmte Menschen riskierten eben lieber Kopf und Kragen, als daß sie ihre Familien verhungern sahen. Sogar Selbstschüsse und Menschenfallen konnten sie nicht abhalten. Wenn sie bei Nacht angerufen wurden, machten sich bewaffnete Wildererbanden wenig daraus, einen Wildhüter zu ermorden, um nicht gefaßt zu werden.

Ein indirektes Ergebnis dieser Zustände war, daß sich die Zahl der Entenfallen (Entenkojen) an der Küste, besonders in East Anglia, erheblich vermehrte. So eine Falle konnte leicht an irgendeinem geeigneten, sonst wertlosen Weiher oder Tümpel in den Marschen nahe der Küste errichtet werden. Sie bestand einfach aus einigen röhrenförmigen Netzen oder netzbedeckten Gräben, die sich ähnlich wie das Horn einer Kuh langsam von dem weitesten Teile nahe dem Wasser hinwegkrümmten.

Die Enten fielen auf dem Wasser ein, weil sie dort gefüttert wurden. Dann wurden sie ganz sacht dazu verleitet, der Röhre zu folgen. Dazu benutzte man häufig einen darauf abgerichteten Hund rötlicher Farbe, der an der Krümmung der Netzröhre erschien und wieder verschwand. Ihm folgten die Enten aus Neugier, aber auch wegen ihres Instinktes, einen Fuchs zu mehreren zu attackieren. Dann zeigte sich der Fallenwärter selbst,

Fußnote zu S. 111 Mit »pinfire action« ist sicher nicht das Zündnadelsystem, sondern die Lefaucheux – Patrone gemeint, die 1832 herauskam. Der dazu gehörige und erforderliche Hinterlader war im Prinzip schon vorher fertig, wir haben also hier eines der häufigen Beispiele dafür, daß eine Waffe für den »zivilen« Gebrauch den Militärkonstruktionen voraus und überlegen war. »Chemische« Zündung (Forsyth) und Zündhütchen waren ja auch Erfindungen von Zivilisten gewesen. (Anmerkung des Übersetzers)

der vorher von einem Schirm verdeckt war, die Enten flogen auf und fingen sich im engen Ende des Netzes.

In einer guten Entenfalle konnten bis zu 250 Enten am Tage gefangen werden. Es ist schriftlich belegt, daß im Jahre 1784 eine einzige holländische Entenfalle 67 000 Enten lieferte, doch das ist zweifellos eine Ausnahme gewesen. Trotzdem waren die Verheerungen, die solche Netze anrichten konnten, offensichtlich beträchtlich. Zur Zeit ihrer größten Verbreitung gab es im Lande insgesamt 160, davon 26 in Norfolk, 29 in Essex und 39 in Lincolnshire.

Zu ungefähr der gleichen Zeit war es in Skandinavien, besonders in Schweden und Finnland, sehr einträglich, die schmalen Meerengen zwischen jenen Inseln mit Netzen zu versperren, die von Seevögeln besonders stark besucht wurden. Es wurde eine ganz einfache Netzwand benutzt, die zwischen Stangen ausgespannt war. Wenn die Vögel sie erreichten, gab der Bedienungsmann das Netz frei und fing häufig mit einem Schlage so viele Vögel, daß seine Anschaffungskosten bezahlt waren. Als aber das 19. Jahrhundert begann, waren die meisten dieser Netzfallen bereits aufgegeben, weil die Vögel zu selten geworden waren. Deshalb ist es vielleicht gar nicht so überraschend, daß auch Hawker bei einem erneuten Jagdausflug im Jahre 1824, also nur acht Jahre nach seinem

Eine Entenfalle in Lincolnshire. Rechts sieht man den Gebrauch von Schirmen und einen Hund zum Hereinlocken der Enten in die Netzröhre. Links werden die Enten dem Ende der Röhre entnommen.

Seevögelnetze im Gebrauch am Wash, einem Meerbusen an der englischen Nordseeküste. Sie waren ein einfaches, aber wirksames Mittel, um Vögel zu fangen.

ersten Besuch in Norfolk, die Zahl der Wasservögel erheblich vermindert fand. Zwischen 1820 und 1840 erreichte der Überland-Kutschendienst einen immer weiter ansteigenden Standard an Leistungsfähigkeit und Geschwindigkeit. Damit bekamen die Vogelsteller die Gewißheit, daß ihre Beute noch am Tage der Absendung London erreichte, und sie verdienten ungeheuer daran. Das ergab natürlich wieder eine deutliche Rückwirkung auf den gesamten Vogelbestand. Es gibt auch wenig Zweifel daran, daß viele der Fuhrunternehmer mit Wilddieben Hand in Hand arbeiteten, und auch das machte sich bemerkbar.

Eine Veränderung der Jagdgesetze war längst überfällig, und 1827 machte man den Anfang damit, indem man Legebüchsen und Menschenfallen verbot. Im Jahre 1828 trat das »Nachtwilderergesetz« in Kraft, das eine bewaffnete Bande von drei oder mehr Mitgliedern mit einer Straße von sieben Jahren Verbannung nach Botany Bay bedrohte. Es wurde erst nach 1867 abgeschafft. Andererseits war es nun kein Vergehen mehr, nachts auf der Suche nach Kaninchen auf fremdem Grund und Boden ertappt zu werden – es sei denn, man hatte bereits welche gefangen oder getötet und führte diese als Beute mit sich.

Im Jahre 1831 revidierte das Jagdgesetz, das Wilhelm IV., teilweise durch Hawker beraten, erließ, alle bisherigen Vorschriften. Das alte Qualifikationssystem wurde nebst anderen veralteten Abnormitäten abgeschafft. Das neue Gesetz verlangte von allen Wildhändlern eine Lizenz, und das verminderte in gewissem Maße die Bedrohung durch organisierte Wilddieberei. Andererseits waren die Höchststrafen für das Wildern bei Tage nun auf fünf Pfund Sterling für das Schießen von Wild auf fremdem Boden ohne Erlaubnis, und zwei Pfund für unbefugtes Betreten bei der Suche nach Wild beschränkt. Die schwereren Strafen für bewaffnete Wildererbanden in der Nacht blieben, wie sie gewesen waren.

Obwohl das Schießen zugetriebener Moorhühner (Grouse; Lagopus scoticus) auf einigen Yorkshire-Mooren bereits seit 1805 betrieben wurde, schoß man Flugwild im allgemeinen »hinter Pointern«, d. h. auf der Suche. Eine Ausnahme scheint in Norfolk

Streife auf Rebhühner in einem Steckrübenfeld. »Melonen«, die durch Coke von Holkham, den großen Landwirt, beim Volke eingeführt worden waren, waren bei den Wildhütern sehr verbreitet.

beliebt gewesen zu sein. Dort trieb man Rebhühner in große Rübenfelder und ging dann kreisförmig auf sie zu, um ihr Herauslaufen durch die Ackerfurchen zu verhindern. Auf diese Weise konnten gute Schützen mit Schwesterflinten* und einigen ruhigen, beherrschten Hunden schon zur Vorderladerzeit erstaunliche Strecken erzielen. Als dann in Holkham um 1860 herum nach der Einführung des Hinterladers das Schießen auf getriebenes Wild in allgemeinen Gebrauch kam, gab es nur geringe Veränderungen bei deren Größe. Man hatte, wenigstens in East Anglia, endlich begriffen, daß das Erlegen von Wild eine Erntemaßnahme ist, die man alljährlich gemäß dem Wildbestand nach sorgfältiger vorausgegangener Hege vornimmt.

Wenn man dem »Sporting Magazine« von 1832 Glauben schenken will, dann hatten die Vorstehhunde zu diesem Zeitpunkt einen geradezu vorbildlichen Ausbildungsstand erreicht: »Ein Pointer oder Setter, der diesen Namen verdient, sollte leidenschaftlich, doch stetig arbeiten und das Gelände mit Sorgfalt und Verstand absuchen. Er muß auf Handzeichen oder Pfeifensignal kehrtmachen und sich auf Handbewegung, Wild oder Schuß niederlegen, auf alle Entfernungen zurückkehren, hasenrein sein, aber doch den angeschossenen Hasen, wenn nötig, verfolgen und einen erlegten oder krankgeschossenen Vogel gut wiederfinden.«

Das mag ein Ratschlag für die Erreichung von Höchstleistungen gewesen sein, aber es gab doch unzweifelhaft eine ganze Menge von Hunden, die so arbeiten konnten. Der Fang mit Netzen war längst vergessen – außer natürlich von den Wilderern, die den Rebhühnern nachts damit nachstellten. Auch jeder Unterschied zwischen Pointer und Setter war aus dem Gedächtnis verschwunden, und die ursprünglichen Gründe für ihre verschiedenen Bezeichnungen zählten kaum mehr. Bisher erwartete man jedoch von jedem Hund, daß er gleichmäßig gut vorstand, apportierte, das Gelände absuchte und Wild fand, d. h. eine gute Nase hatte. Er mußte auch fähig sein, nicht nur vom Feld, sondern auch aus der Dickung oder aus dem Wasser zu apportieren.

Die Jagd selbst änderte sich in England jenes Zeitabschnittes noch immer ziemlich schnell. Fuchshunde wurden immer beliebter. Zwischen 1815 und 1870 lag wirklich die größte Blüte der Fuchsjagd zu Pferde, und doch berichtete eine Jagdzeitschrift damals von 138 Harriermeuten zur Hasenjagd gegenüber nur 101 Fuchshundmeuten. Um 1836 hatten die Eisenbahnen begonnen, sich über das Land zu verbreiten, und bald wucherte das Netz von Schienensträngen überall hin. Das hatte u. a. zur Folge, daß große, vorher abgelegene und schwer zu erreichende Landstriche für die Jäger zugänglich wurden. Die unternehmendsten unter ihnen begannen, nach dem schottischen Hochland Ausschau zu halten.

Das Wild selbst wurde in verschiedener Hinsicht ernsthaft von dieser Entwicklung betroffen. Der letzte Trapphahn wurde 1838 in East Anglia erlegt. Im Gegensatz dazu gelang es 1837 Sir Fowell Buxton aus Norfolk, in Zusammenarbeit mit dem berühmten Naturforscher Llewellyn Lloyd in Schweden und Lord Breadalbane in Taymouth das Auerwild (»Capercailzie«) in Schottland wieder einzubürgern. Lloyd, der damals sechzig Jahre zählte, rühmte sich übrigens trotz seines Rufes als Naturkundiger, bei der Erlegung von 102 Bären in Schweden mitgewirkt zu haben.

Im Jahre 1841 klagte Hawker in seiner charakteristischen Art wie folgt über den Man-

---

* Schwesternflinten, in England schon zur Vorderladerzeit beliebt, bei uns aber fast unbekannt, sind ein in Gewicht, Gewichtsverteilung, Schaftmaßen, Abzugswiderstand, Laufbohrung usw. möglichst gleiches Flintenpaar, das vom gleichen Hersteller angefertigt wird. So ein Paar ist natürlich teurer, als zwei gleichwertige Einzelwaffen. Zur Erreichung der damit möglichen hohen Feuergeschwindigkeit ist ein trainierter Büchsenspanner (Loader) erforderlich. (Anmerkung des Übersetzers)

Hühnerjagd in einer Ern-
telandschaft; ein Gemälde
von Samuel Alkin. Die
langen Stoppeln, die die
Sense zurückließ, gaben
dem Wild gute Deckung
und den Vorstehhunden
das geeignete Gelände.

gel an Rebhühnern: »1. September. Die Bauern haben anscheinend (außer daß sie alle Weizenstoppeln abgemäht, wo die Vögel geschützt vor Regen und Sense brüten konn-ten, abgebrannt haben) eine Lösung von ein Pfund Kupfervitriol auf eine Gallone (3,8 Liter) heißen Wassers benutzt, um jeden Sack Saatweizen vor dem Brandigwerden zu schützen. Die meisten Leute glauben, daß viele Vögel durch Aufnahme dieser Körner vergiftet worden sind... so wenige Hühner gesehen und diese so scheu, daß ich nur sechs davon erlegen konnte. Ich erwartete zwar miserablen Sport, aber doch nicht so scheußlichen wie diesen.«

Es ist wirklich kaum überraschend, daß sich die britischen Jäger in der zweiten Hälfte des 19. Jahrhunderts mit immer zunehmender Begeisterung dem schottischen Hoch-lande zuwandten. Das Beispiel, das Königin Victoria und ihr Prinzgemahl Albert gege-ben hatten, genügte. Sobald diese 1848 nach Balmoral übersiedelt waren, wurde aus den Tröpfeln der Touristen eine Flut. Die Hochländer selbst, die seit der Schlacht von Culloden 1746 ständig verfolgt und aus ihren Häusern vertrieben worden waren, um Platz für die Schafzucht zu gewinnen, erlagen entweder den Versprechungen britischer Rekrutierungskommandos und starben auf fremder Erde, oder sie waren mit ihren Familien nach Nordamerika bzw. den Antipoden ausgewandert. Ironischerweise wur-den nun die Schafe, die sie verdrängt hatten, ihrerseits durch die Moorhühner und das Rotwild der Hügel vertrieben, die die ursprüngliche Tierwelt des Hochlandes gewesen waren. Das Buch »Wild Sports and Natural History of the Highlands«, das im Jahre 1845 veröffentlicht wurde, erreichte bis Ende des Jahrhunderts neun Auflagen, so groß war das Interesse am nördlichen Schottland. St. John war einer der Naturaliensammler und Naturforscher victorianischer Schule, aber er liebte auch Rotwildpirsch und Feldjagd und war sehr interessiert am Wild überhaupt. Wie seine Kollegen auch, war er gewohnt, jeden seltenen Vogel, den er erblickte, zu schießen, um ihn auszustopfen. Aber diesbezüglich benahm er sich nicht anders, als der Waliser Llewellyn Lloyd oder jeder andere seiner Zeitgenossen. Aber erst gegen Ende des 19. Jahrhunderts erreichte die Sammelwut für Eier und ausgestopfte Vögel ein solches Ausmaß, daß viele seltene Arten in die Gefahr der Ausrottung gerieten.

In den fünfziger Jahren des 19. Jahrhunderts kam der Hinterlader auf und revolutio-

nierte das gesamte Gefüge der »schießenden Jagd«. Schon zehn Jahre später hatte das Schießen auf zugetriebenes Wild die alte Methode der Suche mit Hunden (»walking up behind dogs«) weitgehend verdrängt. Anstatt die Vögel in Rübenfelder zu drücken und dann in Linie anzugehen oder vor Hunden zu schießen, ging man nun einen Schritt weiter, indem man sie daraus über die wartenden Flinten zurücktrieb. Wie zu erwarten, gab es ein paar Unerschütterliche, die bei der alten Form des »Schießens vor den Hunden« blieben, genau wie es andere gab, die zum Vorderlader hielten, aber ihre Zahl nahm mit jedem Jahre ab.

Man muß schon zugeben, daß die ersten Lefaucheux-Hinterlader (»pin-fire breechloaders«) einige Gründe zur Kritik boten. Zunächst einmal waren sie schwerer als die Vorderlader, und ihre Gewichtsverteilung war ungünstiger. Viele der ersten Verschlußsysteme waren auch nicht so kräftig, wie sie es hätten sein sollen. Wenn diese Flinten abgeschossen wurden, klaffte der Verschluß gefährlich auseinander, ein Fehler, der unvermeidlich immer schlimmer wurde, je mehr sie gebraucht waren. Andererseits gab es nun nicht mehr die Gefahr von Laufsprengungen durch fahrlässiges Doppelladen oder die Möglichkeit, daß glimmende Pulverreste im Lauf die Pulverflasche zum Explodieren brachten. Die Hinterlader ließen sich auch viel leichter reinigen, und es war ganz einfach zu prüfen, ob Erde oder Schnee in die Läufe geraten war; ein solches Hindernis konnte beim Schießen zu einer gefährlichen Laufsprengung führen.

»Königlicher Sport« von Sir Edwin Landseer. Das Bild zeigt Königin Victoria und Prinz Albert vor einem Hochlandhintergrund mit der Strecke des Prinzen.

Um 1866 herum hatten die Zentralfeuer-Hahngewehre mit verschiedenen Verschluß-
konstruktionen die Lefaucheuxflinten völlig verdrängt*. Sie wurden mit Läufen aus
»Damast« hergestellt. Dieses Material bestand aus mosaikartig zusammengeschweiß-
ten Weicheisen- und Stahlstreifen, die in vielen Arbeitsgängen (je mehr, um so besser
und teurer!) in glühendem Zustande verdreht, miteinander verschweißt und schließlich
als »gewundener« Lauf um einen Dorn geschmiedet wurden. Mit Schäften aus bestem
zirkassischem Nußbaumholz und fein gravierten Verschlüssen zählten diese Flinten zu
den schönsten und besten Beispielen der Büchsenmacherkunst überhaupt. Die englischen Gewehre hatten nunmehr einen weltweiten Ruf. Namen, wie Purdey, Lang, Lan-
caster, Boss, Dickson, Greener, Rigby, Holland & Holland und Webley & Scott, waren
damals sämtlich berühmt und sind auch heute noch unvergessen.
Der nächste wichtige Fortschritt bei der Gewehrherstellung war die Würgebohrung,
durch die endlich, nach jahrhundertelangen Versuchen, ein Lauf dazu gebracht werden
konnte, je nach Wunsch einen größeren oder kleineren Streukreis zu liefern. Würge-
bohrungsläufe wurden zuerst 1874 erfolgreich von W. W. Greener hergestellt. Dann
kam nur noch die Erfindung des Selbstspannergewehres mit Ejektor im Jahre 1875
hinzu. Von 1880 an hat es in der Jagdwaffenerzeugung nur noch wenig Änderungen
gegeben. Die doppelläufige Querflinte sieht heute noch in allen Einzelheiten genauso
aus wie damals.

* Diese Behauptung ist recht anfechtbar. Der alte Oberländer spricht in seinem »Lehrprinzen«
davon, daß die Lefaucheuxgewehre erst in den 80er Jahren völlig verdrängt waren. Patronen dafür
sind bis weit in das zwanzigste Jahrhundert hinein hergestellt worden. Die Festigkeit des Ver-
schlusses ist überdies unabhängig davon, ob Lefaucheux- oder Zentralfeuerpatronen verwendet
werden. Sollte hier vielleicht die Tatsache mitsprechen, daß das Zentralfeuersystem in England
entstand? (Anmerkung des Übersetzers)

Die Auswirkung dieser Verbesserungen bestand u. a. darin, daß die Wildhege neuen Antrieb bekam. Die Wildhüter der Victorianischen Zeit waren angewiesen, jeden Falken, jedes Hermelin, jedes Wiesel und jedes andere als Räuber in Betracht kommende Tier zu töten – immer ausgenommen natürlich den Fuchs in den »jagenden« Grafschaften, wo er gewöhnlich sorgfältig für die Reitjagd aufgespart wurde. Federwild, besonders Fasane, wurde in immer größerer Zahl aufgezogen, denn das geradezu besessene Verlangen nach Rekordstrecken wurde bald vorherrschend. Unsere victorianischen Vorfahren taten eben nur selten etwas halb . . .

Die Einführung der Freihandelspolitik im Jahre 1875 brachte der Blüte der Landwirtschaft, die von 1815 an gedauert hatte, ein jähes Ende. Billiges Getreide aus dem »Weizengürtel« der Vereinigten Staaten wurde schiffsladungsweise eingeführt, und die englischen Bauern konnten damit einfach nicht konkurrieren. Als dann 1889 auch billiges Fleisch aus Argentinien hinzukam, sahen sich viele Bauern einem Nichts gegenüber. Viele erkannten, daß der jagdliche Wert ihres Landbesitzes größer war als der landwirtschaftliche, aber das konnte den Pachtbauern wenig helfen, denn sie hatten ja keinerlei Jagdrechte zu vergeben. Das Bodenwildgesetz (Ground Game Act) von 1880 verschaffte ihnen wenigstens etwas Schutz und Erleichterung, denn danach waren sie berechtigt, auf ihrem Pachtboden Kaninchen und Hasen zu schießen und in Fallen oder Schlingen zu fangen. Durch eine besondere Gesetzesklausel war sichergestellt, daß der Pachtbauer dieses Recht nicht an andere weitergeben, d. h. weiterverpachten konnte. Obwohl man behauptete, daß auf diese Weise eine riesige Zahl von Hasen geschossen und gefangen würden, scheint der Kaninchenbesatz darunter kaum gelitten zu haben. Natürlich haben viele Bauern, besonders jene, die auf gerade noch rentablem Boden saßen, während der anschließenden langen Landwirtschaftskrise fast ganz von Kaninchen gelebt, indem sie sie entweder selbst verzehrten oder verkauften. Sie waren buchstäblich dazu gezwungen, Kaninchen »anzubauen«, da weder Viehzucht noch Getreide etwas abwarfen. Für eine diesbezügliche chaotische Periode stand also tatsächlich die Landwirtschaft der Jagd an Bedeutung nach.

Die Bauern in den Steinwall-Landstrichen von Yorkshire, Westmoreland und Lancashire, wo es noch Kaninchenfallgruben alter Art gab, müssen diese während jener Zeit als Einrichtungen von beträchtlichem Wert angesehen haben. Diese Gruben wurden bereits von Reverend William Barker Daniel in seinem Buche »Rural Sports« (»Ländliche Sportarten«) beschrieben, das 1801 herausgekommen war. Da sie im Grunde dazu dienten, auf bequeme Art und Weise Kaninchen zu »ernten«, ist es wahrscheinlich, daß sie ursprünglich einer nördlichen kirchlichen Einrichtung der Vorreformationszeit dienten. Aber ihrem Wesen nach waren sie sogar praktische Anwendungen der alten Steinzeitmethoden.

Eine Fläche von ungefähr einem Acker (Acre = 4047 qm), die geeignet nahe bei einem großen Wildreservat gelegen war, wurde mit Steinwänden umschlossen. In jeder dieser Mauern gab es einen Tunneleingang für die Kaninchen, und in jedem dieser Tunnel eine hölzerne Falltür über einer Grube beträchtlichen Ausmaßes, nämlich etwa sechs bis sieben Fuß (1,8 bis 2,1 Meter) tief und entsprechend lang und breit. Die hölzernen Falltüren bestanden aus zwei Hälften, die normalerweise durch eine Arretiervorrichtung fest zusammengehalten wurden. Jede Hälfte war etwas beschwert, so daß sie sofort nachgab, wenn das geringste Gewicht daraufkam, und sich dann automatisch wieder schloß (mit »beschwert« sind offensichtlich Gewichte gemeint). Jeder Versuch des Kaninchens, sich durch einen Sprung zu retten, führte nur dazu, daß es von der Tunneldecke in die Fallgrube zurückprallte. Der Zugang zu dieser für den Fallensteller führte durch eine besondere Falltür.

Die ummauerte Fläche wurde systematisch mit Futter beschickt, wenn draußen die Äsung knapp war, so daß die Kaninchen aus dem Wildreservat sie bald in beträchtlicher Zahl aufsuchten. Dann wurden die Arretiervorrichtungen geöffnet, und auf diese Weise konnten bis zu hundert Kaninchen am Tage gefangen werden. Richtig und regelmäßig benutzt, konnten solche Fallen ein stetiges Einkommen sichern, und sie stellten bei der Bewertung eines bäuerlichen Besitzes oft einen beträchtlichen Faktor dar. Die Landwirtschaftskrise erzeugte schon durch die zunehmenden Brachlandflächen eine ständige Vermehrung der Kaninchenzahl im Lande, die mit einem wechselseitigen Zunehmen damit zusammenhängenden Kleingewerbes Hand in Hand ging. Dazu gehörten Fallenstellen, Wildbret- und Fellhandel, Kürschnerei, Hutherstellung und Filzfabrikation, um nur einige wenige zu nennen. Im frühen zwanzigsten Jahrhundert schätzte man, daß ein acre (der schon erwähnte Acker oder Morgen von 4047 qm) hundert Kaninchen ernähren kann, was zu einigen überraschenden statistischen Zahlen führte. So häuften sich z. B. in einer Saison bei einem einzigen Londoner Kürschner zehn Tonnen Kaninchenschwänze an, mit denen er nichts anzufangen wußte, und bei einer einzigen Jagd wurden am gleichen Tage von denselben Jagdteilnehmern siebentausend Kaninchen geschossen. Solche Zahlen zeigen besser als Worte, welche Bedeutung das Kaninchen auf dem Lande damals besaß.

In der zweiten Hälfte des 19. Jahrhunderts wurde die Ausweitung des Eisenbahnnetzes mit seinen tiefen Geländeeinschnitten und den schnaubenden Dampflokomotiven, die die Pferde erschreckten, als Ende der Jagd zu Pferde betrachtet. Statt dessen ver-

Kaninchenjäger; Foto von Grundy, 1857. Während des 19. Jahrhunderts waren viele arme Landbewohner fast ganz auf die Kaninchen als Existenzgrundlage angewiesen.

schaffte sie den reisenden Jägern beiderlei Geschlechts, die wirklich passioniert waren, eine viel größere Auswahl an Jagdgelände. Pferd und Reiter konnten per Bahn in aller Bequemlichkeit zu weit entfernten Treffpunkten reisen. Diese Möglichkeit half besonders den leidenschaftlichen Jägern, die in Städten wohnten. Sie konnten ihre Pferde auf dem Lande in Pflege geben und selbst einen Zug nehmen, wenn sie jagen wollten. So hatten die Eisenbahnen, anstatt die Jagden zu begrenzen, die entgegengesetzte Wirkung: mehr Menschen konnten mit einer größeren Anzahl von Meuten jagen.

Eine viel größere Bedrohung dieser Jagdart war die Erfindung des Stacheldrahtes in den Vereinigten Staaten im Jahre 1875. Er erschien in England in den achtziger Jahren zum ersten Mal in beträchtlicher Menge, und eine Zeitlang sah es so aus, als ob die Unglücksverkünder recht behalten würden, die der Jagd das Ende prophezeiten. Die Einzäunung mit Stacheldraht war eine billige und wirksame Methode, und die Bauern waren gezwungen, sie anzuwenden, auch wenn sie sie noch so verabscheuten. Sie konnten jedoch »Jagdzäune« (»hunt fences«) und durch Normaldraht ausgefüllte Lücken im Stacheldraht anbringen, über die die Reiter ohne Gefährdung springen konnten. Für keinen Sport, der sich auf die Unterstützung und den guten Willen der Landbevölkerung verlassen konnte, war es wahrscheinlich, daß er durch Dinge unmöglich gemacht wurde, über die die Bauern weitgehend nach eigenem Ermessen verfügen konnten. Der Stacheldraht erwies sich als lästig, aber kaum mehr als das.

Man kann sagen, daß bereits in den achtziger Jahren das Zeitalter Eduards VII. begann. Es war die Zeit der Rekordstrecken, in der die Jäger mit der Flinte vom Donnerstag abend bis zum Dienstag morgen unterwegs waren, in der Jagdgesellschaften zu den Jagdhäusern im Schottischen Hochland reisten, um dort den Dreikönigstag und die Pirsch auf Rotwild zu erleben. Es war auch die Epoche, in der eine Großwildsafari in Afrika oder die Erlegung eines Tigers in Indien gleichbedeutend mit der »Großen Europareise« des Jahrhunderts zuvor wurde. Zugetriebenes Wild, besonders Flugwild, zu schießen war nun die einzige »sportliche« Möglichkeit, wie die meisten Jäger dachten, und die oberen Zehntausend betrachteten die Jagden in den Midlands (»the shires« = Leicestershire, Rutland und Northamptonshire) als die schnellsten und schneidigsten, an denen man teilnehmen konnte. Unter den Damen und Herren, die damals ritten und schossen, waren erstklassige Reiter und Jäger. Aber Reiten und Schießen waren durch starke Klassengrenzen umschlossen, die nur sehr schwer zu überwinden waren.

Das Schießen zugetriebenen Wildes wurde bald zu einer »Wissenschaft« erniedrigt. Moor- und Rebhuhntreibjagden erforderten beide beträchtliche Schießfertigkeit – es sei denn, die Vögel waren jung oder so weit getrieben worden, daß sie erschöpft waren ... Also wurden viele Moorhuhnstrecken bereits Anfang August gemacht, wenn viele der Ketten kaum beflogen waren und man sie wirklich hätte in Ruhe lassen sollen. Ebenso waren die Rebhühner im September, obwohl nach dem Gesetz »offen«, oft kaum entwickelt genug, um wirklichen Sport zu bieten. Wenn sie am gleichen Tage mehr als einmal über die Flinten getrieben wurden, war ihre Geschwindigkeit beträchtlich geringer, so daß der Schuß viel leichter war.

Getriebene Fasanen erforderten Wälder, die in geeigneten Schonungen bzw. Jagen angeordnet waren, um den Schützen die sportlichsten Schußmöglichkeiten zu bieten. Das Prinzip war, die zugetriebenen Vögel den Schützen so kommen zu lassen, daß diese mit den raffiniertesten, schwierigsten Zielen versorgt wurden. So wurden z. B. kleine Gebüsche auf Hügeln oder Kuppen durchgetrieben, während die Schützen im Tal warteten. Im Flachland, wie in East Anglia, war das nicht immer möglich, und bei manchen Treibjagden auf Fasane tat man sogar das Gegenteil, indem man die Tiere überfütterte, so daß die Treiber sie am Schluß des Treibens fast in die Luft heben mußten, damit sie schwerfällig über die Flinten flatterten und feierlich den anwachsenden Leichenbergen neben den Schützen hinzugefügt werden konnten. Große Strecken, die unter solchen Umständen erzielt wurden, wurden von jedem wirklichen Sportsmann ausschließlich mit Verachtung angesehen.

Im Jahre 1876 machte sich der Maharadscha Dulip Singh auf dem berühmten Landsitz Elveden in Norfolk systematisch daran, Rekordstrecken aufzustellen. Er erlegte nicht weniger als 789 Rebhühner mit 1000 Schüssen an einem Tage und machte dann weiter, um in neun Tagen zu einem Gesamtergebnis von 2350 Hühnern zu kommen. Sein Freund, Lord Walsingham, stellte ihn jedoch am 30. August 1888 noch in den Schatten, als er auf dem Blubberhouse Moor eigenhändig 1070 Moorhühner schoß. Er benutzte vier Flinten und zwei Büchsenspanner, um zwanzig Treiben in einen Tag hineinpressen zu können. Man kann nicht leugnen, daß das eine ungewöhnliche Glanzleistung an Ausdauer war, ganz zu schweigen von der Schießfertigkeit. Aber es gibt auch keinen Zweifel daran, daß dem edlen Herren am nächsten Tage der Schädel gebrummt haben dürfte...

Prinz Dulip Singh, Lord Walsingham, Lord Ripon und der wahrhaftig mit einem außerordentlich passenden Namen ausgestattete Lord Huntingfield (etwa »Jagdfeld«; freier, aber m. E. noch besser übersetzt, »Lord Jagdrevier«. D. Ü.) gehörten zu dem erlesenen Kreise hervorragender Schützen, die gleichzeitig enge Freunde Eduards, des Prinzen von Wales, waren. Sie halfen bei vielen Wochenendjagden, die königliche Strecke im schottischen Balmoral oder in Sandringham in East Anglia zu vermehren. Es ist leicht, die Schießgewohnheiten des Prinzen von Wales zu kritisieren, aber sie waren immerhin besser, als die jenes Herzogs aus königlichem Geblüt, von denen der Leser weiter oben gehört hat. Für die wahren Sportsleute waren solche Treiben auf Zuchtfasane allerdings etwas Hassenswertes.

Eine andere Seite dieser neuen Form der Jagd mit der Flinte bestand in gesteigertem Interesse an Hunden, insbesondere Apportierern. Im Jahre 1873 wurde der Kennel Club gegründet, der bezüglich der Hunde gleiche Oberaufsicht und Entscheidungsgewalt erhielt, wie der Jockey Club sie in Rennangelegenheiten besaß. Mochten auch die alten Jäger klagen, daß Apportierhunde auf den Mooren dreißig Jahre früher niemals erforderlich gewesen seien: es blieb die Tatsache bestehen, daß die veränderten Jagdmethoden sie nun unentbehrlich machten.

Die erste Hundeprüfung, die 1865 in Southill bei Bedford auf der Besitzung des Mr. S. M. Whitbread durchgeführt wurde, betraf doch ausschließlich Pointer und Setter. Von hundert möglichen Punkten gab es bis zu vierzig für gute Nase, dreißig für Tempo und Reichweite, zehn für Temperament, zehn für Festigkeit vorn und zehn für Festigkeit hinten. Das war an sich ein Beweis dafür, daß es zu jener Zeit genug Leute gab, die Vorstehhundearbeit schätzten. Aber nur etwa ein Jahrzehnt später beherrschten die Apportierhunde unangefochten das Feld.

Die letzten Jahre der Regierung der Königin Victoria und die gesamte Regierungszeit Eduards VII. waren ein Zeitalter, das sich durch soziale Unterschiede und starre Klassenschranken weitgehend lächerlich bzw. unglaubwürdig machte. Obwohl Menschenfallen als ungesetzlich erklärt worden waren, war die gesellschaftliche Welt, einschließlich der Jagd zu Pferde oder mit der Waffe, voller verborgener »Fallgruben« für Unvorsichtige. Das Mitreiten hinter einer »provinziellen« Meute reichte aus, um einen Menschen in den Augen jener Leute zu verdammen, die die Jagd gegenüber gesellschaftlichen Erwägungen als zweitrangig ansahen. Das »Schießen über Vorstehhunden«, anstatt sich das Federwild zutreiben zu lassen, wurde von manchen als gesell-

schaftlicher Fauxpas angesehen und zwar ohne Rücksicht darauf, was die Betroffenen dabei an Jägerfreuden gehabt hatten. Natürlich kümmerte sich der wahre Sportsmann einen Dreck um diese gesellschaftlichen Ziereien und amüsierte sich bloß über die kindische Aufgeblasenheit der Betreffenden, aber für viele waren sie bedeutsam genug. Die Jagd als solche litt natürlich darunter.

Erfreulicherweise gab es einige Sportarten, die von diesen kleinlichen Vornehmtuereien faktisch unberührt blieben, weil sie entweder nur für eine begrenzte Zahl von Enthusiasten anziehend waren, wie es bei der Falknerei der Fall war, oder weil sie als Spezialistensportarten angesehen wurden, die außerhalb der gesellschaftlichen Schranken standen. Zu den letzteren gehörte das Hasenhetzen (Coursing). Anfang des Jahrhunderts gab es zahlreiche Hasenjagdclubs, von denen der älteste der Swaffham Coursing Club war, den Lord Orford 1766 gegründet hatte. Der bekannteste war wahrscheinlich der Altcar Club, gegründet von Lord Sefton 1825 auf seiner Besitzung nahe bei Liverpool. Erst 1858 wurde ein National Coursing Club mit ähnlicher Satzung wie der Jockey Club ins Leben gerufen, der die nationalen Regeln für diesen Sport festlegte. Durch diese wurde die Wettbewerbsprobe zweier Hunde und nicht das Einfangen des Wildes sein kennzeichnendes Ziel. Das ist es bis zum heutigen Tage geblieben.

Der Waterloo-Pokal, ursprünglich 1836 von dem Eigentümer des Waterloo-Hotels in

Eine königliche Jagdgesellschaft im Walde von Windsor. Eduard VII. war ein passionierter Jäger, und einige der letzten großen Strecken in England wurden auf seinen Wochenendjagden erzielt.

123

Hasenhetzen blieb auch im 19. Jahrhundert ein volkstümlicher Sport, bei dem keinerlei gesellschaftliche Unterschiede eine Rolle spielten, wie es bei vielen anderen Sportarten der Fall war. Das eigentliche Ziel wurde nun ein Wettrennen zwischen den Hunden, nicht mehr das Fangen des Hasen.

Liverpool für ein Rennen von acht Hunden gestiftet, wurde 1857 statt dessen bei einem Wettkampf von 64 Vierbeinern vergeben und somit das Gegenstück zum Derby beim Pferderennen. Im Jahre 1882 kam ein Zuchtbuch heraus, aber das Bodenwildgesetz hatte damals das »Coursing« bereits äußerst nachteilig beeinflußt. Durch seine Auswirkungen waren Ländereien mit ausreichendem Hasenbesatz viel schwerer zu finden, und gegen Ende des Jahrhunderts hatte die Volkstümlichkeit dieser Sportart beträchtlich abgenommen, obwohl sie noch immer eine begeisterte Minderheit von Anhängern besaß.

Eine Jagdart, die erst in der zweiten Hälfte des 19. Jahrhunderts wirklich bekannt wurde, war die Pirsch auf Rotwild im Schottischen Hochland. Sie ist seitdem immer nur bei wenigen beliebt gewesen, weil sie ohnehin einerseits durch die geringe Wildmenge begrenzt war, andererseits sowohl große Begeisterung als auch eine ausgezeichnete körperliche Verfassung erfordert. Eine Menge hängt dabei vom Gelände und den sonstigen Umständen ab: nicht eine einzige Pirsch gleicht einer anderen. Und gerade darin liegt das Packende dieses Sports!

In der Zeit Eduards VII. hatten einige englische Besitzer von Jagdhäusern, die, über das ganze Hochland verteilt, wie Pilze aus dem Boden geschossen waren, die körperlichen Anstrengungen der Pirsch auf ein Minimum herabgesetzt. In der Nacht davor wurden Jagdgehilfen (»ghillies«) auf die umliegenden Berggipfel entsandt, die die Aufgabe hatten, am Morgen durch das Zeigen verschieden gefärbter Flaggen mitzuteilen, ob von ihrem Aussichtspunkt aus ein jagdbarer Hirsch sichtbar war, an den man sich leicht heranarbeiten konnte oder nicht. Als später das Telefon entwickelt war, wurden Leitungen zu allen diesen Aussichtspunkten gelegt, damit die Jagdhelfer über die

Bedingungen und Möglichkeiten berichten konnten. Dann führte der Oberjäger (»chief stalker«) den englischen Grundherrn oder dessen Gast auf dem Rücken eines trittsicheren Hochlandponys bis auf Anpirschentfernung zu dem bestätigten Hirsch. Dann ging bzw. kroch er beim Anpirschen so nahe wie nur möglich voran und überreichte am Schluß die geladene Büchse.

Wenn der Hirsch erlegt war, wurde er formlos aufgebrochen und auf den Rücken eines anderen Ponys verladen, während man den Schützen feierlich beglückwünschte. Dieser bestieg dann wieder sein Pony und wurde, ohne Zweifel mit gut brennender Zigarre und im Hochgefühl einer vorbildlich ausgeführten Heldentat, den Hügel hinuntergeleitet. Zu gegebener Zeit würde später das Geweih oder das präparierte Haupt die Wände seines Hauses zieren ...

Die andere Möglichkeit war die, eine wahre Trophäe durch harte Mühsal zu erwerben. Wenn es stark regnete, wie das häufig der Fall war, war der Pirschgänger bald bis auf die Haut durchnäßt. Ein Tag, auf fruchtloser Pirsch unter solchen Wetterbedingungen damit verbracht, Berge von viertausend Fuß (1200 m) Höhe mit felsiger Oberfläche oder rutschendem Geröll hinauf- und wieder hinabzuklettern, überzeugte viele, daß das nicht das Richtige für sie war. Wenn ein Hirsch erlegt war, mußte er noch zu einer Stelle geschafft werden, wo er auf ein Pony oder in ein Boot verladen werden konnte. Das konnte man entweder dem Jagdhelfer überlassen oder sich die Arbeit teilen. Der Jäger von echtem Schrot und Korn half immer bei dem schweren Schleppen. Zusätzlich zu einem ohnehin anstrengenden Marschtage von fünfzehn oder gar zwanzig Meilen (24–32 km) konnte das wirklich zu einer harten Zerreißprobe werden. Es gab eben bei diesem Sport nur wenig gesellschaftliche Vergnügungen ...

Ein Als-Ob-Sport, der sowohl von den Snobs als auch von den Jägern mit einigem Mißtrauen betrachtet wurde, war das Schießen auf lebende Tauben. Man erzählt, es sei im Wirtshaus »Alte Hüte« in Ealing entstanden, das so genannt wurde, weil man dort alte Hüte über Tauben in Erdlöcher steckte. Diese Kopfbedeckungen wurden dann an langen Schnüren zurückgezogen, die man an ihren Rändern befestigt hatte, sie dienten also als eine Art einfacher Vorrichtung, um die Tauben vor den wartenden Schützen freizugeben. Der Schütze mußte seinen Vogel so treffen, daß er innerhalb eines Halbkreises von etwa 30 Yards (27,4 Meter) herunterfiel. Bei diesen Veranstaltungen kamen alle Klassen und Stände miteinander in Berührung, und oft wurden bei Wettkämpfen zwischen bekannten Schützen hohe Summen auf die Gewinner gesetzt.

Natürlich zogen die hohen Geldpreise bald berufsmäßig Schützen an und begünstigten alle nur vorstellbaren Arten von Mogeleien. Erst als es festgelegte Regeln für Flintenausmaße, -bohrung und -ladung gab, wie sie von solchen Clubs, wie Hurlingham in den fünfziger Jahren und dem Notting Hill Gun Club, 1861 festgelegt wurden, verbesserte sich die Lage. Zu dieser Zeit waren die Wettkämpfe bereits in hohem Grade durchorganisiert; man benutzte besonders für diesen Zweck aufgezogene Felsentauben und Schnellverschlüsse für ihre Freilassung. Aber das nun einmal mitspielende Element der Grausamkeit hatte auch begonnen, bei vielen Leuten Bedenken gegen diese Art des Schießsportes hervorzurufen.

Als 1875 im Ranelagh Club das Schießen auf »unbelebte Vögel« (»inanimate bird shooting«) eingeführt wurde, war das der Anfang vom Ende für das Schießen auf lebende Tauben. Zunächst wurden mit Federn gefüllte Glasbälle und andere Wurfobjekte als Ersatz benutzt, aber schließlich wurde die moderne Wurftaube entwickelt. Die »Inanimate Bird Shooting Association« wurde 1893 gegründet, und 1909 wurde das Schießen lebender Tauben in Großbritannien schließlich gesetzlich verboten. In Monaco, Italien und Spanien blieb es dagegen noch lange beliebt.

Eine der ältesten Methoden, die beim Schießen lebender Tauben angewendet wurden: Eine einfache Klappe läßt die Tiere vor den wartenden Schützen frei. Später wurden Wurftauben anstatt lebender Vögel benutzt.

Wenn man das Zeitalter Eduards VII. ganz verstehen will, muß man sich auch der Statistik bedienen. Die Bevölkerung des Vereinigten Königreiches bestand 1750 aus ungefähr sechs Millionen Menschen. Um 1800 waren es etwa elf Millionen, 1870 über siebenundzwanzig Millionen und gegen 1911 über zweiundvierzig Millionen. Als Ergebnis der industriellen Revolution war nun ein gewaltiger Teil der Bevölkerung in Städten geboren worden und aufgewachsen. Er hatte keinerlei Verständnis für das Landleben und seine Sportarten.

Dieser enorme Bevölkerungszuwachs war ein ganz neuer Faktor und wirkte auf viele Gebiete des gesellschaftlichen Lebens ein. Auf dem Lande bestand der Gegensatz nun nicht mehr einfach zwischen reich und arm, Landedelmann und Wilddieb, Besitzendem und Habenichts. Diese Trennungslinien hatte es ja immer gegeben. Die Entfremdung ging jetzt tiefer und war radikaler: Sie bestand nun auch zwischen Land und Stadt sowie zwischen Wissenden und Unwissenden. Die Gegnerschaft zu Hetzjagd und Schießen hatte vorher auf Neid beruht, sie besaß aber immerhin einen gesunden Hintergrund von Wissen über diese Dinge. Nun gründete sie sich auf Gefühle, ohne daß wirkliches Verständnis für die dabei berührten Probleme vorhanden war.

Die eigensinnige und kurzsichtige Haltung vieler führender Sportsleute gegenüber der neuen Kritik verbesserte nicht gerade die Situation. Im Krimkriege ist der ebenso heroische wie unvernünftige Angriff der Leichten Brigade durch genau die gleichen Reaktionen veranlaßt worden. So schrieb z. B. der Herzog von Beaufort zur Verteidigung der Fuchsjagd über den Fuchs: »Gejagt muß er werden, wenn er in England überhaupt existieren soll. Das ist sein Daseinszweck, und wenn man ihn selber über die Angelegenheit befragen würde, würde er es wahrscheinlich nicht anders haben wollen...« Kommentare dieser Art wurden unvermeidlich Gegenstand der Satire für Intellektuelle wie Oscar Wilde. Das ursprüngliche Epigramm Popes auf die Fuchsjäger: »die mit Eifer verfolgen, was des Fangens nicht wert ist« wurde von Wilde in seiner witzigen, viel zitierten Beschreibung der Fuchshetze folgendermaßen neu formuliert: »Die Jagd auf den Ungenießbaren durch die nicht in Worte zu Fassenden«* (Fußnote auf S. 127). Inmitten all dieser lärmenden Erregung blieb die leise mahnende Stimme der praktischen Erfahrung allzuoft ungehört. So blieb z. B. die Tatsache, daß sich die Geschwindigkeit der Hunde seit Beginn des Jahrhunderts ungeheuer gesteigert hatte, so daß die meisten Erlegungen innerhalb von zwei Stunden geschahen, fast unbemerkt, außer natürlich bei den Verständigen.

126

Es war damals bereits bemerkbar geworden, daß die vielen Jahre intensiver Hege und Raubwildbekämpfung die in Freiheit lebende Tierwelt auf dem Lande nachhaltig beeinflußt hatte. Viele einst zahlreich vorkommende Greifvögel und sonstige Tiere waren von Jagdaufsehern und Naturaliensammlern derartig verfolgt worden, daß sie dem Aussterben nahe waren. Z. B. konnte man den Fischadler nicht mehr sehen, und der Marder war fast ausgerottet. Bereits 1903 wurde eine Gesellschaft zur Erhaltung der Tierwelt gegründet, aber sie hatte anfangs nur wenig Einfluß auf die öffentliche Meinung. Nur ein paar weitblickende Sportsleute und Naturkundige sahen die Notwendigkeit dafür ein, daß man zur Änderung dieses einseitigen Vorgehens etwas unternehmen mußte.

Die Starrheit der Ansichten jener Zeit wird vielleicht dadurch versinnbildlicht, daß die Spanielfreunde damals die größte Mühe hatten, für die Gebrauchshundeigenschaften ihrer Vierbeiner Anerkennung zu erlangen. Als Gebrauchshunde (gundogs) waren ja

Eine Jagdversammlung (»meet«) im Jahre 1908. Die Dame im Damensattel, die Kutsche und die Jagdhelfer erinnern sämtlich an eine vergangene Zeit. Im ersten Weltkrieg kam die Fuchsjagd zum Stillstand, erlangte aber danach schnell ihre Beliebtheit zurück.

Fußnote zu S. 126 Das Original »The pursuit of the uneatable by the unspeakable« ist leider weder in seiner herrlichen Reimähnlichkeit noch in seiner vollen Bedeutung übertragbar. »Unspeakables« wären Unaussprechliche oder Unbeschreibliche, aber im Deutschen fehlt die abgrundtiefe Verachtung, die dem englischen Wort innewohnt. Die bewußt beleidigende Ironie der Sentenz kommt nur im Original ganz zum Ausdruck. Kein Wunder, daß Wilde nur wenig Freunde hatte, als er sie später so dringend brauchte! (Anmerkung des Übersetzers)

bereits Pointer und Setter einerseits, Apportierhunde (retriever) andererseits klassifiziert! Es erforderte viele hitzige Debatten, bis der Spaniel schließlich als dritte Kategorie unter der Bezeichnung »utility gundog« (etwa: »Flintengebrauchshund«) akzeptiert wurde.

Vielleicht wichtiger als alle anderen Ereignisse des 19. Jahrhunderts war das Erscheinen der ersten Automobile auf den Straßen im Jahre 1892. Gegen Ende der Ära Eduards VII. verließ 1903 dann auch die Flugmaschine der Gebrüder Wright endlich erstmals den Boden. Als Georg V. 1910 den Thron bestieg, gab es bereits eine ganze Menge Autos, und das Fliegen war eine anerkannte Tatsache.

Auch Selbstladeflinten* wurden nun hergestellt, und eine riesige Anzahl billiger belgischer Flinten überschwemmte den Markt. Die Kaninchen hatten die jahrzehntelange Unterstützung des Menschen dazu benutzt, sich in manchen Gegenden bis zu Landplageausmaßen zu vermehren, und waren nun die Grundlage einer blühenden Industrie. Stacheldraht wurde im ganzen Lande verwendet, aber das Reiten in den Fuchsjagdgrafschaften und das Schießen in East Anglia oder im Hochmoorland genügten noch immer hohen Ansprüchen. Aber der große Krieg beendete 1914 das alles.

Schon der Burenkrieg zwischen 1899 und 1902 hatte den gesamten Staat in einem Ausmaß betroffen, wie eigentlich kein anderer Krieg je zuvor, aber die sportliche Einstellung der Landbevölkerung war dabei im wesentlichen unverändert geblieben. Es mochten vertraute Gesichter fehlen, manche für immer, manche von der Tropensonne gebräunt wiederkehrend, aber die Jagd zu Pferde und mit der Flinte blieb davon, im Grunde genommen, unberührt. Im ersten Weltkrieg von 1914–1918 wurde dagegen alles mit knirschenden Zahnrädern zum Stillstand gebracht. Jäger und Jagdaufseher, Herr und Knecht wurden Soldat, als man das Ausmaß der Auseinandersetzung richtig einzuschätzen begann. Die Hunde wurden größtenteils getötet und nur Stamm-Zuchtmeuten beibehalten. Die Jagdpferde wurden für die Kavallerie requiriert. Zum ersten Male traten Frauen als Meutenleiterinnen (Masters of Foxhounds) auf und machten weiter, solange der Krieg dauerte. Das Schießen auf Wild hörte auf, ein Sport zu sein: Es war nun wieder ein Mittel zur Nahrungsbeschaffung. Die Wildhege war unterbrochen, und das Wildern nahm überhand. Für eine kurze Zeit ließ man die Landbevölkerung wieder ungestört, und der Ackerbau erlangte seine alte Bedeutung zurück, als die deutschen U-Boote Englands Lebensmittelversorgung bedrohten.

Mit dem Ende des Krieges kamen dessen unvermeidliche Nachwirkungen. Die Erholung war langsam und schmerzhaft, und hohe Besteuerung sowie inflationäre Preissteigerungen bei den Lebenshaltungskosten machten die alte, geräumig-großzügige Lebensweise der Zeit Eduards VII. für die meisten Leute unerschwinglich. In den ersten zwanziger Jahren opferte man die Landwirtschaft aufs neue dem städtischen Geschrei nach billigen Lebensmitteln, und Englands Bauern waren damit wieder einmal auf die Kaninchenproduktion angewiesen, wenn sie überleben wollten...

Die Kluft zwischen Stadt und Land war breiter und tiefer denn je; als Beispiel dafür mag die Gründung einer Liga gegen »grausame Sportarten« dienen. Ein hysterisches Nebenprodukt der Kriegsspannung kombiniert mit einer verborgen gespeicherten Feindschaft gegenüber Klassenunterschieden, die der Städterseele mit der Jagd verbunden schienen, die alte puritanische Engstirnigkeit und ein emotionsbetontes Mitgefühl für die gejagte Kreatur: alles das verschmolz sich in einer Minderheitsgruppe, die

---

* Der Verfasser schreibt zwar »repeating shotguns«, meint aber sicher nicht Repetierflinten. Diese gab es zwar in den USA bereits vor der Jahrhundertwende, sie sind aber damals kaum nach Europa einschließlich England gekommen. Dagegen trat die Browning – Selbstladeflinte im Jahre 1905 ihren Siegeszug auf dem Kontinent an. (Anmerkung des Übersetzers)

kräftig und lautstark antijagdlich auftrat. Sie erwies sich wider Erwarten jedoch als gute Sache, indem sie in den zwanziger Jahren genügend Lärm machte, um etwa 1930 die Gründung der »British Field Sports Society« zu veranlassen. Deren Ziele bestanden in der Förderung aller Freiluftsportarten wie Jagen und Fischen und in ihrem Schutz vor Angriffen. Damit waren die alten Gegensätze zwischen Reit- und Schießjagd endlich überwunden und vergessen.

Auf dem Lande gab es während der zwanziger und dreißiger Jahre eine allmähliche Erholung von dem Nachkriegsverfall. Trotz des Stacheldrahtes, der sich überall ausgebreitet hatte, trotz der riesigen Vermehrung der Kraftfahrzeuge, die die Jagd zu Pferde behinderten, begannen die meisten Jagdgesellschaften wieder aufzuleben. Die Jagd zu Fuß hinter Beagles wurde beliebt, aber obwohl auch Meuten von Otterhunden und Harriern fortfuhren, Vergnügen zu bereiten, und die Rotwildjagd im Exmoor im Westen des Landes ihre Anhänger behielt, blieb die Fuchsjagd zu Pferde doch die verbreitetste Jagdart. In den letzten der dreißiger Jahre gab es wieder 401 Meuten dafür auf den Britischen Inseln, verglichen mit den 426 vor dem Kriege. Die Jagd mochte nicht mehr die gleiche sein, aber an Schwung fehlte es nicht.

Was das Schießen anbetraf, waren die meisten alten Landbesitzer gezwungen worden, ihre Reviere an Zusammenschlüsse von Freunden oder Geschäftsleuten zu verpachten, die sich die Unterhaltskosten teilten. Solche Syndikate hatte man schon in der Vorkriegszeit gekannt, damals aber darüber die Stirn gerunzelt. Nun erwiesen sie sich zur Aufrechterhaltung des Sports als vernünftiger Kompromiß zwischen Aufgeben und Fortführung in möglichst der alten Weise. Zugegeben, es gab gewöhnlich weniger Jagd-

»Jagdgesellschaft in einem Steckrübenfeld«, ein Gemälde von Sir Alfred Munnings. In den dreißiger Jahren war diese Jagdart in der Ebene kaum noch anzutreffen, wohl aber konnte man sie auf den Hochmooren noch beobachten.

aufseher als in den großzügigen alten Tagen, und es wurde auch möglicherweise weniger Federwild aufgezogen, aber das war vielleicht gar nicht so schlecht.

Im Jahre 1939 kam dann der zweite Weltkrieg, und das Land als Ganzes wurde noch viel stärker durch den totalen Krieg in Mitleidenschaft gezogen. Vielerorts hörte die Jagd gänzlich auf, und Hundemeuten wie Zuchtpferde wurden massenweise abgeschlachtet. Nur der Kern einer Meute blieb da und dort als wirksames Mittel zur Kurzhaltung der Füchse erhalten. Wieder einmal war der Ackerbau von ausschlaggebender Bedeutung für das Überleben der Nation. Und auch das Schießen war wieder Mittel zur Nahrungsbeschaffung, nur gab es so gut wie gar keine Patronen. Sowohl Jagdaufseher wie Wilderer waren im Kriege. Die Nation kämpfte Schulter an Schulter um ihre nackte Existenz.

Mit dem Kriegsende 1945 kam nur langsam die Erkenntnis, daß endlich alles vorüber war. Wie ein Echo der Vorkriegshysterie gab es aber fast sofort wieder einen Ausbruch jagdfeindlicher Auseinandersetzungen. Diese beruhten aus beinahe identischen Gründen auf der Unwissenheit über das auf dem Spiele Stehende und vielleicht auch auf dem »idealistischen« Wunsche, in das Leben und Treiben anderer einzugreifen. Diesmal wurde tatsächlich sogar dem Parlament ein Gesetzentwurf zugeleitet, der eingestandenermaßen das Ziel verfolgte, die Jagd mit Pferd oder Waffe und schließlich sogar den Fischfang zu verbieten. Er hatte die Wirkung, alle Freunde dieser Sportarten aufzurütteln, und die Vorlage wurde mit großer Mehrheit abgelehnt. Aber ein Warnsignal war damit immerhin gegeben worden.

Ein vernünftigeres Stück Gesetzgebung, nämlich das Vogelschutzgesetz, das 1947 eingebracht und 1954 verabschiedet wurde, war eine längst überfällige Einschränkungsmaßnahme, die von allen Sportsleuten und Landbewohnern begrüßt wurde. Es machte das Sammeln von Eiern aus den Nestern geschützter Vogelarten sowie das Schießen dieser Vögel selbst zur strafbaren Handlung. Damit endete die Vogel- und Eiersammelei, die, obwohl schon seit den Tagen der Königin Victoria abnehmend, doch skandalöse Ausmaße angenommen und die selteneren Vogelarten ernsthaft bedroht hatte.

In den fünfziger und sechziger Jahren wurden in Großbritannien verschiedene Strömungen fühlbar, die die Jagd beeinflußten. Im Jahre 1950 war die Bevölkerung über die Fünfzigmillionengrenze hinausexplodiert. Jedes Jahr wurden über 35000 acres (über 14000 Hektar!) guten Bauernlandes, das entspricht etwa 60 Kensington Gardens und Hyde Parks zusammengenommen, in betonierte Autostraßen, neue Städte oder Bauland umgewandelt. Man schätzte, daß ein Kraftfahrzeug auf je 25 Yards (22,86 Meter) Straßenlänge im Lande entfiel. War das an sich schon schlimm genug, so vermehrten sich diese Zahlen auch noch mit erschreckender Geschwindigkeit.

Infolge der einer Bestrafung gleichkommenden Besteuerung und der Nachkriegsinflation gab es einen weiteren Zerfall bei den großen Besitzungen, die den ersten Weltkrieg überlebt hatten. Das Interesse an formlosem Schießen (»rough shooting«) ohne Ausgaben für Jagdaufseher und organisierte Treiber hatte sich vermehrt. Deutsche kurzhaarige Vorstehhunde waren von ehemaligen Soldaten mitgebracht worden und bewährten sich gut in Gebieten ohne Jagdaufsicht, wo es wenig Wild gab.

Diese Deutsch-Kurzhaar-Hunde (German Shorthaired Pointers) wurden in den fünfziger Jahren vom Kennel Club als »gundogs« anerkannt. Damit waren sie die erste Rasse, der diese Ehre seit der Anerkennung des gelben Labradors vierzig Jahre zuvor zuteil wurde. Die Gruppeneinteilung der Hunde für die Jagd mit der Flinte war bis dahin seit der Jahrhundertwende unverändert geblieben: es gab Pointer, Setter, Retriever und Spaniels. Mit der Anerkennung des Deutsch-Kurzhaars »und jener Rassen, die jagen, vorstehen und bringen« ließ der Kennel Club in Wahrheit eine vierte Kategorie zu, den Vorsteher-Apportierer. Das Rad hatte sich damit seit dem frühen neunzehnten Jahrhundert, als man diese Eigenschaften noch von jedem Jagdhunde erwartete, um volle 360 Grad gedreht.

Eine fast unbemerkt gebliebene neue Jagdart der fünfziger Jahre war die erfolgreiche Entwicklung der sogenannten »Caldra-Methode« zum Kaninchenfang durch Sir Eric de la Rue in Berwickshire. Nach zehnjährigen Versuchen gelang es ihm, den Netzfang dergestalt zu vereinfachen, daß er eine gummibereifte Schubkarre voller Netze im Schrittempo um ein Feld schieben und dabei die Netze aufstellen konnte, bis eine Fläche von einer Meile (1,6 km) Umfang eingeschlossen war. Mit dieser Methode erzielte er aufsehenerregende Fänge von mehreren hundert Kaninchen auf einmal in Gebieten, die man vorher unmöglich von Kaninchen hätte säubern können. Das war der erste wirkliche Fortschritt des Jahrhunderts auf dem Gebiete des Fangens und Fallenstellens. Unglücklicherweise war die Idee kaum in die Tat umgesetzt, als die Myxomatose den Kaninchenbesatz auf ein Minimum herabsetzte.

Vom Standpunkt des Jägers aus war die Einschleppung der Myxomatose das Hauptereignis der fünfziger Jahre. Die Krankheit kam 1953 aus Frankreich herüber und blieb bis 1954 einigermaßen unter Kontrolle, aber danach breitete sie sich schnell über das ganze Land aus. Es handelte sich um eine im Laboratorium absichtlich entwickelte Infektionskrankheit, die dazu dienen sollte, eine bestimmte Tierart zu töten. Aber ihre wahrhaft erschreckende Seite lag darin, daß sie anfänglich unglücklicherweise von einem französischen Wissenschaftler verbreitet wurde, der lediglich sein eigenes kleines Grundstück von Kaninchen befreien wollte.

Die klinische Beschreibung der Myxomatose sagt, daß diese eine Inkubationszeit von fünf bis sechs Tagen hat, bis eine wässerige Ausscheidung aus den Augen auftritt. Diese verdickt sich innerhalb eines oder zweier Tage zu Eiter, die Augenlider schwellen an und kleben aneinander. Es können weitere Schwellungen an der Ohrenbasis, der Nase, dem Kinn, um den After herum, an den Genitalien und an Körper und Läufen auftreten. Der Tod tritt gewöhnlich innerhalb von elf bis achtzehn Tagen nach der Infektion ein, und die Sterblichkeitsziffer beträgt unter Laboratoriumsbedingungen 99,5 Prozent.

Niemand, der die Auswirkungen dieser Seuche auf dem Lande aus der Nähe beobachtet hat, kommt um die unangenehme Frage herum, was geschehen könnte, wenn der Erreger mutieren und die Krankheit Menschen oder andere Tiere befallen würde. Es ist allerdings zuzugeben, daß die Kaninchen eine große Plage waren und irgendein Mittel, sie im Zaum zu halten, dringend erforderlich war. Der Kaninchenfang und die davon abhängigen Gewerbe und Industrien, auf etwa 15 Millionen Pfund geschätzt, waren nun zugrunde gerichtet; dagegen profitierte die Landwirtschaft um jährlich 50 Millionen Pfund. Beide Zahlen sind allerdings jenem Zweifel unterworfen, der bei Schätzungen solcher Art immer am Platze ist.

Auf lange Sicht war es vielleicht am schwerwiegendsten, daß die Landbevölkerung, voll Bitterkeit und Feindseligkeit, zwischen denen, die die Ausbreitung der Seuche unterstützten, und jenen, die sie verabscheuten, aufgespalten wurde. So gab es neben dem Schaden auch manchen Streit.

Rund ein Jahrzehnt später ist es nun möglich, zu einem objektiven Urteil zu kommen. Die Krankheit diente dem Zweck, die ländlichen Gebiete von Kaninchen zu befreien in einem Ausmaße, daß sie nun im Bedarfsfall leicht durch Fallen, Netze, Vergasen oder Abschuß kurzgehalten werden können. Die Ausbreitung neuer Abarten der Seuche erhöht lediglich die Immunität der Kaninchen und ist nicht hundertprozentig wirksam. Schon wegen ihrer Wirkungslosigkeit im Endeffekt, wenn nicht aus anderen

Hunde und Reiterschar brechen auf dem Gelände von Petworth House auf. Den Auswirkungen des zweiten Weltkrieges und der zunehmenden Industrialisierung des Landes zum Trotz, gedieh die Jagd zu Pferde in den fünfziger und sechziger Jahren weiter.

Gründen, muß man sie also negativ beurteilen. Wenn der Fang und andere Kontrollmaßnahmen nicht gefördert werden, wird das Kaninchen bald wieder genau so eine Plage sein wie vor der Myxomatose. Vom reinen Jägerstandpunkt aus sind Kaninchen natürlich immer willkommen, da sie Abwechslung in einen sonst langweiligen Jagdtag bringen.

Trotz der Vermehrung der Autostraßen, der Elektrifizierung der Eisenbahnen und der Verstädterung der Landschaft hat die Jagd zu Pferde nicht nur überlebt – sie gedeiht sogar! Die Zunahme der Ponyklubs hat die Unterstützung künftiger Generationen sichergestellt, obwohl die Anzahl der Pferde im Lande erheblich zurückgegangen ist. Trotz aller Erschwerungen ist die Zahl der Fuchshundmeuten stetig angestiegen, bis es wieder über zweihundert gab.

Mit dem Import billiger Flinten aus Spanien, der Sowjetunion und den USA sowie der

beunruhigenden Zunahme der Kraftfahrzeuge hat die Jagd mit der Waffe ebenfalls an Beliebtheit enorm zugenommen. Nichts ist nun noch so abgelegen, daß man es nicht besuchen könnte, wenn man will. Das Wildern mit schallgedämpften Kleinkaliberwaffen, die mit Zielfernrohren versehen sind, wurde immer verbreiteter. Im Küstenvorland gab es zu viele »Marschencowboys«.

So wurde die Registrierung aller Flinten unvermeidlich, und im Jahre 1968 kam eine Vorlage durch, die diese zum Gesetz machte.

Die »Wildfowlers Association of Great Britain and Ireland« mit ihren angegliederten Klubs hat viel dazu beigetragen, verantwortungsloses jagdliches Verhalten zu bekämpfen, dafür zeugt allein schon die riesige Mitgliederzunahme. Einige angeschlossene Klubs bieten ihren Mitgliedern Gelegenheit zur Suchjagd sowie zum Wurftaubenschießen und ziehen Enten und anderes Wild auf. Die Nachfrage nach Schießgelegenheiten nimmt zu, und entsprechend steigen die Preise.

Es ist eben unvermeidbar, daß eine das Angebot übersteigende Nachfrage dazu führt, daß man ein Geschäft daraus macht. So kann man z. B. Moorhühner, die es nur in Großbritannien gibt (Red Grouse, Lagopus scoticus), an manchen Orten für fünf Pfund täglich erlegen, während anderswo dafür pro Woche über tausend Pfund auf den Tisch geblättert werden müssen. Die Pirsch auf Rotwild kann man in einigen Gegenden für zehn Pfund täglich ausüben, in anderen kostet sie über hundert! Die Zukunft dürfte hier den im Hochland gelegenen Hotels gehören, die einen Wochenaufenthalt mit verschiedenen Jagdgelegenheiten zu einem Pauschalpreis anbieten. Mit 64 000 acres (25 500 Hektar) bergiger Rotwildwälder und Moorgebiete ist das zum Jagdhaus umgewandelte Besitztum des Herzogs von Fife wohl ein typisches Beispiel für diese Entwicklungsrichtung.

Ein gutes Omen für die Jagd in Großbritannien ist die zunehmende Beliebtheit der »Wildmesse« (Game Fair), die durch die ganzen sechziger Jahre hindurch von der »County Landowners' Association« alljährlich veranstaltet wurde. Indem sie Sportsleute aller Art dazu anregte, sich auch für die Ausübung und die Belange anderer »field sports« zu interessieren und einzusetzen, hat sie allen Beteiligten einen großen Dienst erwiesen. Hetzjagd, Schießen, Angeln und Falknerei waren sämtlich vertreten, und die alten Vorurteile gegen die Jäger, Reiter und Sportfischer als »besondere Leute« haben endlich abzubröckeln begonnen, weil die Menschen anfingen zu begreifen, daß der Jägerinstinkt in uns allen schlummert.

Eine indirekte Wirkung scheint das Wiederaufleben der »British Field Sports Society« als lohnendes Unternehmen zu sein. Jahrelang hatte sie im Sterben gelegen. Jetzt ist sie genesen und so munter, daß sie Bedrohungen der von ihr vertretenen Sportarten bereits entgegentritt, bevor diese Gestalt annehmen. Zum ersten Male in ihrer Geschichte scheint sie unparteiisch allen Beteiligten zu Hilfe zu kommen, bevor noch eine Krise sie zum Handeln zwingt. Auch das ist ein gutes Zeichen für die Zukunft. Man muß allerdings zugeben, daß alle Jagdarten künftig unvermeidlich durch das beschränkt und behindert sein werden, was man beschönigend »modernen Umweltdruck« nennt und was, deutlicher ausgesprochen, heißt, daß es zu viele Menschen, zu wenig Grund und Boden und zuviel Verschmutzung gibt. Autostraßen und elektrifizierte Eisenbahnstrecken haben ebenso wie Flughäfen und neue Städte viel gutes Gelände für die Jagd zu Pferde unbrauchbar gemacht bzw. verschlungen. Deshalb muß der Trend von nun an von den schnelleren und großen Hunden des vergangenen Jahrhunderts fort und zu den alten kleinen, langsamen Hunden der Zeit Elisabeths zurückgehen. Die Bassetmeute Mr. Robert Ways in der Nähe von Newmarket verschafft bereits guten Sport und ist richtungweisend für die Zukunft. Ebenfalls guten Sport kann

man bei den Hundesuchen im Norden genießen, wo jeder Hund sich mit allen anderen bei der Verfolgung einer Schleppspur mißt. Solche Schleppen werden in den stark besiedelten Gegenden unseres Landes vielleicht künftig die echte Jagd ersetzen, aber irgendeine Art von Jagd wird es immer geben.

Die Kosten für die Jagd mit der Waffe werden sich bis zu dem Grade erhöhen, wo Vereinigungen für ihre Mitglieder große Gebiete übernehmen. Das Wurftaubenschießen, die Benutzung von Jagdfarmen und Hotels, die eigene Reviere anzubieten haben, werden in der Zukunft immer beliebter werden. Solange der Sport nicht auf Kosten des Wildes allzu künstlich wird, muß man das wohl gelten lassen.

Gegenüber Moorhuhnschießen in den Yorkshire Moors. Das Schießen hat nichts von seiner Beliebtheit eingebüßt, und es gibt dafür in vielen Teilen Großbritanniens noch immer gute Möglichkeiten.

8 Die Jagd auf dem Kontinent von 1780 bis heute

Gegenüber Französische Saujagdszene, von Baron Karl Reille. Die gewundenen Hörner werden geblasen, um die Hunde anzufeuern, von denen einer, von den grausamen Keilerwaffen verwundet, am Boden liegt.

Eine der Hauptursachen der Französischen Revolution von 1789 war die Dekadenz der herrschenden Klassen, die auf dem Gebiete der Jagd zunehmend sichtbarer geworden war. Das Recht der Jagdausübung war in Frankreich immer mehr auf die Person des Königs beschränkt worden. Niemand außer ihm besaß z. B. das Recht, Vorstehhunde zu besitzen. Die aristokratischen Mitglieder des Hofes hatten notgedrungen an den Jagdszenen teilgenommen, die bereits beschrieben wurden: das geschah auf Befehl des Königs. Hier bestand ein direkter Gegensatz zu England, das bereits ein Jahrhundert zuvor eine Revolution unter Cromwell gehabt hatte und wo die Jagd, weit entfernt von einer Konzentration in der Hand des Königs, von der Masse des Volkes ausgeübt wurde. Das Recht, Wild zu erlegen, war mit dem Grundbesitz verbunden, obwohl Meuten mit allgemeiner Zustimmung überall dort jagen durften, wohin ihre Beute flüchtete.

Ein bemerkenswerter und äußerst sportlicher Überlebender der Französischen Revolution war der Comte de Songeons auf Schloß de l'Hermite, Eure, der bis 1774 »Hauptmann der kleinen Jagd« (Capitaine de la petite vénerie) der Könige von Frankreich gewesen war; in diesem Jahre war das Amt abgeschafft worden. Die Familie hatte altes historisch belegtes Jägerblut und fuhr auch nach der Aufhebung ihres Erbamtes durch die ganze Zeit der Revolution hindurch fort, mit der eigenen Meute zu jagen. Die örtlichen Bauern verschonten sie mit der Begründung, daß sie unschätzbare Wolfsvernichter seien und als solche fortfahren sollten, dem Staate zu dienen. Es waren sicher auch ausgezeichnete, wohlwollende Grundherren, aber das ist hier Nebensache. Was die Familie rettete, waren ihre Leistungen auf der Jagd: Während sie sogar noch angespornt wurde, weiter zu jagen, wanderten ihre nicht jagenden Zeit- und Standesgenossen zur Guillotine.

Der Graf de Songeons jagte neben Wölfen und Wildschweinen, wie es damals Brauch war, sicher auch Rot-, Reh- und Damwild, Füchse und Hasen sowie alles andere vorkommende Wild mit der gleichen Hundemeute. Die riesigen Waldgebiete, die einen großen Teil Frankreichs bedeckten, machten das Jagen schwierig. Das Vorhandensein breiter Reitwege in diesen Wäldern und die komplizierten Fanfarensignale aus den kreisförmigen französischen Jagdhörnern waren andere Merkmale, durch die sich die Jagd auf dem Festlande erheblich von der in England damals ausgeübten unterschied. Die Jagdfanfare bei dem »Jägerrecht« (La Curée, Halali oder auch Erlegung) war eine kunstvolle, erregende Komposition, die längere Zeit dauerte und in Wald und Feld widerhallte.

Das unmittelbare Ergebnis der Revolution in Frankreich bestand darin, daß die meisten großen Besitzungen in einen völlig verwahrlosten Zustand verfielen. Die Wildhege

Für die Wiener Aristokratie inszenierte Sau-»Jagd« im Jahre 1791. Bis zu der Revolution von 1848 gab es jagdliche Freuden für gewöhnliche Sterbliche in Österreich und Deutschland so gut wie gar nicht.

war dort, wo sie vorher existiert hatte, mehr oder weniger zum Erliegen gekommen, denn es gab sehr wenige Ausnahmen in der Art des Grafen de Songeons. Das Wildern grassierte überall, da den »Rechten des Bürgers« auf die Erbeutung von Fasanen, Hasen oder anderem Wild aus den Wäldern wenig oder gar kein Einhalt geboten wurde. Das galt auch für diejenigen Waldungen, die, wenn auch nicht eingehegt, doch einwandfrei nicht für die Öffentlichkeit bestimmt gewesen waren.

Eine Nebenwirkung bestand in einer beträchtlichen Vermehrung der Wölfe in Europa. Die Verwüstungen, die die Napoleonischen Kriege in Europa anrichteten, trugen zu deren Zahl noch mehr bei. Zur Zeit der Schlacht von Waterloo waren Wölfe wieder einmal ein ernstes Problem in vielen Teilen Europas. Darunter hatten vor allem die ohnehin schwer bedrängten Bauern zu leiden.

Die Auswirkungen von französischer Revolution und Napoleonischen Kriegen auf die Reit- und Schießjagd in Frankreich waren zusammengenommen beinahe verhängnisvoll. Auf seiner Jagdreise in Frankreich während des Friedens von Amiens 1802 äußerte sich Oberst Thomas Thornton, obwohl er ausgesprochen franzosenfreundlich war, über das auffallende Fehlen von Rot- und anderem Wilde dort, wo er vorher reichlich davon gesehen hatte. Er machte auch Bemerkungen über die offensichtliche Vernachlässigung und den baufälligen Zustand vieler der großen Besitzungen. Andere Zeiterscheinungen, die ihm besonders auffielen, waren die schlechte Qualität der französischen Büchsenmacherarbeit und der extrem niedrige Standard von Hundezucht und Hundeleistung im ganzen Lande. Und Frankreich war doch, wie wir gesehen haben, in den vorausgegangenen zwei Jahrhunderten sowohl in bezug auf das Schießen als auch in der Entwicklung der Waffenherstellung führend gewesen, während die Hunde Ludwigs XIV, nach strenger Auswahl gezüchtet und mit großer Sorgfalt behandelt worden waren!

Trotz seiner abfälligen Äußerungen scheint Oberst Thornton in Frankreich beträchtliche Waidmannsfreuden genossen zu haben. Hören wir, wie er in seinem gewöhnlichen genießerischen Stil eine Wolfsjagd im August im Walde von Berci beschreibt, bei der er seine eigenen Fuchshunder benutzte, die er mit hinübergenommen hatte: »Die große Hitze ... hinderte uns nicht daran, uns um vier Uhr in den Wald zu stürzen, und wir stöberten bald einen Wolf auf, den wir fünf oder sechs Meilen weit vor Augen hatten. Es gab aber keine Wahrscheinlichkeit dafür, daß wir ihn anders als durch Schießen erlegen konnten, und das war gar nicht so einfach, weil die Dickungen aus Unterholz und Heidekraut außergewöhnlich undurchdringlich waren. Man hatte die Reitwege seit der Revolution völlig vernachlässigt.

Ich hörte mehrere Schüsse aus verschiedenen Richtungen und einige davon so nahe beieinander, daß ich nicht annahm, sie seien auf das gleiche Stück Wild abgegeben worden; aber das Geläut kam zurück, und ich sah nahe bei mir etwas vorbeihuschen. Dann kamen die Jäger heran und teilten mir mit, daß sie auf einen Wolf geschossen hätten, und einer aus der Gesellschaft sagte in frohlockendem Tone, daß er darauf vertraue, ihn tödlich verletzt zu haben. Ich hatte einundzwanzig Kugeln in meinem siebenläufigen Gewehr* und baute darauf, daß ich im Falle eines auch nur ein bißchen von Dekkung freien Schußfeldes das Wild verwunden würde.

Wir nahmen unsere Plätze auf den Schneisen ein und einigten uns (wie es erforderlich ist), nur nach vorwärts zu schießen. Nach ungefähr einer halben Stunde hörte ich das Bellen der Hunde nicht mehr und sprengte deshalb in lebhafter Gangart zwei Meilen weiter vorwärts, wo ich die Hunde wieder hören konnte, wenn auch nur schwach. Nachdem ich mich an einen m. E. günstigen Paß gestellt hatte, hörte ich ein Rascheln und entdeckte bald ein Tier, das etwa sechzig Yards entfernt verhoffte. Aufgeregt, wie ich in diesem Augenblick war, konnte ich mich nicht entscheiden, ob ich schießen sollte oder nicht. Ich war sicher, daß einige der Kugeln treffen würden, aber da das Geläut näher kam, beschloß ich zu warten, und nach kurzer Zeit kam richtig mein »Gentleman« über die Allee. Er schien erschöpft und war offensichtlich hinten getroffen. Ich feuerte nun, konnte aber nicht sagen, ob mit Erfolg oder nicht ... Ich dachte mir, daß ich ihn mit Sicherheit krankgeschossen hätte, deshalb bestieg ich wieder mein Pferd und stieß Jagdrufe aus, daß der Wald widerhallte. Nach knapp einer Viertelstunde erschienen drei meiner Hunde dicht beieinander ... sie folgten dem Wolf mit schnellen Sätzen, waren aber immer noch beinahe stumm.

Nachdem ich zum nächsten Reitweg galoppiert war, traf ich dort auf zwei andere versprengte Jagdteilnehmer und schließlich auf den Jagdleiter ... Wenn ich wie ein Irrer gebrüllt hatte, dann war er im Blasen gewiß nicht weit hinter mir, denn ich glaubte wirklich, er würde entweder sich oder sein Horn auseinandersprengen. Der Rest der Jäger, der mit Hörnern ausgerüstet war, blies vertraulich mit, und der Lärm, den sie zusammen machten, ist mir bis auf den heutigen Tag nicht mehr aus meinen Ohren gegangen.

* Ebenso wie die im vorigen Kapitel erwähnte vierzehnläufige Büchse war das natürlich keine Waffe, aus der man in beliebigem Abstand hintereinander sieben- bzw. vierzehnmal schießen konnte. Wir sind ja 1802 noch in der Epoche der Batterieschloßwaffen! Es handelt sich um Salvengewehre (volley guns), bei denen das Schloß den mittleren Lauf zündete, der seinerseits durch Zündkanäle mit den äußeren Läufen verbunden war, so daß diese fast gleichzeitig losgingen. Thornton hatte in jeden Lauf drei Kugeln geladen: Das Ergebnis muß eine Art Super-Postenschuß gewesen sein. (Anmerkung des Übersetzers)

Ein weiterer Schuß verkündete, daß das Wild von neuem gesichtet worden war. Als der Wolf »kürzer« wurde und die Hunde ihm näher kamen, schlug ich vor, nicht mehr zu schießen, da sie ihn bald eingeholt haben würden, und dem stimmte man höflich zu. Der Wolf wurde nun häufig gesehen, und die Hörner meldeten das jedesmal... selbst einige der französischen Hunde, die die Jagd bereits aufgegeben hatten, machten nun wieder mit; einer von ihnen, eine Kreuzung von Neufundländer und tiefstimmigem Normannenhund, arbeitete sehr gut... der Wolf wandte sich uns zu... Ich schrie, der Jagdleiter blies los, und das Tier war nun dem Tode nahe, umgeben von seinen Feinden... Der Normannenhund und drei andere stürzten sich auf ihn und warfen ihn auf den Rücken... sie packten ihn an der Gurgel und am Rücken... Ich stieß den Griff meiner Peitsche (Diese Peitsche war mit einer Klappsäge versehen; ein notwendiges Zubehör bei der Jagd in England. Da es in den Jagdrevieren Frankreichs aber weder Tore noch Koppeln gibt, habe ich in diesem Lande wenig Gebrauch davon machen können.) in seinen Rachen, und der Jagdleiter band ihm kaltblütig den Fang zu und zog sein »couteau de chasse« (Hirschfänger)...«

Thornton schrieb, wie immer, reizvoll und genau über seine Jagd. Später ging er auch die Felder ab, um Rebhühner, Schnepfen und anderes Federwild vor seinen Pointern zu schießen, aber der größte Teil seiner Jagden scheint aus der eben beschriebenen Art von Reitjagd mit Hunden und Gewehren im Walde bestanden zu haben. Auf diese Weise schoß er auch einen Keiler und einen Rehbock. Man nannte diese Jagdart, die in den viele Quadratmeilen großen Wäldern die einzig mögliche war, »chasse à tir«. Nach dem Friedensschluß von 1815 begann sich Europa langsam von den Verheerungen des Krieges zu erholen.

Die Jagd in Frankreich war zu dieser Zeit, ebenso wie in England, noch eine Angelegenheit von Landedelleuten und kleineren Landbesitzern. Die »Equipage« oder »Jagdeinrichtung« war dabei Privateigentum eines Landbesitzers und konnte von einem halben Dutzend verschiedenrassiger Hunde bis zu einer prunkenden, an-

Die Fuchsjagd wurde in Frankreich im 19. Jahrhundert oft so ausgeübt, daß die Jäger den Hunden zu Fuß und mit Flinten folgten, um damit das gestellte Tier zu schießen.

Gegenüber »Das Abfangen«, ein von J. B. Oudry für Ludwig XV. entworfener Gobelin.
Umseitig Hasenhetze im Hatfield Park, nach einem Stich von James Pollard.

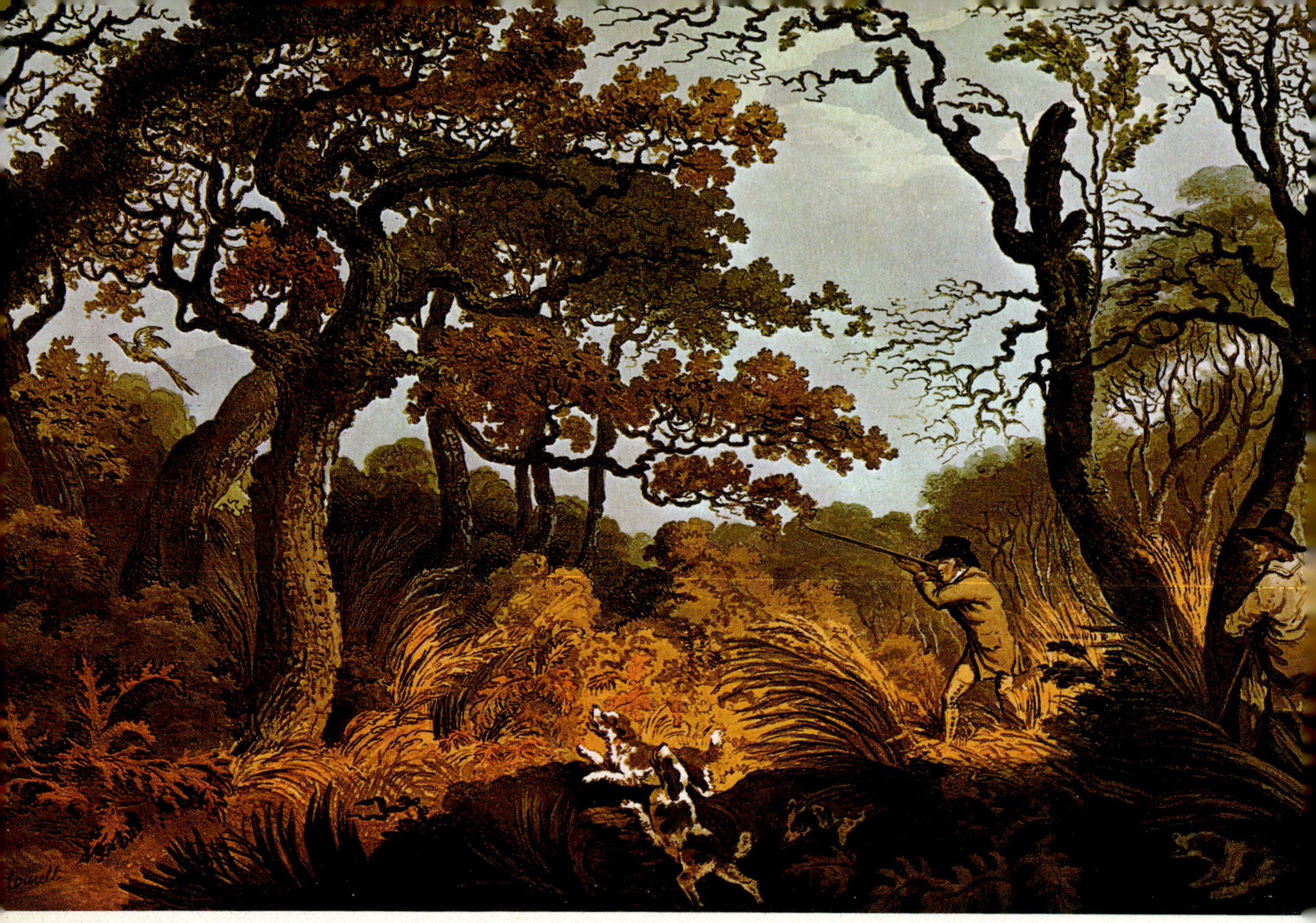

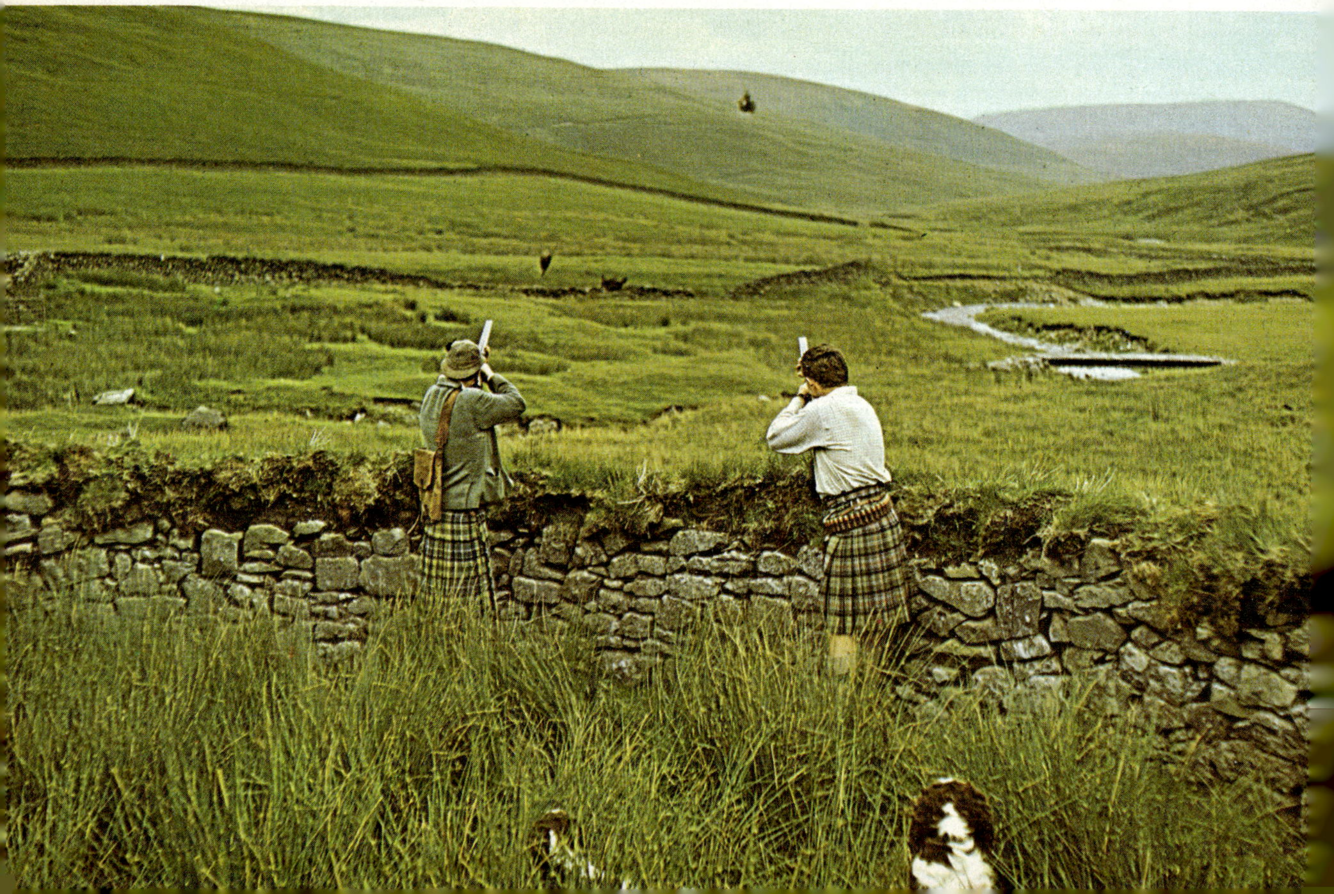

spruchsbetonten Meute von fünf Dutzend sorgfältig gezüchteter Bracken reichen. So eine »Einrichtung« konnte sich oft auch eines »Oberjagdleiters«, »Piqueur« genannt, und berittener Hundeführer (valets de chiens à cheval), ja manchmal sogar zweier zu Fuß (valets de chiens à pied), rühmen.

Eine französische Institution, die die Revolution überstand, war der Titel eines »Wolfsleutnants« (Lieutenant de louveterie). Dieser brachte die Verpflichtung mit sich, eine kleine Hundemeute zu unterhalten. Die Dienste eines solchen Wolfsleutnants konnten auch in Anspruch genommen werden, wenn es sich um Wildschäden durch Sauen handelte. Obwohl im Grunde nur ein Ehrentitel, wird er selbst heute noch von französischen Gutsbesitzern sehr begehrt – genau wie der des »Master of Fox Hounds« in England.

Den Ehrenplatz nahm in der französischen Jagd der Rothirsch ein. Rehwild, obwohl aus der Dickung schwer herauszubringen, konnte ausgezeichnete Rennen liefern, wenn es erst einmal aus dem Walde heraus war. Wildschweine erwiesen sich natürlich als fürchterliche Tiere, die vor ihrem Tode viele Hunde verletzten und töteten. Ausgewachsene Wölfe wurden selten erlegt, es sei denn, man überraschte sie in überfressenem Zustand; die meisten von Hunden getöteten waren Jungwölfe. Ein Wolf im Alter von sechs bis zwölf Monaten, »louvard« genannt, war für die Hunde am günstigsten. Ein alter, vier- bis fünfjähriger »vieux loup« oder gar ein »grand loup« von fünf Jahren oder mehr wurde nur in Ausnahmefällen von einer Hundemeute zur Strecke gebracht.

Vielleicht weil zu dieser Zeit auch der englische Fuchsjagdanzug noch keine endgültige Ausprägung erfahren hatte, erwähnte Thornton die Mannigfaltigkeit der französischen Jagdbekleidung nicht. Das Scharlach und Grün der englischen Gewandung wurde von den Franzosen mit grauen und gelben Tönen ergänzt, wozu noch anders gefärbte Ärmelaufschläge und Kragen kamen. Die weiblichen Jagdteilnehmer trugen noch dreispitzige Hüte nach der Mode der Zeit Ludwigs XV. Nur das große, krumme französische Jagdhorn scheint fast überall gleichmäßig vorhanden gewesen zu sein und wurde, wie Thornton berichtete, von allen Reitern und Pikören zu allen gegebenen Anlässen fleißig benutzt.

Gegenüber oben »Fasanenjagd«; nach einer Zeichnung von Samuel Howell um 1798. *Gegenüber unten* Modernes Moorhuhnschießen in Schottland.

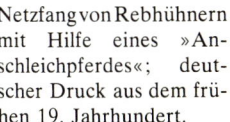

Netzfang von Rebhühnern mit Hilfe eines »Anschleichpferdes«; deutscher Druck aus dem frühen 19. Jahrhundert.

145

Was das Schießen bzw. dessen Objekte betraf, so waren die Franzosen zwar nun Bürger der Republik, aber Wilderer, Netz-, Fallen- und Leimrutensteller waren sie trotzdem geblieben. Nichts war sicher. Kleine Singvögel, Drosseln, Amseln und selbst Lerchen wurden gefangen, sei es in Netzen, Schlingen oder sonstwie, und wanderten in den Topf oder zum Verkauf auf den nächsten Markt. Schwalben und Wachteln wurden auf ihren alljährlichen Zügen sowohl in Frankreich als auch in Italien in Bausch und Bogen abgeschlachtet. Auch in Deutschland wurden Schwalben gern geschossen, obwohl die Jagd dort noch fest in den Händen des Adels lag.

Im Jahre 1848 beendete die lange aufgeschobene Revolution in Deutschland und Österreich endlich die Macht der alten Feudalherrschaft. Bis dahin waren die Klein- und Zwergstaaten von Kurfürsten und Duodezherrschern regiert worden, die über ihre Zeit hinaus existiert hatten. Selbst bis ins 19. Jahrhundert hinein hatten dort einige der dekadenten Jagdszenen stattgefunden, von denen wir als Erscheinungen des vorherge-

Oben Einen Begriff von den Schwierigkeiten, denen die Jäger in den Alpen gegenüberstanden, vermittelt dieser Schweizer Druck von Gamsjägern.
Unten Jagd auf den Keiler in Deutschland. Wildschweine wurden in den Wäldern Zentraleuropas das ganze 19. Jahrhundert hindurch gejagt.

henden Jahrhunderts hörten. Eine Jagdausübung für den gewöhnlichen Sterblichen hatte es nicht gegeben. Nun hatte der Bürgerliche zum ersten Male das Recht, Waffen und Hunde zu besitzen und Auerhahn, Birkwild, Hasenwild, Wachteln, Rebhühner und anderes Feder- und Wasserwild zu schießen. Rotwild, Schwarzwild und in den Alpen Gamswild waren andere Beutetiere der österreichischen und deutschen Jäger. Bisher war den deutschen Jagdliebhabern das alles verwehrt gewesen, und sie begannen nun, das Versäumte nachzuholen.

Mit typisch teutonischer Gründlichkeit fingen die Deutschen nun auch an, nach dem idealen Jagdhund zu suchen. Sie wünschten einen Gebrauchshund, der das Wild finden, vorstehen und nach dem Schuß apportieren konnte; einen Hund, der in Dickungen eindrang und gute Wasserarbeit leistete. Außerdem verlangten sie, daß er der Rotfährte folgte, das Stück niederzog und es verbellte oder den Jäger zu ihm führte. Zunächst war der Gordon-Setter, der kräftige schottische Jagdhund, für diese Doppelrolle am beliebtesten.

Als die Jahre vergingen, fingen die Deutschen aber an, mit eigenen Züchtungen diesem Ideal eines Gebrauchshundes nachzustreben. Um 1870 herum waren die ersten Deutsch-Kurzhaar registriert, und sie sollten sich als vorbildlich erweisen.

Man kann nicht gerade sagen, daß man während des 19. Jahrhunderts in Zentraleuropa, Skandinavien oder Spanien für die Wildhege größere Anstrengungen unternahm als in Großbritannien oder sonstwo auf der Welt. Der europäische Wisent war z. B. im Belowescher Wald noch immer anzutreffen, aber sicher war er auch dort in keiner Weise. So ließ Zar Alexander 1860 dort eine »besondere« Jagd organisieren, bei der 28 Wisente, 2 Elche, 10 Damhirsche, 111 Stück Schwarzwild, 16 Luchse, 16 Rehböcke, 7 Füchse, 4 Dachse und 2 Hasen erlegt wurden.

In Schweden hatten die Behörden bereits 1825 begonnen, die Gefahr der Ausrottung des Elches zu erkennen und ein zehnjähriges Abschußverbot erlassen. 1864 wurde auch die Benutzung von Fallgruben und Selbstschüssen mit Spießen oder Legbüchsen untersagt. Von da an begann sich der Elchbestand in ganz Skandinavien wieder zu erholen. Allerdings war die folgende beträchtliche Vermehrung nicht nur diesem Schutzversuch zu verdanken, sondern vorwiegend den veränderten Landwirtschafts-

Die Silhouette einer deutschen Jagd auf den Rothirsch, eingefangen von Straßgschwandler.

147

methoden. Das Vieh wurde nun in umzäunten Flächen gehalten, anstatt es zur Nahrungsaufnahme in die Wälder zu treiben, wo es viele der Beeren und anderes Futter aufgenommen hatte, von dem auch der Elch lebte. Außerdem wurden in dieser Epoche sowohl Bären als auch Wölfe in großer Zahl erlegt, und das waren seine Hauptfeinde. All das trug zur Erhöhung des Elchbestandes bei.

Der Elch war jedoch leider nur eine denkwürdige Ausnahme. Nach dem Biber herrschte z. B. große Nachfrage wegen seines Felles, aber noch mehr wegen der therapeutischen Eigenschaften, die man den Bibergeildrüsen am After zuschrieb: sie galten als Universalheilmittel. Bis zur Mitte des 19. Jahrhunderts wurde er in Skandinavien ohne jeden Gedanken an die Zukunft gefangen und geschossen, obwohl sich einige wenige und schwache Stimmen des Protestes erhoben. Erst 1873, als er in Schweden und Finnland bereits praktisch ausgerottet war, machte man den Biber zum geschützten Tier. Nur in Skandinavien, in Norwegen, überlebte ein mehr als kümmerlicher Restbestand.

Vielleicht überrascht es kaum, daß man den Hasen lange mit den dunkleren Seiten der Zauberei in Verbindung brachte und ihm außer seiner Schnelligkeit auch große Schlauheit zuschrieb. Obwohl er von Volksüberlieferung und Legende also besonders ausgezeichnet war, gehörte er in vielen Teilen Europas zu den selteneren Tieren. Die geringe Zahl der Hasen, die während der Zarenjagd 1860 erlegt wurden, weist auf diese Tatsache hin. Natürlich hatte man seit unvordenklichen Zeiten das Schlingen und Fangen von Hasen fortgesetzt, und sie waren leicht genug zu schießen, wenn sie in der Sasse lagen. Daß es auf dem Kontinent überhaupt noch Hasen gab, fordert unsere Hochachtung vor ihrer Fähigkeit zum Überleben heraus.

Der Schneehase mit seinen fast mit Schwimmhäuten versehenen Läufen, der sich selbst auf lockerem Schnee schnell bewegen kann, war die in Skandinavien verbreitetste Hasenart. Während des 19. Jahrhunderts scheint sich jedoch der europäische Feldhase nach Norden ausgebreitet zu haben, bis er gegen Ende des Jahrhunderts Finnland erreicht hatte.

Dort beruhte die Hasenjagdmethode auf dem hohen Ausbildungsstand der finnischen

Hasenjagd in Frankreich in der Mitte des 19. Jahrhunderts. Die Hasenjagd war in ganz Europa ein beliebter Sport.

Bracke. Diese wurde einzeln, nicht als Meute, in den Wald geschickt, und trieb schließlich einen Hasen vor die wartenden Jäger. Die Hunde waren dazu erzogen, sich um anderes Wild nicht zu kümmern und den angejagten Hasen spurtreu vor die wartende Flinte ihres Herrn zu bringen. So werden die Hasen in Finnland auch heute noch geschossen, und die Finnenbracke hat jetzt einen hohen Entwicklungsstand erreicht.

Füchse und Dachse wurden auf dem Festlande auch als Quelle vieler Jagdfreuden betrachtet, aber nicht in derselben Weise wie in England. So war es z. B. während des 18. und frühen 19. Jahrhunderts in der Schweiz üblich, die Dachsbaue in der Dunkelheit zuzustopfen, während deren Bewohner auf ihrem nächtlichen Ausflug waren. Am nächsten Morgen wurden die Dachse dann auf den steilen Abhängen der Weinberge mit Windhunden gehetzt. Dabei konnte es geschehen, daß Meister Grimbart mit seinem kräftigen Gebiß allerhand Unheil unter den Hunden anrichtete, wenn er in die Enge getrieben war. Eine andere Möglichkeit war, Kastenfallen oder Ringnetze in die Röhren zu versenken, so daß er, wenn er den Hunden entkam und zum Bau zurückkehrte, dort gefangen wurde. Als letztes Mittel konnte man das uralte Verfahren des Ausgrabens anwenden.

In Skandinavien wurden Fuchs und Dachs im allgemeinen mit Prügelfallen, Stahlfallen, Sacknetzen und Kastenfallen gefangen, wie es eben beschrieben wurde. Eine der raffiniertesten Methoden zum Fuchsfang war die Benutzung eines Pfahles mit tiefen mehrseitigen Schlitzen nahe der Spitze. Auf dieser wurde der Köder befestigt und der Pfahl fest in die Erde versenkt. Wenn der Fuchs sich nach dem Köder hochstreckte, blieb seine Vorderbrante in einem der Spalte hängen, und je mehr er zog, um so fester geriet sie hinein. Schließlich erfror der Fuchs, ermattet von seinen Befreiungsanstrengungen, in dem kalten nördlichen Klima.

In ganz Europa litten Haselwild, Birkwild, Waldschnepfen und Auerwild unter der Tatsache, daß sie während der Balz leicht geschossen oder gefangen werden konnten. Das Haselwild (Tetrastes bonasia), in England unbekannt, ist in Europa weit verbreitet: es findet sich verbreitet von Skandinavien bis nach Österreich. Wenn man mit einem Pfeifchen seine Balzlaute nachahmt, kann es vorkommen, daß der Hahn sich auf den Gewehrläufen des eifrig lockenden Jägers niederläßt. Der Birkhahn und der Auerhahn sind zwar beide wachsam und scheu, man kann sich aber auch ihnen während der Balz leicht nähern und sie schießen.

Auch die Schnepfe kann während ihres Frühlingsstriches leicht geschossen oder in Netzen gefangen werden, und viele sind auf diese Weise Beute der Jäger geworden.

Eine andere Vogelart, die in Europa und Skandinavien viel verfolgt wurde, waren die Großtrappen (Otis tarda). Wie bereits bemerkt, wurde der letzte Trappenhahn Englands 1838 geschossen. Zu dieser Zeit waren die Trappen auch aus Skandinavien und Mitteleuropa verschwunden und existierten nur noch in Ostdeutschland, Ungarn und Spanien. Dieser große Vogel der Ebenen und weiten offenen Flächen konnte sich Biotopveränderungen einfach nicht anpassen. Obwohl es in Indien viele Arten von bengalischen Barttrappen, Flaggentrappen und andere asiatische Variationen gab und Afrika auch Trappenarten aufweisen konnte, gab es in der zweiten Hälfte des 19. Jahrhunderts nur noch wenig Aussicht, einen europäischen Trapphahn zu erlegen. Auf den riesigen ungarischen Gütern wurden manchmal Trappen bei einer von dem adligen Besitzer veranstalteten Jagd geschossen, aber wer erhielt schon eine Einladung dazu! In Spanien wurden sie überraschenderweise vorwiegend nicht als jagdbares Wild betrachtet, obwohl man sie manchmal im Juni vor Pointern schoß, zu einer Zeit also, wo überwiegend junge Hähne oder Hennen zur Strecke kamen. Man erlegte sie auch unter Verwendung der schon so oft erwähnten Anschleichpferde, aus mit Schießscharten versehenen Och-

Ein Jäger auf Stelzen in den französischen »Landes«. Der Gebrauch von Stelzen ist in zahlreichen sumpfigen Gegenden üblich, aber das Schießen damit beweist einen ungemein guten Gleichgewichtssinn.

senkarren heraus, die die Vögel nicht beachteten, und in der Verkleidung einer auf dem Felde arbeitenden Bauersfrau. Wie man verstehen kann, lag die Schwierigkeit immer darin, auf Schußweite an die Vögel heranzukommen, deren bevorzugter Aufenthaltsort die weite, deckungslose Ebene ist, so daß es schwerfällt, sich an sie heranzupirschen. Gegen Ende des Jahrhunderts wurde eine spanische Treibjagd auf Trappen im Winter wie folgt beschrieben: »Dazu muß jedermann beritten sein, denn während des Tages werden Tausende von Morgen Landes durchquert; außerdem kommt man so an die Vögel viel näher heran. Wenn man den Trupp erspäht hat, muß man danach trachten, die Schützen möglichst nahe hufeisenförmig um ihn herum zu verteilen, ohne gesehen zu werden. Dazu muß man auch die geringste Deckung ausnutzen ... Wenn die Schützen ihre Plätze eingenommen haben, reiten drei Treiber rund herum; der eine, um die Vögel aufzustöbern, die anderen, um mitzugaloppieren und zu verhindern, daß sie ausbrechen, was trotz aller Vorkehrungen häufig genug vorkommt ... Voll ausgewachsene Exemplare können mehr als dreißig Pfund wiegen.«

Das Hetzen der Trappen mit Windhunden war eine über die Jahrhunderte immer wieder einmal ausprobierte Jagdmethode: Wir hören zum ersten Male schon aus dem

17. Jahrhundert davon. Obwohl man sie offenbar auch in Frankreich und England anwandte, hat man doch darauf hingewiesen, daß sie eigentlich nur in Rußland unter außergewöhnlichen Wetterbedingungen erfolgreich gewesen sein könne, wenn nämlich gefrierender Regen die Federn des Vogels zusammenklebte, so daß er flugunfähig wurde, oder er über eine Eisfläche gejagt wurde, auf der er nicht Fuß fassen konnte. Da die Hetzjagd von Trutwild in Nordamerika mit Erfolg ausgeübt worden ist, kann man eigentlich nicht daran zweifeln, daß die Trappenhetze auch möglich war: man mußte nur genügend freie Fläche haben, um den Flug bzw. das Einfallen beobachten zu können.

Während des gesamten 19. Jahrhunderts wurde das Wild geschossen, gejagt und gefangen, ohne daß man dabei im mindesten an die Zukunft dachte, und das galt für den Kontinent genau so wie sonstwo. Bären, die bereits selten waren, wurden in Skandinavien gnadenlos verfolgt. Man darf sich deshalb nicht wundern, daß sie schließlich nur noch in dessen abgelegeneren Gebieten, in Rußland, den Bergen Österreichs und Ostdeutschlands, den Pyrenäen und Teilen Spaniens und Italiens anzutreffen waren. Auf dem Balkan überlebten sie dagegen bis auf den heutigen Tag in beträchtlicher Menge. Die Wahrheit ist, daß man Bären verhältnismäßig leicht erlegen kann. Sogar noch im 19. Jahrhundert benutzten skandinavische Jäger Spieße dazu oder begnügten sich mit dem Waidmesser, nachdem sie den linken Arm dick mit Lappen umwickelt hatten, um ihn den Bären in den Rachen zu schieben, während sie den tödlichen Stich anbrachten. Verglichen damit war das Schießen mit der Büchse ein Kinderspiel. Auch das Fangen mit Stahl- oder Baumfallen war verhältnismäßig einfach. Man kann sich nur wundern, daß überhaupt noch Bären das überlebt haben.

Im Jahre 1870 unterbrach der Deutsch-Französische Krieg wieder einmal den Frieden Europas und ließ die Weltkonflikte vorausahnen, die später kommen sollten. Natürlich wurde dabei viel verwüstet und gewildert, als die preußischen Truppen bis vor die Tore von Paris marschierten. In manchen Gegenden, die sich wildbestandsmäßig von den Napoleonischen Kriegen erholt hatten, trat ein fühlbarer Rückschlag ein. Dagegen wurde das Wild in wenig bewohnten Gebieten, wie den Wäldern der Ardennen, wenig in Mitleidenschaft gezogen. Ohne Hunde war es praktisch unmöglich, es aus diesen undurchdringlichen Dickungen herauszutreiben. Man konnte zwar gelegentlich einem Wildschwein oder Hirsch auf den Lichtungen oder am Waldrande begegnen, und orts- und sachkundige Wilderer konnten Wild fangen oder schießen, aber Truppenbewegungen oder sogar Schlachten hatten in solchen Landesteilen kaum Einfluß auf den Bestand.

Die direkte Wirkung des Krieges auf die Jagd bestand außer den Verheerungen auf dem Lande darin, daß viele erfahrene Jäger getötet wurden und wertvolle Hundezuchtstämme verlorengingen. Jeder Mensch braucht Zeit, um ein bestimmtes Gebiet einer ländlichen Gegend genau kennenzulernen. Er braucht noch länger, um mit den Gewohnheiten der darin lebenden Tiere bekannt zu werden, und gut veranlagte Hunde kann man nicht in einem Jahrzehnt heranzüchten. Jede Hunderasse sollte dem zu bejagenden Gelände und dem Wilde, dem es gilt, besonders angepaßt sein, sonst kann man keine guten Ergebnisse erwarten. All das war durch die Napoleonischen Kriege erheblich beeinträchtigt worden und wurde es nun, wenn auch in geringerem Maße, aufs neue durch den Deutsch-Französischen Krieg.

In ziemlich der gleichen Weise, wie Thomas Thornton Frankreich besucht und die Auswirkungen der Großen Revolution und der Napoleonischen Kriege auf die Jagd Anfang des Jahrhunderts beschrieben hatte, bereiste nun ein anderer englischer M.F.H., der ehrenwerte Grantley Berkeley, das Land in den siebziger Jahren. Auch er brachte

Fuchsjagd in Frankreich um 1850; ein Gemälde von Moreau. Die kreisförmigen Hörner blieben auf dem Kontinent auch im 19. und 20. Jahrhundert beliebt.

einige eigene Hunde mit und berichtete über seine Eindrücke. Wie Thornton fand auch er die französischen Meutenhunde jämmerlich, und seine Beschreibung der französischen Jäger ist alles andere als schmeichelhaft. Während seines gesamten Aufenthaltes fand er wenig Wissen über richtige Hundearbeit sowie vernünftige Hundebehandlung und -pflege.

Bei seiner Ankunft am Treffpunkt des ersten Tages war er überrascht, den Rüdemann, an einen Baum gelehnt und aus einer alten Kalkpfeife rauchend, vorzufinden, während sich die Hunde neben ihm in ihren Leinen verwickelt hatten. Die Zwinger, die er besichtigte, waren in äußerst verwahrlostem Zustande und hatten keine richtigen sanitären Einrichtungen: man schien überhaupt keine Ahnung zu haben, wie Hunde gehalten werden müssen. Die Hunde waren außerdem vollkommen untrainiert und dazu noch schlecht ernährt.

Auch die Jäger selbst schienen wenig Ahnung von ihrem Sport zu haben, denn sie banden ihre Pferde ganz nahe bei dem Stande an, von dem aus sie schießen wollten. Außerdem schwatzten sie während des Wartens laut miteinander, so daß sie jedes Stück Wild in Hörweite vergrämten. Grantley Berkeley erwähnte auch die verschiedenen Hornsignale, die den wartenden Schützen ankündigen sollten, welche Wildart auf sie zukam, aber er sah wenige Hunde, die auch zu ahnen schienen, daß sie systematisch und als Meute jagen sollten. Er fand überhaupt sehr wenig, das ihn vorteilhaft beeindruckte – aber er war wohl auch kein Mann, den man leicht zufriedenstellen konnte.

Er hatte nur ein Paar englischer Fuchshunde mit und fand heraus, daß diese nicht fähig

152

waren, einem ausgewachsenen Wolf zu folgen: Dieser schüttelte sie schnell ab. Dagegen jagten sie einen jüngeren Wolf erfolgreich, obwohl sie ihn ohne Unterstützung nicht gern angriffen. Bei der Erlegung wurden sie elend zugerichtet, und es bedurfte aller Geschicklichkeit Berkeleys, sie mit der chirurgischen Nadel wieder zusammenzuflicken; danach wurden sie aber wieder völlig gesund.

Es war natürlich für einen englischen »Master of Fox Hounds«, der gewohnt war, mit einer eng zusammenarbeitenden Meute auf offenen Flächen zu jagen, schwierig zu verstehen, daß die französischen Hunde angehalten werden mußten, im dichten Walde manchmal unabhängig voneinander vorzugehen. Unterschiedliche Landesnaturen haben immer verschiedene Hunde erfordert, sogar auf den britischen Inseln, und das trifft besonders auf Frankreich und jedes andere dicht bewaldete Land zu. Grantley Berkeley sah, wie auch Thornton, die französischen Hunde kurz nachdem ein Krieg die Jagd beeinträchtigt hatte, ohne Zweifel also unter ganz besonders ungünstigen Umständen.

Während die Franzosen ihre Wunden kühlten und sich vom Kriege erholten, ging die Jagd in anderen Teilen Europas praktisch unbeeinträchtigt weiter. Der Zar von Rußland ließ 1890 in der Belowescher Heide eine große Vierzehntagejagd ausrichten. Während dieses Marathonereignisses erlegten seine aristokratischen Gäste 42 Wisente, 36 Elche und 138 Wildschweine. Das ist besonders merkenswert, denn es war die letzte Veranstaltung, bei der der europäische Bison von einer organisierten Jagdgesellschaft geschossen wurde, bevor er praktisch ausgerottet wurde.

Es sagt eine Menge über den Wiederaufstieg der Franzosen aus, daß es kurz nach der Jahrhundertwende mehr als 320 Meuten in ihrem Lande gab. Das Beutetier konnte Rotwild, Rehwild oder Damwild sein, obwohl diese Tierarten merklich seltener wurden; außerdem Wolf, Wildschwein, Hase oder Fuchs, und in einigen Fällen wurden künstliche Schleppen bejagt. Letzteres geschah, wie die Fuchsjagd, ausschließlich auf englische Art durch einige »vornehme« Meuten, denen ausschließlich englandfreundliche Reiter folgten. Normalerweise wurde der Fuchs, wie jedes andere Wild, bei der »chasse à tir« vor die wartenden Schützen getrieben.

Wisentjagd im Belowescher Wald, veranstaltet von Großherzog Alexander von Rußland im Jahre 1875.

153

Die angesehensten Fuchshundemeuten waren die der Jagdgesellschaften in Pau und Biarritz-Bayonne. Von der in Pau behauptete man, sie sei bei der Landung Wellingtons mit seiner siegreichen Halbinselarmee 1814 in Orthez gegründet worden. Die Biarritz-Bayonne-Vereinigung bildete sich 1874. Beide bzw. alle drei Orte waren natürlich elegante, günstig gelegene Plätze, wo sich Verbannte und englische Besucher versammeln konnten. Es war ganz sicher gleichermaßen ihrem Einfluß wie dem Wunsche nach einer Festigung der neu in Mode gekommenen »Entente Cordiale« oder dem Bedürfnis, nach englischer Art zu jagen, zuzuschreiben, daß diese Jagdgesellschaften blühten. Das Routineverfahren bestand darin, daß man vierzehntäglich eine künstliche Spur legte, der die Hunde folgten. Sonst wurde wöchentlich ein in den nahen Pyrenäen gefangener Fuchs ausgesetzt, der im allgemeinen den Hunden allerlei abforderte. Von den beiden Meuten war die aus Pau mit hundertvierzig Tieren die größere, während Biarritz-Bayonne nur dreißig Paare hatte. Beide wurden selbstverständlich in englischer Weise benutzt, d. h. mit den Reitern im roten Rock auf den Fuchs, im grünen für die Schleppjagd.

Ein gutes Beispiel für die Arbeit einer typischen kleinen französischen Meute um 1910 ist die des M. Ernest Laferrière aus Hegmetau in den Landes. Er war ein »lieutenant de louveterie« und erlegte mit zehn Bastardhunden jährlich 120 Hasen, 100 Füchse, 10 Wildschweine, 10 Dachse und eine Anzahl Marder und Iltisse. Auf einer ganz anderen Ebene und in weit größerem Rahmen, aber ebenfalls typisch, stand die »Equipage de Cheverny«, Département Loir-et-Cher, die aus 25 Paaren von Anglo-Poitou-Hunden bestand und die Rothirsche und gelegentlich Schwarzwild in der Sologne (zwischen Cher, Sauldre und Loire) jagte. Diese Jagdgesellschaft entstand 1850 und hatte eine große Anzahl adliger Mitglieder.

Zu dieser Zeit hatte die Entwicklung der Hinterlade-Doppelflinte die Jagd mit der Feuerwaffe in ganz Europa enorm verbreitet. Einfache belgische Flinten und billige Schrotpatronen brachten an den Wochenenden, an den Feiertagen und während des Urlaubs immer mehr »Jäger« auf das Land. Überall begannen deshalb die verbreitetsten Singvögel, z. B. Drosseln, Amseln und andere mehr, durch Abwesenheit aufzufallen. Zugvögel wie Schwalben und Wachteln wurden ebenfalls mit Schrotgarben begrüßt, aber überraschenderweise schien ihre Anzahl dadurch kaum vermindert zu werden.

In Frankreich wurde zu dieser Zeit die Darne-Flinte* entwickelt und dort sehr beliebt. Ihr verstellbarer, gleitender Blockverschluß fand allerdings wenig Freunde in England. Er hat zwar den Vorzug, kräftig, leicht und einfach zu sein: die Läufe verändern beim Öffnen ihre Lage zum Hinterschaft nicht, nur der Verschluß gleitet zurück. Er verbessert auch durch das zurückgelegte Gewicht die Balance der Waffe. Aber man wandte ein, daß man nicht so leicht durch die Läufe sehen könne, um einen evtl. vorhandenen Fremdkörper festzustellen, und daß die Flinte sich nur in zwei Teile zerlegen und schlechter reinigen lasse.

In Deutschland wurde der Drilling, eine Doppelflinte mit zusätzlichem Kugellauf unter oder über den Schrotläufen, außerordentlich beliebt. Mit diesem Waffentyp war es möglich, jederzeit sowohl für Hirsch und Sau als auch für Birkhahn und Fasan gerüstet zu sein. Der Einwand, daß er schwer im Gewicht und schwerfällig im Gebrauch sei, wird wahrscheinlich durch die Vorteile aufgewogen. die er für jene Jagdarten bietet, für die er entworfen wurde.

---

* 1894 konstruiert, 1898 verbessert. Einen ähnlichen Verschluß hatte die Charlin-Flinte, die von Verney-Carron, ebenfalls in Saint-Etienne, hergestellt wurde. (Anmerkung des Übersetzers)

Mit dem Ausbruch des ersten Weltkrieges war Frankreich 1914 wieder in einen Großkrieg verwickelt, der sich vorwiegend auf seinem eigenen Boden abspielte. Die Hetzjagd hörte im ganzen Lande vollständig auf. Die Stimmung dagegen war so eindeutig, daß die Franzosen es übelnahmen, daß die britischen Streitkräfte ein paar kleine Harrier- und Beagle-Meuten mit hinüberbrachten, um hinter der Frontlinie Sport zu treiben. Sie mußten unverzüglich nach Hause geschickt werden. Der Krieg war eben für die Franzosen immer eine persönlichere Angelegenheit als für die Engländer und Amerikaner.

Nicht nur das Jagen hörte auf, sondern als die Lebensmittel knapp wurden, tötete man ganze Meuten. Manche alte Hunderasse starb beinahe aus. Der starke Hund aus dem Poitou und der Normannenhund, der »Briquet d'Artois«, der Nivernais-Hund, der alte Hund der Vendée (Basset) in glatt- und rauhhaariger Spielart, der Saintongeois, der Basset bleu de Gascogne, der Pindray und der weiß-orange gefleckte Ceris sowie andere reine Rassen wie der alte Persac-Hund: Sie alle litten ungeheuer, so daß die Neuzüchtung in manchen Fällen völlig unmöglich erschien.

Die Auswirkungen des Krieges gingen tief und waren äußerst schmerzlich. Mehr als anderthalb Millionen Menschen wurden getötet und Hunderttausende schwer verwundet. Weite Landschaftsteile, ganze Wälder und sogar Hügel waren in die Luft gesprengt oder unwiederbringlich verwüstet worden. Land und Volk waren erschöpft, und das Aufleben solcher Dinge, wie Hunde und Jagd, mußte zwangsläufig lange Zeit benötigen.

Aber in einem Lande mit 36 700 Quadratmeilen Wald (95 000 qkm), von denen ein Drittel dem Staate oder öffentlichen Einrichtungen gehörte, die Jagdrechte verpachteten, muß es ja zwangsläufig auch Jagd geben. Solche Flächen, wie die Forsten von Orléans mit 145 Quadratmeilen, oder Fontainbleau, das 66 Quadratmeilen aufweist, riefen vernehmlich nach Beachtung, und langsam begann auch der Jagdsport wieder zu erwachen.

Mit Hilfe frischen Blutes aus England waren einige Meuten bald wieder zu voller Stärke aufgebaut.

Im allgemeinen jagte man mit privaten Meuten wie zuvor, wobei die Jagdrechte von der Regierung gepachtet wurden. In einigen Fällen wurden nun aber auch Jagdgesellschaften mit Mitgliedsbeiträgen gegründet, und das war etwas Neues. Eine andere Neuerung waren die ersten weiblichen Leiter (hunt master) von Meute und Jagd. Die Herzogin d'Uzes von Château de Bonnelles im Département Seine et Oise jagte Rotwild mit einer 1871 gegründeten Meute, und die Marquise de la Chapelle-Crosville auf Château de la Faye, Cher, rief die 1860 entstandene Equipage de la Brosse ins Leben zurück und jagte Rehwild damit.

Es war jedoch bezeichnend für den Stand der Dinge im ganzen Lande, daß die kleine Meute des früher erwähnten M. Laferrière nicht länger imstande war, jährlich je über hundert Hasen und Füchse zu erlegen. Wegen des starken Wilderns in den Landes brachte sie nur noch 25 Hasen und ein Dutzend Füchse pro Jahr zur Strecke. Es gibt keinen Zweifel daran, daß die Wilddieberei in ganz Frankreich nach dem Kriege weit verbreitet war, während der zwanziger und dreißiger Jahre zu einem sehr merklichen Abnehmen von Reh- und Rotwild sowie von Hasen und anderen Tieren geführt hat. In Deutschland folgte dem Kriege ein ähnlicher Erschöpfungszustand, aber die Besatzungsarmee und vielleicht auch ein angeborener teutonischer Ordnungssinn verhüteten so weit verbreitetes Wildern, wie es in Frankreich vorherrschend wurde. Das Schießen vom Hochsitz, den man im Walde an der Kreuzung zweier Schneisen errichtete, war dort die beliebteste Art, Schalenwild zu erlegen.

Bei der Feldjagd bestand die häufigste Methode darin, daß Treiber und Schützen abwechselnd einen riesigen Kreis um eine Quadratmeile oder mehr von Feldern zogen und dann langsam auf die Mitte zugingen. Das Wild wurde geschossen, wenn es aus dem Kreise (Kessel) auszubrechen versuchte.

Während der zwanziger und dreißiger Jahre war die Zucht des Deutsch-Kurzhaars und anderer Gebrauchshunde, die während des Krieges ebenfalls gelitten hatte, stetig verbessert worden. Nach 1930 wurden die ersten davon in die Vereinigten Staaten exportiert, wo sie als passionierte Gebrauchshunde schnell außerordentlich beliebt und bekannt wurden.

Der Bürgerkrieg in Spanien verheerte zu gleicher Zeit dieses Land, und als schließlich der Friede erreicht war, ging die Gesundung unter der Diktatur Francos nur langsam vor sich. Viele der alten Besitzungen lagen in Trümmer, und der Wildbestand hatte unter dem Wildern und den Auswirkungen moderner Kriegführung gelitten. Aber der Rebhuhnbesatz reichte aus, selbst diese Katastrophe zu überstehen, und Bären, Wildschweine, Rot-, Dam- und Rehwild, ja selbst Gemsen, waren immer noch da und konnten geschossen werden. Auer- und Wasserwild verschafften in den entsprechenden Gegenden viele Jägerfreuden. Nach dem Kriege wurden staatliche und private Wildreservate gegründet, und seitdem ist der Bestand gediehen und stellt jetzt wieder einen wertvollen nationalen Besitz dar.

Der zweite Weltkrieg 1939 hatte zunächst weder auf die Länder noch auf die Völker Europas so eine entsetzliche Wirkung. 1945 war der Schaden aber in vieler Beziehung noch größer und die Erschöpfung des Volkes tiefgehender. Demgemäß dauerte die Erholung noch länger. Der kalte Krieg, ein geteiltes Deutschland und die Ängste und Wirtschaftskrisen Nachkriegseuropas waren erklärlicherweise nicht förderlich für den Jagdsport.

Das vielleicht bedeutendste Ereignis der fünfziger Jahre war der Ausbruch der Myxomatose in Frankreich. Im Juni 1950 infizierte ein gewisser Armand Delille, ein Arzt im Ruhestand, zwei Kaninchen mit Myxomaviren, die er von einem Freunde in der Schweiz erhalten hatte. Diese infizierten Tiere ließ er auf seinem von Kaninchen wimmelnden Grundstück nahe bei Paris frei. Die Seuche verbreitete sich mit erstaunlicher und arlamierender Geschwindigkeit und hatte Südfrankreich bereits 1953 erreicht, obwohl die französischen Behörden energisch eingriffen, um die Ausbreitung zu verhindern. Die gesamte Kaninchenzucht Frankreichs im Werte von 140 Millionen Franken war bedroht. Und all das nur durch die leichtsinnige Handlung eines einzigen gedankenlosen Menschen!

Anfang der sechziger Jahre begannen sich die Kaninchen wieder zu erholen, und es sieht so aus, als ob sie nach 1970 wieder so zahlreich sein werden, wie je zuvor. Aber die Alarmglocke hat geläutet: ein solches Herumexperimentieren mit Krankheiten als Verminderungsmaßnahme ist äußerst gefährlich. Außerdem ist die Verschmutzung bzw. Vergiftung von Luft, Wasser und Nahrung durch Abgase, Insektizide, Additive und Verarbeitungsvorgänge dieser oder jener Art in Europa, ja, auf der ganzen Welt, vollständig außer Kontrolle geraten. Moderne Entwicklungen bedrohen alle Wildtierarten, und wenn diese gefährdet sind, dann ist es auch die Jagd, ob zu Pferde oder mit der Schußwaffe. Die Notwendigkeit von Naturschutz, Eindämmung der Umweltverschmutzung, Kontrolle künstlicher Krankheitsverbreitung und anderer »wissenschaftlicher« Eingriffe liegt auf der Hand, und die Erfüllung entsprechender Forderungen

Gegenüber Ein gestellter Hirsch in einem See; eine französische Jagdszene der dreißiger Jahre von Baron Karl Reille.

Deutsche Jäger und Hunde bei Bremen in den fünfziger Jahren.

muß das Hauptziel aller Jäger in Europa und der ganzen Welt werden. Ansätze' dazu zeigen sich schon. Durch Fürsorge, Schutz und gute Bewirtschaftung kann der Wildbestand sogar vermehrt werden, anstatt sich zu vermindern. Nicht nur der Elch ist ein Beweis dafür: auch der Steinbock z. B., den König Victor Emanuel lange auf seinen Besitzungen in Piemont hegte, ist nun in den östereichischen und Schweizer Alpen neu eingebürgert und verspricht, wieder ein jagdlich interessantes Wild zu werden. Durch aufmerksame Überwachung und sorgsame Hege des Wildes sowie durch vermehrte Aufzucht von Federwild, wie Fasanen und andere Vögel, haben alle Jäger Vorteile. Die Erkenntnis dieser einfachen Zusammenhänge ist es, die den modernen Sportsmann von seinen Vorfahren unterscheidet.

Die Falknerei ist eine Sportart, die immer noch ergebene Anhänger in ganz Europa besitzt. Hier blasen deutsche Falkner am Ende eines Jagdtages auf ihren gewundenen Hörnern.

9 Die Jagd in Nordamerika von 1800 bis heute

Auch nach einem Dutzend Jahre der Selbstregierung, also um 1800, hatten sich die Vereinigten Staaten von Amerika noch keineswegs von allen Erscheinungsformen britischer Lebensweise befreit. Es gab zwangsläufig noch ein paar Anachronismen, und es dauerte einige Zeit, sie zu überwinden. In einem Lande, wo man das Schießen überall und jedem zugestand, und wo die Erlasse des Königs von England nicht mehr galten, ist es überraschend, daß die Familie Smith ein von der Krone verliehenes Recht behielt, in der Bellport Bay »zu fischen, Vögel zu jagen und Austern zu sammeln«. Erst gegen Ende des 19. Jahrhunderts übertrug die Familie dieses Recht an die Stadt Brookhaven. Es ist natürlich recht fraglich, ob selbst im Jahre 1800 die Vogeljagdrechte in Long Island noch einen wirklichen Wert hatten.

Im ersten Jahrzehnt des 19. Jahrhunderts schrieb John James Audubon bereits über den einst im Überfluß vorhandenen Truthahn: »Einer der interessantesten eingeborenen Vögel, der sich in den unbesiedelten Teilen von Ohio, Kentucky, Illinois und Indiana, zum Mississippi und Missouri hin bis nach Louisiana und Arkansas, Tennessee und Alabama in Hülle und Fülle findet. Er ist weniger häufig in Georgia und den Carolinas, seltener in Virginia und Pennsylvania und in Long Island und dem Staat New York überhaupt nicht mehr anzutreffen. In den Alleghanies gibt es ihn noch, er ist aber dort sehr scheu...«

Audubon schrieb geradezu enthüllend, daß ein guter Hund fähig sein müsse, große Truthahnmengen bis zu einer halben Meile Entfernung zu wittern, und daß er dann mitten unter sie hinein springen und bellen solle, um sie auseinander zu bringen. Im Frühling konnten die abgemagerten Hähne auf einer Ebene oder offenen Fläche von einem Hund leicht eingeholt werden und duckten sich dann an die Erde, was dem Hunde oder Jäger ermöglichte, sie aufzuheben.

Man konnte auch den Lockruf der Henne nachahmen, indem man Luft durch die Knochen des zweiten Gelenks einer Truthahnschwinge ansaugte. »Gobbler calling« (Puter-Rufen) war im Frühjahr ein beliebter Sport, und das Nachahmen der Laute einer großen amerikanischen Eule (Strix varia) bei Nacht brachte die Hähne oft dazu, trotzig zu antworten und damit ihren Schlafplatz zu verraten, worauf sie leicht von den Bäumen heruntergeschossen wurden.

Nach Audubons Angaben bestand die verbreiteste und tödlichste Art, Trutwild zu fangen, in einer einfachen Falle aus gekreuzten Balken, zwölf Fuß breit und vier Fuß hoch, mit Körnung beködert und mit einem abschüssigen Eingang an einer Seite versehen. Mit einer solchen fing er einst 76 Stück in zwei Monaten. Er hielt auch schriftlich fest, daß er oft zehn oder zwölf tote Vögel in nicht rechtzeitig nachgesehenen Fallen fand, obwohl ihm im allgemeinen Wölfe, Luchse oder Füchse zuvorkamen. Einmal fand

Gegenüber Die Indianer brauchten den Bison, um leben zu können. Hier George Caltins Eindruck von einer Bisonjagd des frühen 19. Jahrhunderts.

er einen »feinen schwarzen Wolf« in so einer Vorrichtung. Das Resultat all dieser Methoden war, daß man z. B. um 1790 in Kentucky für einen Truthahn nicht einmal den Preis bekam, den ein Suppenhuhn brachte. Truthähne kosteten nur drei Pence für einen Vogel von zehn bis zwölf Pfund Gewicht und einen Vierteldollar für einen Fünfundzwanzig- bis Dreißigpfünder. Durch derartig schonungslose Verfolgungen wurden die einstmals häufigen Dreißig- bis Vierzigpfünder ganz ausgerottet. In ihrem immer mehr zusammenschrumpfenden Lebensraum überlebten nur die kleineren, wilderen Tiere und brachten einen wachsameren, schlaueren Vogel von siebzehn bis zwanzig Pfund Gewicht hervor.

Zu Beginn des 19. Jahrhunderts konnte niemand voraussehen, welche Veränderungen für den immer noch reichlichen Wildbestand Nordamerikas bevorstanden. Im Jahre 1808 zum Beispiel schätzte Alexander Wilson, einer der ersten Ornithologen Amerikas, einen einzigen Flug Wandertauben auf über zwei Milliarden Tiere. Er beschrieb einen Schlafplatz, wo tausende Morgen von Wald durch eine Kotschicht von mehreren Zoll Dicke abgetötet wurden und abgebrochene Äste den Boden bedeckten.

Alles das wurde von Audubon bestätigt, der auch Bäume von zwei Fuß Durchmesser erwähnt, welche durch die gedrängten Massen von Vögeln umgebrochen worden waren, die »wie Oxhoftfässer« auf den Zweigen gesessen hatten.

Audubon beschrieb die Schönheit der riesigen Schwärme im Fluge und die Schlächtereien an ihren Schlafbäumen, wo Gruppen von mit Stangen bewaffneten Männern sie von den Ästen herabschlugen und in Gruben einsalzten. Am Schluß wurden dann Schweine herbeigetrieben, um sich an den übriggebliebenen Tierleichen zu mästen. Er erwähnte einen Mann in Pennsylvania, der über fünfhundert Dutzend Wandertauben an einem einzigen Tage im Schlagnetz fing. 1805 sah er Segelschoner, die bis zum Schandeck damit beladen waren, und bei einer anderen Gelegenheit große Haufen davon überall auf den New Yorker Märkten.

Aber die Vermehrungsrate der Wandertauben, die zwei- oder dreimal im Jahr brüteten, war so groß, daß Audubon im Jahre 1826 schätzte, er habe ebenso viele wie je zuvor gesehen, obgleich das Abschlachten unvermindert weitergegangen war. Unglaublich, wie weit die Natur selbst solche Eingriffe zu verkraften vermag.

Solche Beobachter wie Audubon waren offensichtlich verblüfft über die dauernde gewerbsmäßige Schlächterei, deren Zeuge sie wurden. So hielt Audubon auch fest, daß die amerikanische Waldschnepfe (Philohela minor) in beinahe unglaublicher Zahl von Anfang Juli bis tief in den Winter hinein erlegt wurde. Es war bekannt, daß erstklassige Schützen mit sich ablösenden Hunden und mehreren Flinten mehr als hundert pro Tag schossen. In den Baumwoll- und Zuckerplantagen im südlichen Louisiana wurden sie bei Nacht von Fackelträgern niedergeknüppelt. Die schöne Brautente (Aix sponsa), die in Scharen von dreißig bis fünfzig Stück »mit gleicher eleganter Leichtigkeit wie die Wandertaube durch die Wälder und selbst durch die Zweige strich«, wurde im Zwielicht geschossen, und es war nichts Außergewöhnliches, wenn dabei 30 oder 40 zur Strecke kamen.

Audubon erwähnt, er habe selbst an einem Abend sieben Bläßgänse (Anser albifrons) geschossen, und zwar in einer Ausdrucksweise, als ob das keineswegs etwas Außergewöhnliches gewesen sei. Er fügte hinzu, daß sie großartig schmeckten.

Wenn irgend etwas gut eßbar war, so scheint diese Tatsache Rechtfertigung genug gewesen zu sein, es zu töten, ob es nun Paarungszeit war oder nicht. Die Schnepfe der Ebenen, obwohl vertrauensselig und leicht zu erbeuten, neigte wegen ihrer Nahrungswahl dazu, bitter zu schmecken.

Dagegen war das Präriehuhn (Tympanuchus cupido americanus u. T. pallidicinctus), das gut schmeckte, im Jahre 1800 in Kentucky noch häufig, 1827 aber bereits selten. Trotz der Jagdgesetze, die eingeführt wurden, um das Schießen während der Setz- und Brutzeiten zu verhindern, betonte Audubon nachdrücklich, daß sich niemand um sie kümmere und gnadenloses »Wildern« in den Schonzeiten die Regel wäre.

Aber diese harten Jäger schonten sich selbst auch nicht. Audubon reiste einmal fünfzig Meilen weit auf einem pferdebespannten Schlitten, um Elche zu jagen. Am nächsten Tage legte er zweiundsechzig Meilen auf Schneeschuhen zurück. Am Tage danach wurde er durch einen schweren Sturm mit Regen aufgehalten, dann folgten weitere vierzehn Meilen auf Schneeschuhen. Weitere drei Meilen auf Schneeschuhen am fünften Tage beendeten die Jagd.

Hätte sich Audubon von der enormen Bevölkerungsvermehrung in den Vereinigten Staaten gegen Ende des Jahrhunderts ein Bild gemacht, hätte er wohl seine Warnung vor allzu intensiver Bejagung des Weißwedelhirsches (whitetail deer, Odocoileus virginianus) noch schärfer formuliert. Er schrieb: »Ungeachtet des beinahe unglaublichen

Schnepfenjagd; nach einer Lithographie von N. Currier. Im frühen 19. Jahrhundert gab es in Amerika riesige Mengen von Waldschnepfen.

Fang eines Schwarzbären mit dem Lasso in Kalifornien. Bären wurden im 19. Jahrhundert in großer Zahl erlegt, denn ihr Pelzwerk war sehr begehrt.

Überflusses an Weißwedelhirschen werden derartige Verheerungen unter ihnen angerichtet, daß sie in ein paar Jahrhunderten in Amerika wahrscheinlich ebenso selten sein werden wie jetzt die Großtrappen in England.«

Der Grislybär (Ursus aretos horribilis), der schwarze Bär (Ursus americanus), der Weißwedelhirsch (Odocoileus virginianus), der Maultierhirsch (Odocoileus hemionus), auch als Schwarzwedelhirsch bekannt, der Elch, der Wapiti (in Amerika »elk« genannt), die Gabelantilope (Pronghorn, Antilocapra americana), der Bison, der wilde Truthahn und zahlreiches anderes kleinere Haarwild sowie Wildvögel wurden alljährlich in ganz Nordamerika sowohl für den persönlichen Gebrauch als auch gewerbsmäßig in ungeheuerlichen Mengen gejagt, geschossen und gefangen.

Wolf, Biber, Waschbär, Grau- und Rotfuchs sowie die kleineren Pelztiere wurden genauso verfolgt, weil ihr Pelz wertvoll war. Fast das ganze 19. Jahrhundert hindurch gab es, im Grunde genommen, keine wirksame Kontrolle oder Einschränkung für die unermeßliche Zahl der in den Vereinigten Staaten getöteten Tiere.

Während der ersten Hälfte des 19. Jahrhunderts waren riesige Teilgebiete der USA und Kanadas faktisch unerforscht und hauptsächlich von Indianern bewohnt. In Kanada war das Indianerproblem geringer, und das Land hatte überhaupt viel weniger Bewohner. So ging die Entwicklung in Kanada viel langsamer als in den Vereinigten Staaten vor sich, besonders gegen Ende des 19. Jahrhunderts, und dementsprechend litt das Wild erheblich weniger darunter. Ansonsten könnte Kanada auch heute nicht mehr für seinen Wildreichtum gerühmt werden.

Bei den in Amerika herrschenden Verhältnissen waren eine gute Büchse und erstklassige Hunde hochgeschätzte Besitztümer. Das Ziel der Hundezucht in den Vereinigten Staaten war es, einen Hund heranzuzüchten und abzurichten, der eine hervorragende Nase und große Unabhängigkeit besaß, also fähig war, allein zu jagen, ohne sich auf die übrige Meute zu verlassen, wie es in England der Fall war. Das war erforderlich wegen der riesigen Wälder von oft mehreren tausend acres, die im Gegensatz zu den französischen nicht durch Reitwege erschlossen waren. Im Jahre 1829 wurden die beiden berühmtesten Ahnen der amerikanischen Fuchshunde, »Mountain« und »Muse« aus England eingeführt.

In Virginia arrangierten die Fuchjäger oft ein sogenanntes Rennen, in dem mehrere rivalisierende Hundebesitzer ihre Hunde in einer Art Konkurrenzjagd laufen ließen. Das war eigentlich eine direkte Rückkehr zu den Jagdmethoden der Zeit Elisabeths I. von England.

Man versuchte erst gar nicht, den Hunden durch im Grunde für Reiter unpassierbares Gelände von Sümpfen und dichtem Unterholz zu folgen, sondern ritt oder rannte zu günstigen Punkten, von denen aus man der Jagd teils mit den Augen, teils mit den Ohren folgen konnte.

Solche Jagden waren keineswegs auf Füchse beschränkt. Auch Waschbären und anfangs des Jahrhunderts Pumas konnten die Beutetiere sein. Die Jagd fand auch nicht immer bei Tage statt, denn da war es oft zu heiß dazu. Wenn die Hunde nachts das Wild verbellten, erkämpften sich die Jäger, mit Laterne, Axt und Gewehr ausgerüstet, nach

Eine Fuchsjagd anfangs des 19. Jahrhunderts. Die Fuchsjagd wurde, von England ausgehend, in die USA eingeführt und paßte sich schnell den dortigen wildnismäßigeren Gegebenheiten an.

dem Standlaut den Weg durch die Wildnis. Dann erschossen sie entweder das Tier oder fällten den Baum, auf dem es Schutz gesucht hatte, und erschlugen es kurzerhand mit der Axt.

Die Entwicklung der Jagd in den Vereinigten Staaten, sei es mit Pferd und Meute, sei es mit der Schußwaffe, ja, die Entwicklung der Vereinigten Staaten selbst, ist untrennbar mit zwei Dingen verbunden: der sagenhaften Geschichte des amerikanischen Bisons (der ganz allgemein, aber falsch, Büffel genannt wird) und der ebenso dramatischen des Indianers (genauer ausgedrückt des Indianers der Ebenen oder des »Pferdeindianers«). Beide waren grundlegend miteinander verbunden und verzahnt, da die Vereinigten Staaten sich nach Westen ausdehnen mußten, um ihr industrielles und landwirtschaftliches Potential voll ausschöpfen zu können. Aber auf all den großen Zentralprärien von Texas bis Kanada und von den Appalachen bis zu den Rocky Mountains lebten ungeheure Mengen von Bisons, die anfangs des 19. Jahrhunderts auf einige zehn Millionen Tiere geschätzt wurden. Manche Schätzungen gingen sogar bis siebzig Millionen.

Diese gewaltigen Herden wanderten mit den Jahreszeiten durch die eben umrissenen Gebiete, und mit ihnen, davon lebend und völlig abhängig, die Indianer. Die Bisonherden lieferten ihnen Häute für ihre Zelte, Kleidung, Decken, Riemen und andere Lebensbedürfnisse. Sie versahen den Indianer nicht nur mit Fleisch, sondern auch mit einer Lebensaufgabe und dauernden Herausforderung: einer Prüfung seiner Männlichkeit, seiner kriegerischen Fähigkeiten, seiner Bogen, Pfeile, Lanzen, seiner Reitkunst und seines Mutes. Letztere immer wieder gegen mächtige Tiere einzusetzen, die zwischen anderthalb und zwei Tonnen wogen, war ein nicht zu unterschätzender Test. Eine Kultur wie diese, die fast ganz auf einer einzigen Tierart beruht, ist selten.

Der Eskimo und die Robbe, der Lappe und das Ren sind zwei andere, naheliegende Beispiele. Daß sie überlebten, Indianer und Bison jedoch nicht, verdanken sie der Tatsache, daß sie nicht in einen Konflikt mit den immer zunehmenden Anforderungen einer schnell wachsenden industriellen Zivilisation gerieten.

Die Indianer töteten den Bison mit Pfeil und Bogen oder ihren Lanzen. Dabei griffen sie die Herden normalerweise zu Pferde an. Manchmal trieben sie sie auch absichtlich über die Klippen, aber das geschah zuweilen auch durch Naturereignisse. Aus dem Jahre 1858 wird z. B. von einem Fall berichtet, in dem eine auf hunderttausend Tiere geschätzte Herde, die von einem Schneesturm geblendet war, über eine Klippe strömte und dadurch umkam. Der unermeßliche Bestand wurde durch solche Verluste nicht merklich beeinträchtigt.

Als dann die Weißen westwärts nach Kalifornien drängten, und zwar besonders während des Goldrausches in den fünfziger Jahren, sahen die Indianer sie in Gebiete eindringen, in denen der Bison lebte, und damit ihre Lebensgrundlage bedroht. Denn wenn die riesigen Herden auch scheinbar grenzenlose Verluste verkraften konnten, so war die Gegenwart weißer Siedler auf ihren Weideflächen eine ganz andere Sache. Die Indianer begriffen mit dem Ahnungsvermögen der im voraus Verurteilten, was das bedeutete, und kämpften für ihre Art zu leben.

Solange es sich um eine Auseinandersetzung der alten Kentucky-Vorderlader mit Bogen und Pfeilen handelte, war der Kampf ungefähr ausgeglichen, wenn auch erbittert. Die Bisonherden waren mit Vorderladern auch nicht auszurotten, sosehr die Jäger das versuchten. Es forderte einen revolutionären Durchbruch bei der Entwicklung der Feuerwaffen, das Problem zu lösen, und zum Unglück für Bison und Indianer geschah dieser 1860 in Gestalt der Repetierbüchse. Das Spencergewehr mit einem Röhrenmagazin im Hinterschaft wurde 1860 patentiert und war eins der ersten erfolgreichen sei-

ner Art. Bald darauf kamen die Repetierer von Winchester, Colt, Henry und Marlin heraus, die Unterhebel und Röhrenmagazine unter dem Lauf besaßen. Einige dieser Gewehrsysteme wurden Jagdzwecken angepaßt. Sie konnten zwar keine Großwildpatronen für Asien oder Afrika verdauen, aber für Bison und Indianer reichten sie dennoch aus ...

Zwischen 1861 und 1865 verwickelte der amerikanische Bürgerkrieg zwischen Nord und Süd die Vereinigten Staaten zusätzlich in eine erbitterte Auseinandersetzung.

1867 versuchte man, dem Lande überall Frieden zu geben, indem man auch mit den Indianern in Medicine Lodge im südlichen Kansas einen Friedensvertrag schloß. In diesem erklärten sich die Indianer bereit, südlich des Arkansas zu bleiben, solange kein weißer Mann dort Bisons jagen würde. Natürlich wurde dieser Vertrag gebrochen, und neue Indianeraufstände brachen aus.

Bereits in den fünfziger Jahren waren texanische Longhorn-Rinder, die berühmte Grundlage der alten texanischen Wirtschaft, bis nach Kalifornien getrieben worden, obgleich sie bzw. ihre Begleiter unterwegs von Apachen und Comanchen angegriffen wurden. Während des Bürgerkrieges war der Viehbestand auf den Weiden so angewachsen, daß man ihn bei Friedensschluß auf sechs Millionen Langhornrinder allein in Texas schätzte. Er war fast die einzige Einnahmequelle, die den Südstaaten geblieben war. In den Augen der texanischen Viehbarone gab es also ganz gewiß keinen Platz für zusätzliche Millionen von Bisons. So war die Ausrottung dieser Tiermassen bald eine beschlossene Sache.

Ein Indianer jagt Bisons, in einem Coyotenfell verborgen. Das Gemälde ist von George Catlin, der sich selbst auch darauf dargestellt hat, ebenfalls in ein Fell gehüllt.

167

Inzwischen hatten die Eisenbahningenieure das Land vermessen und ihren stählernen Weg weiter und weiter nach Westen ausgedehnt. 1869 war es dann soweit: Die Union Pacific-Eisenbahn erstreckte sich triumphierend von Küste zu Küste und zerschnitt damit die Bisonmassen in zwei große, getrennte Herden im Norden und im Süden.

Damit war auch ein bequemes Transportmittel entstanden, um die Büffelhäute auf den Markt zu bringen. Die Waffen für die Massenexekution waren bereits vorhanden, und so begannen die »Büffeljäger« ihr Werk. Solche Gestalten wie Buffalo Bill und Wild Bill Hicock waren bald eifrig tätig, die Bisons zu Tausenden abzuknallen. Sie galoppierten auf trittsicheren Pferden an die Herde heran und schossen mit ihren Winchester-Repetierern aus nächster Entfernung möglichst in die Nähe des Rückgrates. Die angeschossenen Tiere ließen sie zunächst zurück, um später wiederzukehren und sie in Ruhe zu töten und abzuhäuten. Sie nahmen nur die Haut und gelegentlich die Zunge mit: Das übrige ließen sie auf der Prärie liegen. Den ganzen Schienenweg entlang füllten sich auf diese Weise die Schuppen schnell mit Bisonhäuten, die auf den Abtransport warteten.

Bekannte Sportsleute aus Europa kamen herüber, um auch an diesem neuen Schauspiel teilzuhaben und ihre Fähigkeiten im Abschießen von Bisons auszuprobieren. Der bereits erwähnte ehrenwerte Grantley Berkeley war einer von ihnen, der Großherzog Alexis, Sohn des Zaren Alexander II. von Rußland, ein anderer. Für letzteren wurde eine besondere Vorführung durch einen Indianerhäuptling arrangiert. Häuptling »Zwei Lanzen«, ein Sioux, tötete einen Bison mit einem einzigen Pfeil, der das Herz durchbohrte und dessen Spitze auf der Ausschußseite hervordrang, so groß war die Auftreffwucht. Der Großherzog schenkte ihm als Anerkennung spontan ein Zwanzigdollarstück und verließ schließlich Amerika mit nicht weniger als fünfundzwanzig ausgestopften Bisons für seine Sammlung – sie waren einfach aus den Herden herausgeschossen worden ...

Die Staaten Kansas und Colorado sahen ihren Fehler schnell ein und verabschiedeten Schutzgesetze für den Bison. Als jedoch in Austin, Texas, ein ähnliches Gesetz beraten wurde, ergriff General P. Sheridan, ein Veteran vieler harter Kämpfe mit den Indianern, das Wort und wandte sich folgendermaßen dagegen:

»Es wäre ein sentimentaler Irrtum, zugunsten des Bisons ein Gesetz zu erlassen. Sie, meine Herren, sollten im Gegenteil den Büffeljägern gratulieren und jedem von ihnen eine Bronzemedaille verleihen, die auf der einen Seite die Darstellung eines toten Bisons, auf der anderen die eines notleidenden Indianers zeigt. Die Büffeljäger haben mehr zur Lösung des Indianerproblems beigetragen als die gesamte amerikanische Armee in dreißig Jahren. Die Ausrottung des Bisons ist der einzige Weg, einen dauerhaften Frieden zu begründen und den Fortschritt der Zivilisation zu fördern.«

Der General hatte die Viehbarone auf seiner Seite und setzte sich durch. 1883 wurde auf den Ebenen des Nordwestens der letzte Bison getötet und dadurch »der Fortschritt der Zivilisation gefördert«. 1885 wanderten die letzten kümmerlichen Überreste der nördlichen Herden in Norddakota herum. 1889 war kein geringerer Sportsmann als Theodore Roosevelt, der unsterbliche »Teddy«, in Montana damit beschäftigt, einen »guten Bullen zu verfolgen, der erst nach sehr sorgfältiger Verfolgung seiner Fährte durch einen Bergwald erreicht und mit einer einzigen Kugel« aus seiner Winchester erlegt wurde. Im Jahre 1897 schrieb Roosevelt: »Einige wenige Stücke sind im Yellowstone Nationalpark übriggeblieben, werden aber von Wilderern ausgerottet. Dann gibt es hier und da einige kleine, zahme Herden; außerdem eine oder zwei Gegenden in den Rocky Mountains und an der mexikanischen Grenze, wo zwei oder drei Tiere noch wild fortleben. Das sind alle.«

Die Bisons wurden auf einige Hundert Exemplare reduziert, und mit ihrer Abschlachtung geschah, was General Sheridan vorausgesagt hatte: Die Indianer waren gezwungen, ihre Lebensweise zu ändern und sich den Vorstellungen des weißen Mannes bezüglich der Zivilisation anzupassen. Die wenigen überlebenden Bisons wurden in Nationalparken und kleine natürliche Schutzgebiete eingepfercht, und die Indianer fanden sich schnell gleichermaßen beschränkt. Obwohl beide an die Freiheit der weiten Ebenen gewöhnt waren, mußten sie sich nun an ein Dasein in »Reservationen« und an eine Lebensweise anpassen, die ihren Gewohnheiten völlig fremd war. Das Ganze ist ein wohl einmaliges Beispiel dafür, daß eine Tierart aus fast ausschließlich politischen Gründen absichtlich bis fast zur Vernichtung zusammengeschossen und vernichtet wurde.

Für die Ausrottung der Wandertaube gab es noch nicht einmal diese Begründung. Vom 17. Jahrhundert an waren die riesigen Zugschwärme ein gewohntes Bild. Sie füllten sich trotz aller ihnen zugefügten Verluste scheinbar immer wieder auf. Jahraus, jahrein wurden sie geschossen und erschlagen, wann und wo auch immer sie auftauchten, und diese Verfolgung der augenscheinlich zahllosen Schwärme ging ohne jeden Versuch einer Schonmaßnahme immer weiter. Als man die dringende Notwendigkeit eines Schutzes in den neunziger Jahren endlich einsah, waren nur noch wenige verstreute Paare von den einstigen ungeheuren Massen übriggeblieben, und es war bereits zu spät, sie zu retten. 1914 starb die letzte Wandertaube.

In gleicher Weise, wie die Erfindung der Winchester-Repetierbüchse Beihilfe zur Abschlachtung des Bisons leistete, trug wahrscheinlich die Entwicklung der Spencer-Repetierflinte im Jahre 1880 zur Ausrottung der Wandertaube bei. Mit einem Röhrenmagazin unter dem Lauf und einem durch den gleitenden Vorderschaft mit der linken Hand betätigten Verschluß war sie die Vorläuferin vieler anderer Konstruktionen. 1887 kam z. B. die Winchester-Repetierflinte heraus, die einen Verschluß ähnlich dem der berühmten Repetierbüchse besaß.

Diese Repetierflinten wurden in den Vereinigten Staaten viel benutzt, besonders bei der Entenjagd. In England fanden sie weniger Anklang, weil man sie auf der Jagd als unsportlich und in Gesellschaft anderer als gefährlich betrachtete, da man ihnen nicht ansehen konnte, ob sie entladen waren. Das hinderte nicht, daß diese Art Flinten in Nordamerika mit Abstand die beliebteste wurde.

Gegen Ende des 19. Jahrhunderts wurden noch immer gewisse Jagdarten praktiziert, die es nur in Nordamerika gab. So zog z. B. Mr. Percival Rousseau, dessen Familienvermögen im Bürgerkriege erheblich zusammengeschmolzen war, im Jahre 1878 von Louisiane nach Texas. Er nahm seine Hunde mit, die von einer Meute abstammten, die von einem seiner Ahnen im siebzehnten Jahrhundert aus Frankreich importiert worden waren und die angeblich seit dreihundert Jahren zur Familie gehört hatten. Sie waren eine der ersten Meuten in Texas und er jagte damit Pumas oder »mexikanische Löwen«, wie man sie dort nannte. Um 1900 war dieser Sport allerdings schon mehr oder weniger auf Mexiko und das Felsengebirge beschränkt, denn die Pumas waren selten geworden.

Um die Wende des 19. Jahrhunderts herum scheint es in Montana, Wyoming, Colorado und Norddakota auch Wolfshetzen in gewissem Ausmaß gegeben zu haben. Vorher, etwa ab 1850, benutzten Heeresoffiziere auf den großen Ebenen Windhunde, um Eselhasen, Füchse, Kojoten und gelegentlich auch Antilopen zu jagen. Wenn man sie an Kojoten gewöhnt hatte, wurden die gleichen Hunde, gemischte Bastardmeuten mit ein paar großen, rauhhaarigen Windhunden dazwischen, auch auf Wölfe ausprobiert. Wie auf dem europäischen Kontinent konnten die Hunde selbst untrainierter Meuten junge

Die Wandertaube – eine der großen Tragödien der amerikanischen Tierwelt. Sie starb 1914 aufgrund unbeschränkter Verfolgung aus.

Wölfe und selbst Wölfinnen erfolgreich einholen und töten, aber ein voll ausgewachsener Wolf lief ihnen bald davon. Man fand heraus, daß nur richtig gezüchtete und trainierte Wolfshunde einen solchen einholen konnten, es sei denn, er habe sich gerade bis zum Platzen vollgefressen. War er einmal eingeholt, kam es zu einem verzweifelten Kampf, und man mußte damit rechnen, daß mehrere Hunde aus der Meute getötet oder gekrüppelt wurden, wenn nicht der Jäger rechtzeitig herankam, um mit seinem Messer ein Ende zu machen.

Eine kleine, aber gefährliche Wildschweinart, Pekari genannt und im südlichen Texas beheimatet, wurde ebenfalls mit Hunden gejagt. Wenngleich sie nur ungefähr sechzig Pfund wiegen, machen sie durch Angriffslust wett, was ihnen an Größe fehlt. Sie sind mit scharfen Gewehren bewaffnet, schlagen aber nicht damit, wie ein europäischer Keiler, sondern teilen schwere Bisse aus und kämpfen bis zum Tode. Ein erfahrener Hund tötet sein Pekari ziemlich leicht, aber ein unerfahrener kann ebensoleicht seinerseits getötet werden. Eine Rotte Pekaris stellt sich bereitwillig Menschen und Hunden. Roosevelt schrieb 1897 darüber: »Man findet sie in Texas selten in großen Scharen, und bei der Jagd bewegen sich Reiter und Hunde gemächlich über geeignetes Gelände, bis man eine Fährte aufgespürt hat. Wenn das Wild einmal aufgestöbert ist, gibt es kein langes Rennen. Die Tiere stürmen trotz ihrer winzigen Läufe für einige Hundert Yards sehr schnell vorwärts, aber dann stellen sie sich und greifen Menschen, Pferde oder

170

Hunde rücksichtslos an und können häßliche Wunden erzeugen, wenn man sie nicht stoppt. Mit Revolver oder Büchse sind sie leicht zu erlegen; das ideale Werkzeug dazu wäre jedoch ein Spieß.«

Er erwähnte auch eine Methode der Wildtruthahnhetze mit Windhunden, die von Armeeoffizieren und Viehfarmern in Texas zu ungefähr dieser Zeit praktiziert wurde. Sie bestand darin, am frühen Morgen zu beginnen, wenn die Vögel außerhalb des Hochwaldes ästen, und zwischen sie und jede Deckung zu gelangen. Dann näherte man sich ihnen so weit wie möglich, und wenn sie aufstanden, schnallte man die Hunde. Diese rannten den Putern nach und zeigten an, wo sie einfielen, wenn die Ebene deckungslos genug war. Dann brachten sie sie wieder zum Abstreichen und folgten ihnen. Der zweite Flug war schon kürzer und langsamer als der erste, der dritte noch mehr, und schließlich wurden die Vögel beim Einfallen von den springenden und zuschnappenden Hunden in Empfang genommen.

Der körperlich schwere, kurzflügelige Truthahn ist eben nicht für lange Flugstrecken gebaut und muß nach etwa einer Meile wieder einfallen. Ohne Zweifel hat auch Audubon diese Jagdart gekannt, obschon er sie nicht besonders erwähnt. Sie erinnert an jene, die man in Europa einst zur Hetze der Großtrappen benutzte, waren doch die Bedingungen ähnlich.

Sportlicher war die Kunst, sie am frühen Morgen durch Lautnachahmung heranzulocken und dann mit Büchse oder Flinte zu schießen. Das erfordert beträchtliche Geschicklichkeit und Waidmannskunst seitens des Jägers. »Puterschießen« im Frühling ist noch immer ein anerkannter Sport in vielen Teilen der Vereinigten Staaten. Wie Roosevelt einmal sagte, ist die Rufjagd auf Trutwild ein Gegenstück zu der auf Elche in kleinerem Maßstab und erfordert ebensoviel Können. Er meinte weiter:

»In den wildesten Regionen kann man immer noch den Spaß genießen, Truthähne von ihren Schlafbäumen zu schießen. Oft haben große Scharen die Gewohnheit, am gleichen Platze zu übernachten, und der Jäger kann sich bei entsprechender Vorsicht dort

Das Pekari oder Nabelschwein, eine grimmige Art von Wildschweinen, die im südlichen Texas lebt und mit Hunden gejagt wird. Eine Zeichnung von Audubon.

171

verbergen, bis sie sich endgültig niedergelassen haben und die Nacht hereingebrochen ist. Dann haben die Puter keine Lust mehr abzustreichen, und man kann eine ganze Anzahl von ihnen schießen, besonders wenn man bei den unteren Ästen beginnt, bevor die restlichen aufstehen.«

Wenn man solche Äußerungen des führenden Jägers jener Zeit in Betracht zieht, dann kann man sich nicht wundern, daß das Wild immer spärlicher wurde. Gegen Ende des 19. Jahrhundetrts waren die Auswirkungen des uneingeschränkten gewerbsmäßigen Tötens in riesigem Ausmaß dann endlich sichtbar. Die Wandertaube war fast ausgestorben, die Labradorente und das Birkhuhn waren dem Untergang geweiht und selbst eine einst so zahlreiche Wildart, wie die Brautente, schien in Gefahr. Angesichts derartiger Beweise begannen die Anstrengungen der Einsichtigen, die nach Schutz verlangten, endlich Erfolg zu haben; es war aber schon beinahe zu spät. Das seit 1849 bestehende Ministerium des Inneren hatte schon viele Jahre vergeblich für Schutzgesetze gekämpft. Aber erst als 1916 über eine Liste zu schützender Vögel mit Kanada eine Einigung zustande gekommen war, begannen seine lobenswerten Anstrengungen Früchte zu tragen.

Man muß immer im Auge behalten, daß in den Vereinigten Staaten die Bundesregierung zwar die Richtlinien der Politik festlegt, die Einzelstaaten aber deren Ausführung bestimmen. Fragen der Schonzeitdauer, der geschützten Wildarten, der Wilddichte und andere Dinge müssen sich den örtlichen Verhältnissen anpassen; das gilt für die Einzelstaaten der USA ebenso wie für die kanadischen Provinzen.

Ein kurzer Überblick über die hauptsächlich in den Vereinigten Staaten beheimateten Federwildarten macht diesen Punkt bereits klar. Unter den Wachteln, vielleicht den häufigsten jagdbaren Vögeln, findet man die Virginianische Wachtel (bobwhite quail, Colinus virginianus) vor allem in den östlichen Staaten, während die blaue oder Schuppenwachtel (Callipepla squamata) im dürren Südwesten lebt. Auch die Mearns-Wachtel (Massina-Haubenwachtel) kommt vorwiegend in den höher gelegenen Südweststaaten vor und die Wüsten- oder Gamble's-Wachtel (Gambel-Schopfwachtel) lebt in den südwestlichen Wüstengebieten. Die beiden hauptsächlichen Wachtelarten des Westens sind die kleine kalifornische Wachtel (Schopfwachtel), und die große, sehr scheue Bergwachtel (Oreortyx pieta), die in den pazifischen Küstengegenden ihre Heimat hat.

Das blaue Waldhuhn (blue grouse, Dendragapus obscurus), das im Walde nicht leicht zu entdecken und, wenn aufgescheucht, ein schneller Flieger ist, ist der typische schiefergraue Bewohner der westlichen Bergregionen. Das Haselhuhn (Bonasa umbellus) lebt in den lichten nördlichen Wäldern und bereitet sich, wie auch das Haselwild in Skandinavien (Tetrastes bonasia), für die Nacht ein schützendes Bett in einer Schneewehe. Auch das schieferfarbene kanadische Rebhuhn (Canachites canadensis) bevorzugt die nördlichen Nadelwälder und Sümpfe, da es jedoch wenig Scheu vor den Menschen hat, beginnt es zu verschwinden, seit diese Gebiete dem Verkehr erschlossen wurden.

Das weißschwänzige Schneehuhn (Lagopus leucurus) lebt über der Baumgrenze in den westlichen Bergen und das Moorschneehuhn (Lagopus lagopus) in den Felsgegenden Nordalaskas, von wo es während der Polarnacht aus Äsungsmangel nach Süden abwandert.

Es ist gewiß richtig, daß Zahl und Verbreitung all dieser Vogelarten einst viel größer war als heute. Aber in manchen Fällen haben sorgfältige Hege und Aufzuchtmaßnahmen sie auch in Gegenden heimisch werden lassen, wo sie früher unbekannt waren. Der wilde Truthahn litt z. B. unter Waldabholzung, Feuern, schweren Dürreperioden und übermäßiger Bejagung so, daß er um 1910 aus vielen Gebieten verschwunden war. Nun haben intensive Schutzmaßnahmen und vorsichtige Aussetzungsprogramme dazu ge-

Ein Präriehuhnschießen in Kansas. Große Federwildschwärme und rücksichtsloses Schießen waren Merkmale des Daseins im Amerika des 19. Jahrhunderts.

führt, daß er verbreitet wieder aufgetaucht ist, und das sogar in Gegenden, wo es ihn vorher niemals gegeben hatte.

Unglücklicherweise kann man von einigen anderen, einst häufig vertretenen Tierarten nicht das gleiche berichten. Das gilt für Attwaters Präriehuhn, eine bemerkenswerte Federwildart, die früher auf den Prärien von Texas und Louisiana lebte. Überbejagung, Bodenverschmutzung durch Ölbohrungen, die Einführung des Reisanbaues und harte Dürrezeiten haben sie auf einige wenige Tausend Exemplare vermindert. Irgendeine Art Schutzgebiet ist dringend erforderlich, wenn diese seltene Wildart überleben soll.

Ein anderer erheblich in Mitleidenschaft gezogener Vogel, der dem Präriehuhn bis auf seinen auffallend zugespitzten Stoß sehr ähnlich sieht, ist das Spitzschwanzhuhn (sharptail-grouse, Pediocetes phasianellus). Es lebt im Busch- und Grasland und bettet sich bei kaltem Wetter unter dem Schnee. Seine Balzpossen erinnern an den Birkhahn und werden in ähnlicher Weise auf immer den gleichen, althergebrachten »Tanzplätzen« vorgeführt. Durch die intensive Land- und Forstwirtschaft ist es aus vielen seiner einstigen Lieblingsgebiete verdrängt worden.

Das nordamerikanische Steppenhuhn (sage grouse, Centrocercus urophasianus) ist ebenfalls ein früher auf den westlichen Ebenen viel vorkommender Vogel. Er ist ein Wild der Hügellandschaft und verbringt einen großen Teil seiner Zeit im Beifuß und den Luzernefeldern der feuchteren Vorberge, kehrt aber in die Wüste zurück, wenn Schnee fällt. Es ist durch Überabschuß und Weidevieh in den letzten Jahren stark zurückgegangen.

Die Auswirkungen zu starker Bejagung sind offenkundig, und ohne Einschränkungen dieses Aderlasses konnten gewisse Vogelarten einfach nicht überleben. Der Eskimo-Brachvogel (eskimo curlew) zählte einst nach Millionen und wanderte alljährlich in riesigen Scharen durch die Prärien von Texas und die großen Ebenen. Im Frühjahr fielen zahllose Exemplare auf den frisch abgebrannten Prärien und umgepflügten Ackern ein, um zu äsen. Wegen der Gewohnheit der Schwärme, nahe bei angeschossenen Mitglie-

Ein Waldhuhnschießen in Neuschottland. In Kanada und den Vereinigten Staaten gibt es noch immer viele Arten von Waldhühnern.

174

dern auszuharren, waren sie besonders leicht zu erlegen und eine mühelose Beute für rücksichtslose Jäger. Im Jahre 1892 waren sie nahezu verschwunden, und die letzte Beobachtung wurde 1937 in Südamerika gemacht.

Eine glücklichere Geschichte läßt sich von den bereits erwähnten sportlichen und hübschen Brautenten berichten. Um 1918 herum war die Sorge um ihre Zukunft so groß geworden, daß sie auf die Liste der gänzlich geschützten Tiere kamen. Während der dreißiger Jahre wurden in ihrem Lebensraum verschiedene Schutzgebiete eingerichtet, und das Ergebnis war, daß sie nach 1940 wieder als ausreichend zahlreich angesehen wurden, um von den Jägern unter strikter Beachtung einer Mengenbegrenzung (bag limit) erneut geschossen werden zu dürfen. So geschützt und mit geeigneten Brutreservaten versehen, ist die Brautente in einigen Gebieten wieder der häufig vorkommende Vogel geworden, der er einst war.

Zusätzlich zu den bereits erwähnten Arten gibt es das »chachalaca« (Hokkohuhn, Ortalis vetula macalli), einen langstößigen mittelamerikanischen Vogel, der sich auch im südlichen Teil von Texas entlang des Rio Grande findet. Außerdem gibt es eine Reihe von Importen, die weit verbreitet und recht zahlreich geworden sind. Ringfasane sind in den meisten Staaten erfolgreich eingebürgert worden, und Rebhühner (Hungarian partidges, Perdix perdix) findet man auf den nördlichen Ebenen und Prärien. Chukars trifft man in den Felswüsten des Westens. Aber trotz dieser Zugänge bleibt die traurige Tatsache bestehen, daß zwölf wertvolle und Erhaltungsmaßnahmen lohnende heimische Vogelarten während der letzten zweihundert Jahre verschwunden und andere noch immer in Gefahr sind. Umweltverschmutzung und Lebensraumzerstörung sind eben leider Teile des »Fortschritts der Zivilisation«, unter denen selbst wir Menschen als Verursacher zu leiden haben.

Obwohl »deers« (Weißwedel- und Maultierhirsche) in den meisten Staaten auch heute noch häufig sind, ist der auf den Ebenen einst verbreitete Wapiti nun selten. Anders als beim Bison, der im offenen Gelände leicht zu schießen war, erforderte die Jagd auf Deer, Wapiti und Elch in den dichten Wäldern Waidmannskunst, Wissen um die Gewohnheiten des Wildes und die Fähigkeit, es durch richtige Lautnachahmungen herbeizulocken. Diese letztere Jagdart wird Rufjagd genannt. Der Jäger muß sich dabei ruhig verhalten und auf seine Kenntnisse über das bejagte Wild verlassen. Er muß seinen Standort für den Schuß im voraus wählen, anstatt dauernd auf der Suche nach Beute herumzulaufen.

Als F. C. Selous, der berühmte Jäger südafrikanischen Großwildes, 1900 Neufundland besuchte, fand er, daß fast die gesamte Karibujagd »aus dem Hinterhalt« ausgeübt wurde. Die Tiere wurden erlegt, wenn sie bei ihren alljährlichen Wanderungen zu den Weidegründen die Eisenbahnlinie überquerten. Die Elchjagd in Nova Scotia und Neubraunschweig wurde dagegen um die Jahrhundertwende entweder mit dem Elchruf oder durch Ansitz ausgeübt. Nach dem Vogelschutzvertrag von 1916 hat das Innenministerium mit seiner Unterabteilung, dem Büro für Jagd, Fischerei und Wild, seine Hegemaßnahmen für die Vereinigten Staaten erfolgreich fortgesetzt. Obgleich man das Erfordernis von Schongesetzen im 19. Jahrhundert nicht anerkannt hatte, war die harte Notwendigkeit dafür in den zwanziger Jahren unseres Jahrhunderts nur zu offensicht-

---

* Das sind rund 130000 qkm, also mehr als die Hälfte der Fläche der Bundesrepublik mit ihren 248073 qkm. (Anmerkung des Übersetzers)
** Die amerikanischen Jäger, Schützen und an Waffen Interessierten werden darüber hinaus auch sonst ganz schön zur Kasse gebeten, z. B. durch eine Sonderabgabe auf Faustfeuerwaffen. (Anmerkung des Übersetzers)

Wapiti (Cervus elaphus canadensis) wurden in Amerika oft gejagt, indem man den Wildrudeln am Wechsel zu den Äsungsplätzen auflauerte.

lich geworden. Jetzt überspannt ein Netz von Wildereservaten und Nationalparken mit über 300 solcher Zufluchtsstätten den Kontinent. Sie umfassen im ganzen ungefähr 29 Millionen acres* und werden von dem eben genannten Büro überwacht.

Heute werden in den Vereinigten Staaten jährlich über eine Milliarde Dollars von Jägern und Schützen ausgegeben. Jeder Einzelstaat hat innerhalb des Bundesrahmens seine eigenen Kontrollmaßnahmen und Gesetze und bezahlt seine Schutz- und Hege-maßnahmen durch die Jagdscheingebühren**. Diese finanzieren auch die Gehälter für das staatliche einschlägige Forschungspersonal und die Wildhüter (game wardens), die die Bundes- und Staatsreservate überwachen, Wilderei und Schießen während der Schonzeiten verhindern und jagdliche Übertretungen ahnden. Jagdscheine (licenses) werden im allgemeinen sowohl für Niederwild als auch für Schalenwild verlangt und schreiben genaue Abschußzahlen (bag limits) für alles vor, was nicht als Raubzeug an-erkannt ist.

Manche Staaten verlangen von Ersterwerbern der Lizenz die Teilnahme an einem Kurzlehrgang über den Umgang mit Feuerwaffen. Durch über zwölf Millionen amtlich zugelassene und geschätzte zwei Millionen unlizenzierte Jäger ist die Jagd zum großen Geschäft geworden.

Die Beliebtheit der Gebrauchshunderassen hängt, wie immer, von den örtlichen Gege-benheiten ab. Spaniels und Retriever haben ihre treuen Anhänger. In den dreißiger Jahren wurden die ersten Deutsch-Kurzhaar importiert und begannen, ihren Platz ne-ben englischen Settern und Pointern, den klassischen Vorstehhunden, einzunehmen. Nun sind Deutsch-Kurzhaar und Weimaraner in vielen Gegenden unter den beliebte-sten Rassen.

Die Jagd mit der Meute ist in den Vereinigten Staaten ein geschätzter Sport geblieben und wird manchmal noch in der alten Elisabethanischen Weise betrieben, indem ein Fuchshund gegen einen anderen in Wettbewerb tritt, bis sie ihre Beute verbellen, wäh-rend die Besitzer entweder von einem Aussichtspunkt aus zuhören und zusehen, oder zu Fuß oder Pferd folgen. Es gibt auch noch Meuten, die in der klassischen englischen

Weise jagen: der »Master of Fox Hounds« und die Jagdbediensteten zu Pferde und im roten Rock, das »Feld« teils ebenfalls im Sattel, teils zu Fuß folgend. Aber solche Methoden sind doch sehr in der Minderheit.

Solche »Master« wie der verstorbene Mr. Henry Higginson, Master of Foxhounds sowohl in England auch auch in den USA, Mr. Joseph B. Thomas, Master of Foxhounds in Virginia und Nordkarolina, oder Mr. Harry Worcester Smith, Master of the Grafton in Massachusetts, boten alle guten Sport. Gemeinsame »Masterschaften« sind häufig, wenn auf britische Art gejagt wird, und im allgemeinen werden die Hunde auch zur Schleppjagd benutzt. Jagdhindernisse oder verkleidete Sprunghindernisse werden vorbereitet, seit der Draht die alten Lattenzäune verdrängt hat. Somit bleibt das alte sportliche Bild gewahrt.

Der große Klimaunterschied zwischen Europa und Nordamerika ist einer der Hauptgründe dafür, daß sich die Jagdmethoden zwischen den beiden Kontinenten unterscheiden. Die winterlichen Wetterbedingungen können in Amerika so streng sein, daß die Briten niemals daran denken würden, ihre Hunde herauszulassen. Auf der anderen Seite kann es im Sommer oder Herbst so heiß sein, daß die Hunde der Spurwitterung nicht folgen können. Es kann dann sogar erforderlich werden, daß man mit der Jagd bis zum Abend wartet. Unter solchen Umständen jagen die Farmer mit ihren Hunden auch bei Nacht. Das ist natürlich hart für die Hunde, die oft Narben tragen, die zeigen, wo sie in Stacheldraht oder andere Hindernisse gerannt sind. Die Jäger selbst sind durch

* Auch Pfeil und Bogen werden wieder zur Jagd verwendet, und ähnlich wie bei der Hetzjagd bestehen erhebliche Meinungsverschiedenheiten darüber, ob das dem Wilde gegenüber fairer oder wegen mangelnder Schockwirkung abzulehnen ist. (Anmerkung des Übersetzers)

Nationalparks und einzelstaatliche Wildschutzgebiete haben dem modernen Amerika eine Erhaltung·und Vermehrung vieler Wildarten ermöglicht. Hier sehen wir im Vordergrund Stockenten (mallards, Anas platyrhynchos) und im Hintergrund Schneegänse (Chen hyperborea) in einem staatlichen Schutzgebiet Kaliforniens.

das Gehör imstande, ebensogut wie bei Tageslicht dem Wege der Hunde und den verschiedenen Stadien der Jagd zu folgen. Wenn sie Meute oder Feld einmal verlieren, können sie erwarten, daß Nachbarn und andere Einheimische ihnen den Weg zeigen, denn diese sind meist außerordentlich interessiert an solchem Vorgang.

Leider verlangen die bekannten Verlockungen des Fernsehens auch von diesem Sport ihren Zoll – wie von so vielen anderen. In den Südstaaten gehört die Jagd noch mehr zum Leben als im Norden: Das behaupten wenigstens die dortigen Reiter. Tatsache ist jedoch, daß nur eine einzige Jagdgesellschaft, nämlich die in Millbrook in Duchess County, New York, sich rühmen kann, daß sie sowohl europäische Hasen als auch Grau- und Rotfüchse jagt. Es gibt eine Reihe von Harriermeuten, die Eselhasen jagen, und auch einige Beaglemeuten. Wie in England, haben die Ausbreitung der Autobahnen, die Elektrifizierung der Eisenbahnen und andere moderne Gefahren die Jagd mit der Meute ungünstig beeinflußt, aber sie wird trotz aller Widrigkeiten immer noch betrieben.

Seit 1945 hat es eine beträchtliche Vermehrung der Armbrustliebhaber* in den Vereinigten Staaten gegeben. Deren Zahl ist heute so groß, daß die Jagdscheine der meisten Bundesstaaten nun die Jagderlaubnis mit der Armbrust einschließen. Die moderne Armbrust mit Zielfernrohr und mächtigem Stahlbügel ist eine furchtbare Waffe, die fähig ist, einen Weißwedelhirsch auf hundert Yards (91,44 Meter) oder mehr lautlos zu töten.

Während der gleichen Epoche sind viele alte Vorderlader mit liebender Sorgfalt instand gesetzt worden und nun wieder im regelmäßigen Gebrauch. Feuersteine aus der einzigen noch existierenden kleinen Feuersteinbehauerfirma der Welt in Brandon, Suffolk, England, werden in beträchtlichen Mengen an Liebhabervereinigungen und Einzelhändler in den Vereinigten Staaten geliefert. Der Markt weitet sich ständig aus, womöglich bald auch auf Europa.

Eine ziemlich beunruhigende Neuentwicklung in den Vereinigten Staaten der fünfziger und sechziger Jahre war die Gründung sogenannter »Wildklubs« oder »Sportklubs«, die Wild auf einer Farm aufziehen und dem wohlhabenderen oder älteren Jäger seinen »Sport« mit geringer Mühe ermöglichen. Viele dieser Unternehmen mögen vollständig seriös sein, aber einige sind offensichtlich mehr als zweifelhaft. Indem sie alle gesellschaftlichen Annehmlichkeiten von Klubs mit Umziehräumen, Bars und anderen Einrichtungen bieten, ziehen sie auch Mitglieder an, die man sonst kaum als Jäger ansprechen würde.

Das Arbeitsprinzip dieser Unternehmen besteht darin, daß das Mitglied für zwei, drei oder vier Vögel bis zu einer gewissen Abschußgrenze bezahlt. Dann werden diese in einem Dickicht ausgesetzt. Das geschieht in manchen Klubs am Tage zuvor, um ihnen eine Chance zur Eingewöhnung zu geben. In anderen werden sie direkt vor Ankunft des Schützen freigegeben, der den Platz in einem Landrover erreicht. Dann wird ein gut abgeführter Hund angesetzt, der das Wild aufspürt und zum Abstreichen bringt. Wenn der »Jäger« auch nur einigermaßen schießen kann, wird es erlegt; aber selbst wenn er es mit beiden Läufen fehlt, fliegt es nicht weit. Der Grund dafür ist einfach der, daß es sein ganzes Leben in einem Drahtgehege verbracht hat, das nicht größer als ein acre (4047 qm) war und nie zuvor weiter als im Höchstfall 30 oder 40 Yards geflogen ist.

Eine Variante dieser Methode besteht darin, einige Schützen rund um ein Wäldchen aufzustellen und ihnen von einer darin aufgestellten Plattform aus frisch freigelassene Fasanen zuzusenden. Solche Tiere, ebenfalls in einem Drahtkäfig aufgewachsen, können überhaupt nicht richtig fliegen und wissen ja auch nicht, in welche Richtung. Das

Die Eselhasenhetze mit Windhunden; in manchen Teilen Amerikas ein beliebter Sport.

ganze System kann man nur mit Abscheu betrachten: Es ist Verneinung und Gegenpol der Jagd in ihrem wahren Sinne.

Die Gewöhnung von Enten daran, täglich von einem kleinen Turm oder Hügel zu einem nahegelegenen See zu fliegen, indem man sie täglich zur Fütterung am Abflugpunkte zurücktreibt, bevor man sie dann freiläßt, um über die wartenden Schützen zu streichen, ist von der vorher beschriebenen Art des Abschlachtens nur einen Schritt entfernt. So etwas kann man nicht faires, sportliches Benehmen nennen: Es ist Schlächterei und nichts anderes.

Andere Methoden, wie die Wiedergabe von auf Band aufgenommenen Balzlauten des Federwildes durch Lautsprecher, die mit vollem Recht gesetzlich verboten wurde, werden von jedem wahren Sportsmann verdammt. Das gleiche gilt für die Hubschrauberpiloten, die mit ihrem »jagenden« Passagier die Küste entlangfliegen und nach Bären oder anderem Wild Ausschau halten, um ihn dann in bequemer Schußentfernung abzusetzen. Manchmal verfolgen sie dann das unglückliche Tier auch noch aus der Luft und halten mit dem Feldsprechfunkgerät Verbindung mit dem »Jäger«. Man könnte das eigentlich nur noch dadurch steigern, daß man es mit dem Mehrladegewehr aus dem Hubschrauber heraus schießt oder eine kleine Napalmbombe darauf abwirft. Damit wäre dann sichergestellt, daß es nicht nur getötet, sondern auch gleich mundgerecht gebraten ist...

Selbst wenn die Jagd zum großen Geschäft wurde: Solche Dinge müssen im Zaume gehalten werden.

Das schwierigste Problem, mit dem die Vereinigten Staaten während der letzten hun-

Wildklubs – eine mühelose Art, sein »Jagdvergnügen« zu finden. *Links* Stockenten steigen eine Rampe zu einem Abflugturm hinauf. Sie sind darauf abgerichtet, von dort aus über die wartenden Schützen zu fliegen. *Rechts* Das Schießen der Enten aus Deckungen oder Schirmen heraus beim Überflug.

dert Jahre fertig werden mußten, war die phantastische Zuwachsrate der Bevölkerung. Im Jahre 1880 gab es nur fünfzig Millionen Einwohner, 1920 waren es über hundert Millionen, um 1950 einhundertfünfzig Millionen und 1970 über zweihundert Millionen. Auf den dreieinhalb Millionen Quadratmeilen der Vereinigten Staaten hat sich während dieser Zeitspanne das zur Verfügung stehende Wild drastisch vermindert, und wuchernde städtische Betonbauten, »Smog« und Umweltverschmutzung haben sich dafür riesig vermehrt.

Die Umweltverschmutzung kann Formen annehmen, die dem bloßen Auge in keiner Weise auffallen, und ist heute eine Hauptbedrohung der Zukunft, die auf jede nur mögliche Weise bekämpft werden muß, bevor es zu spät ist. Die Verseuchung durch in der Luft verstäubte Insektengifte, radioaktiven Müll und im Wasser verbreitete

* Das sind 9 976 137 qkm laut Fischers Weltalmanach 1971. Verglichen mit den 248 073 qkm der Bundesrepublik also das Vierzigfache... (Anmerkung des Übersetzers)

Viren ist nicht immer sichtbar und wird manchmal erst bemerkt, wenn es beinahe zu spät ist. Vögel und andere Tiere werden durch Dieldrin, DDT, Heptachlor, Aldrin, Endrin und andere derartiger langlebiger Gifte angegriffen, die im Fettgewebe gespeichert werden und Unfruchtbarkeit, am Ende sogar den Tod verursachen. Wildvögel, die damit vergiftet sind, können unfruchtbare Eier legen, aber dennoch gesunde Artgenossen von guten Nistplätzen verdrängen. Jedes Raubtier, das ihr verseuchtes Wildpret aufnimmt, baut seinerseits eine Giftansammlung auf. Auf diese Weise setzt sich die Giftweitergabe jahrelang fort und richtet unendlichen Schaden an, wobei der Mensch selbst mit betroffen wird.

Das Gesamtbild ist aber auch nicht ohne Lichtseiten. Der Bison, der schon fast ausgestorben war, ist nun in den Vereinigten Staaten wieder auf über 10 000 Exemplare angewachsen; in Kanada gibt es sogar noch mehr. In den letzten 25 Jahren haben sich seine Herden in den Nationalparken und Wildreservaten ständig vermehrt. Ironie des Schicksals: es leben heute wieder mehr Bisons als Langhornrinder, und es sind die letzteren, die in größerer Gefahr des Aussterbens sind, wenngleich eine Herde dieser charakteristischen Tiere seit 1927 in dem Wichita National-Wildreservat in Oklahoma erfolgreich gehegt wird.

Verglichen mit den USA, hat Kanada viel geringere Probleme. Seine Bevölkerung betrug 1921 zehn Millionen Menschen, 1951 sechzehn Millionen und 1970 immer noch nur zwanzig Millionen. Die Kanadier hatten das Glück, daß ihr Fortschritt während der fieberhaften Entwicklungen des 19. Jahrhunderts, die in den Vereinigten Staaten zu großen inneren Spannungen führten, viel langsamer und stetiger ablief. Das Ergebnis ist, daß der Wildbestand Kanadas heute viel besser geschützt und für den Jäger erheblich verfügbarer ist.

Dieses riesige Land von über vier Millionen Quadratmeilen* hat ungeheure, scheinbar unendliche Wälder, schneebedeckte Berge, gigantische Seen und viele Flüsse voller Wild, ohne daß bisher Umweltverschmutzungsprobleme entstanden sind.

Das Haselhuhn und das kanadische Rebhuhn gibt es in Waldgebieten noch immer reichlich in ganz Kanada; andere eingeborene Wildvogelarten sind Blue Grouse (Dendragapus obscurus), Arctic Grouse und mehrere Arten von Wildgänsen. Europäische Rebhühner finden sich in den meisten Provinzen Nordkanadas, und Federwild ist natürlich überhaupt im ganzen Lande verbreitet, besonders in den Prärieprovinzen. Berglöwen gibt es noch in British Columbia und den Berggegenden von Alberta. Elche und andere Hirscharten, Dickhorn- (Ovis montane) und Dall-Schafe (Ovis dalli), Bergziegen (Oreamnos americanus), Antilopen, Luchse, Karibus, Schwarzbären und Grislybären leben in den meisten westlichen Provinzen. Karibus sind zahlreich auch in Neufundland und British Columbia und bieten gute Jagdmöglichkeiten. Man hat Kanada deshalb mit Recht das Jägerparadies genannt.

So ist es zu verstehen, wenn vom überbesiedelten europäischen Kontinent ein jährlich anwachsender Strom von Jägern in die kanadischen Wälder fließt. Sie werden durchweg betreut von Jagdführern und einheimischen Jägern, die über Motorboote, Hubschrauber und Flugzeuge verfügen müssen, denn Kanada ist zwar ein weites Land mit schier unerschöpflich scheinenden Jagdgebieten, doch jagen auch die Kanadier selbst, wenngleich nur für den Hausgebrauch, und somit sind die trophäenhungrigen europäischen Jäger mehr und mehr gezwungen, auf der Suche nach kapitalem Wild immer tiefer ins Landesinnere vorzudringen.

Diese Jagdreisen werden – vor allem in der Bundesrepublik Deutschland – von einschlägig erfahrenen Jagdvermittlern arrangiert.

Oben Eine für Amerika ungewöhnliche Jagdszene: Eine Saujagd in Tennessee. Das Schwarzwild dort stammt von einigen im Jahre 1912 eingeführten Stücken ab.

Da das Hauptaugenmerk der europäischen Jäger sich aus Tradition auf das markante, trophäentragende Wild Kanadas richtet, sind von den jeweiligen Provinzen dort bereits Schutzbestimmungen erlassen worden, um eine Überbejagung oder ungewollte Ausrottung der einen oder anderen Tierart zu verhindern.

Gegenüber Als eines der Ergebnisse von Hegemaßnahmen leben wieder viele Bisons im Westen. Hier wird eine Herde davon in Montana zusammengetrieben.

10 Die Jagd in Australien und Neuseeland von 1770 bis heute

Kapitän James Cook, damals noch ein kleiner Leutnant, unternahm 1769 und 1770 seine kühne Entdeckungsreise. Er ergriff im Namen König Georgs III. Besitz von der Nord- und Südinsel Neuseelands sowie der Ostküste Australiens. Die Regierung zu Hause desavouierte ihn allerdings nachträglich bezüglich Neuseelands, sandte aber 1788 die »erste Flotte« aus, um die Küste Australiens zu kolonisieren. Diese landete in Botany Bay, die so getauft wurde, weil dort bei Cooks erster Landung eine riesige Anzahl bisher unbekannter Pflanzen gefunden worden war. Man fand bald heraus, daß der neue Erdteil auch in bezug auf die Fauna eine überraschende Menge von Neuheiten zu bieten hatte.

Es dauerte nicht lange, bis Berichte über die seltsamen Tierarten, die man in dem neuen Lande entdeckt hatte, in die Heimat zurückgingen. Entstellte Beschreibungen von Känguruhs und anderen Beuteltieren, d. h. Tieren, die ihre Jungen in einer Tasche mit sich tragen, sickerten nach England durch. Das einzige außerhalb Australiens bekannte Beuteltier ist das nordamerikanische Opossum*, in Australien gibt es dagegen 110 wissenschaftlich gesicherte Varianten. Bergkänguruhs, Hasenkänguruhs, buschigschweifige Ameisenbeutler, stachelschweifige Ameisenfresser, Wombats, Beuteldachse, die eingeborene Katze, der tasmanische Wolf, der schwarze Schwan, die Bronzetaube, Wasservögel, Regenpfeifer, Wachteln, viele Eidechsen- und über hundert Schlangenarten, darunter die tödlich giftigen Milchschlangen:

Australien bot eine unendliche Auswahl neuer und faszinierender Tierarten. Manche, wie das entenschnäbelige Schnabeltier (Ornithorhynchus anatinus), stellten die Zoologen vor ganz neue Klassifikationsprobleme.

Die Eingeborenen, jene dunklen Nomadenjäger des Landesinneren, die noch in der Steinzeit lebten, konnten keinen dauernden Widerstand leisten, obgleich sie sich keineswegs immer freundlich zeigten. Ihre Fähigkeiten zum Überleben und ihr anscheinend instinktives Wissen um die Tiere und Pflanzen ihrer Heimat, verbunden mit ihren beachtlichen Fähigkeiten als Fährtensucher, machten sie als Jagdführer unschätzbar.

Ihr Treffvermögen mit ihren krummen Holzstäben oder Bumerangs und ihren Speeren war hervorragend. Damit und mit seinen Jagdhunden war der Eingeborene in der Lage, alles Wild zu erlegen, das er für seinen Lebensunterhalt, zur Beschaffung von Nahrung und Kleidung, brauchte.

Gegenüber Kängeruhjagd im 19. Jahrhundert in Australien.

* Das stimmt nicht ganz. Auch auf Neuguinea leben etliche Beuteltierarten, und in Amerika gibt es neben dem Opossum eine ganze Beutelrattenfamilie, z. B. den Krabbenbeutler, die Beutelspitzmaus und die Äneasratte. (Anmerkung des Übersetzers)

Eingeborene jagen Kormorane mit Bumerangs. Ihre Treffsicherheit mit diesen krummen Stöcken war hervorragend.

Die Entwicklung des neuen Erdteiles setzte sich in einem Tempo fort, das uns heute erstaunlich langsam vorkommt. Es ist z. B. geradezu bestürzend, wenn man sich vorstellt, daß er erst um 1897 herum ganz erforscht war. In größerem Maße begann die Entwicklung praktisch erst nach der Mitte des 19. Jahrhunderts.

Zu dieser Zeit war jedoch der Gang der Ereignisse festgelegt, und viele tiefgreifende ökologische Veränderungen hatten bereits stattgefunden.

Es hatte sich schnell herausgestellt, daß Australien ein Kontinent war, in dem einige eingeführte Tiere und Pflanzen außerordentlich gut gediehen, während andere überhaupt nicht leben konnten. Das Aussetzen von Kaninchen war z. B. einer der denkwürdigsten Irrtümer, den man durch einen unkontrollierten Versuch beging. Er führte durch eine geradezu explosionsartige Vermehrung zu einer Landplage, denn es gab keine eingeborenen Raubtiere, die die Flut hätten aufhalten können.

Man führte also Frettchen, Hermeline und Wiesel ein, um sie einzudämmen, aber diese versagten völlig. Gifte, Fallen, Schlingen, Netze und Schießen erwiesen sich ebenfalls als wenig wirksam gegen die phantastische Vermehrungskraft des Kaninchens. Andere

186

Tierimporte, wie Füchse, Hirscharten, Wildschweine, Ziegen und Kamele, überlebten ebenfalls, ohne jedoch glücklicherweise eine so phänomenale Nachkommenschaftsmenge in die Welt zu setzen. Eine Tiereinfuhr die sich gut eingewöhnte, war das Merinoschaf, und seine Wolle erwies sich bald als Haupteinnahmequelle der Siedler in Australien. Diese lebten überhaupt vorwiegend von Ackerbau und Viehzucht, denn die Industrie entwickelte sich nur langsam.

Die Entdeckung von Gold in großen Mengen und der darauf folgende Bergbau lockte während des 19. Jahrhunderts viele Tausende ins Land.

Die Reitjagd nach englischer Art, also mit privaten Meuten, wurde von den wohlhabenden Siedlern bereits in den ersten Tagen eingeführt. Das Schießen von Wasservögeln, Tauben, anderem Federwild, Känguruhs, Wallabies, Hirschen und Schweinen war selbstverständlich. Wie in Nordamerika, gab es keine unmittelbare Bindung des Jagdrechtes an den Grundbesitz. Der Staat hielt von Anfang an daran fest, daß das Wild für jedermann frei zur Erlegung sei, wenn auch ein Mann, dem ein Stück Land einwandfrei gehörte, mehr Rechte besaß als ein Fremder.

Die einfache Tatsache, daß ein großer Teil, wenn nicht überhaupt die Mehrheit der ersten Siedler Sträflinge waren, die als Deportierte aus England ins Land kamen, mußte unweigerlich zu einer gleichmacherischen Haltung gegenüber dem Wilde in Australien führen. War doch ein hoher Prozentsatz von ihnen für kleinere Vergehen, wie Wilddiebstahl zur Ernährung ihrer hungernden Familie verurteilt worden! Kein Mann, des-

Jagd mit Speeren. Die Eingeborenen jagten mit Speeren oder Bumerangs, und ihre Geschicklichkeit war so groß, daß sie allein mit diesen Waffen ihren Lebensunterhalt sicherstellen konnten.

sen Vater wegen Wilderns deportiert worden war oder der selbst wegen des gleichen Vergehens herübergebracht wurde, machte sich wohl Sorgen um »Jagdrechte« auf diesem neuen Erdteil, wo es für jedermann Raum im Überfluß gab.

Jeder, der seine völlige Freiheit auf diesem Gebiete zu beschneiden versucht hätte, wäre Schwierigkeiten geradezu nachgelaufen und hätte sie wahrscheinlich auch bekommen.

Es ist erstaunlich, daß die Reitjagd nach englischer Art in solcher Atmosphäre überleben konnte. Und doch gab es private Meuten, die nicht nur zeitweilig allen Hindernissen, wie Königsschlangen und sengender Hitze, zum Trotz, guten Sport lieferten, sondern das setzte sich immer weiter fort. Das war gewiß ein Beweis dafür, wenn es eines solchen überhaupt bedürfte, daß der Anblick einer verfolgenden Meute mit vollem Gebell ausreichte, jedes Jägerblut zum Wallen zu bringen und alle Schranken zu überwinden, mochte das Beutetier nun ein Fuchs oder ein Känguruh sein.

In Neuseeland waren inzwischen zwar Händler und Missionare tätig gewesen, aber dieses Land wurde erst 1840 endlich annektiert. Danach setzten die Maoris, die kriegerischen Eingeborenen, ihren zähen Widerstand gegen die Weißen, die sie als Eindringlinge in ihr Land betrachteten, aber fort. Er dauerte noch bis 1871, bis sie endgültig »befriedet« waren. Merino-Schafe und Goldgräberei wurden, wie in Australien, die Hauptstützen der Volkswirtschaft.

Die Einführung von Frettchen, Hermelinen, Wieseln und Katzen, die, wie in Australien, ins Land gebracht wurden, um der schnell wachsenden Kaninchenplage Herr zu werden, führte lediglich zur langsamen Ausrottung der eingeborenen Vögel, die eine Zierde des Landes gewesen waren.

An ihrer Statt importierte man Fasanen und Wachteln, die sich schnell eingewöhnten. Rot- und Damwild wurde ebenfalls eingeführt und vermehrte sich bestens. So war der Jäger gut versorgt, wenn auch nicht mit der Vielfalt von Tieren, die in Australien heimisch waren.

In der zweiten Hälfte des 19. Jahrhunderts wurde die Hetzjagd in Australien für eine Weile sehr beliebt. Der Windhund war lange mit anderen Rassen gekreuzt worden, um den »idealen Känguruhhund« hervorzubringen. Im Jahre 1868 jagten einige Sportsleute Känguruhs, als ein Wallaby aufsprang und ein sehr schönes Rennen lieferte. Ein kürzlich angekommener Einwanderer regte an, einen Hasen-Hetz-Klub (coursing club) zu gründen, und dieser wurde der erste einer beträchtlichen Zahl solcher Vereinigungen, die kurz danach entstanden. Vielleicht war es nur ein Zufall, daß der europäische Feldhase nicht lange zuvor erfolgreich eingebürgert worden war.

Vom Standpunkt des Farmers aus gesehen, war das übrigens alles andere als ein Erfolg, denn er setzt jährlich drei- bis viermal bis zu fünf Junghasen und mußte schließlich auch zum Schädling erklärt werden.

Waterloo-Pokal-Wettbewerbe nach britischem Vorbild entstanden in Südaustralien, Neusüdwales, Victoria und Neuseeland. Der in Victoria hielt sich streng an die englischen Richtlinien; Einsatz und Zahl der Hunde waren gleich. Zahlreiche importierte englische Windhunde waren darin erfolgreich. Es wurde auch ein »National Coursing Club« gegründet und eine Registrierung der Windhunde begonnen. Aber das Interesse schlief langsam wieder ein, und um die Jahrhundertwende war die Hetze auf Hasen auf ländliche Bezirke beschränkt.

Einer der einheimischen Vögel Australiens ist der flugunfähige Emu, der dem Strauß in vielem ähnelt, nur daß ihm die einst so wertvollen Schwanzfedern fehlen. Vor der Ankunft der ersten weißen Siedler hatte er bewiesen, daß er den Nachstellungen trotz seiner Flugunfähigkeit gewachsen war.

Nachdem das Känguruh erfolgreich zu Stande gehetzt ist, wird es mit einem Bleiknüppel betäubt.
Dann werden seine Kniesehnen durchgeschnitten.

Als er nunmehr weiter ins Landesinnere verdrängt wurde, begann er, sich prompt erheblich zu vermehren, ebenso wie das Känguruh. In den frühen Tagen der Erschließung des Kontinentes lieferte er auf viele Arten jagdliche Freuden, sei es beim Schießen oder bei der Hetze.

Die Jagd mit der Waffe geschah normalerweise mit der Büchse auf einem schußgewohnten Pferd. Die Hetzjagd wurde im allgemeinen mit »Känguruhhunden« durchgeführt. Diese erreichten den rennenden Emu (Dromiceius novae-hollandiae) schließlich und zogen ihn am Hals nieder. Wem das unsportlich vorkommt, der möge bedenken, daß der Vogel so kräftig gebaut ist, daß bei einem Zusammenstoß mit einem Drahtzaun meist dieser, nicht aber das Tier Schaden nimmt. Das ist auch der Grund dafür, daß die australische Regierung früher einmal Abschußprämien für jeden erlegten Emu zahlte.

Genau wie der Flug großer Vögel langsam erscheinen mag, kann das Tempo eines rennenden Emus den Unerfahrenen leicht täuschen. Die ruckende Gangart scheint gemächlich, bis man sie mit der des Verfolgers vergleicht: dann sieht man nämlich erst, daß der Vogel sich außerordentlich schnell bewegt. Seit die Schafzucht intensiv betrieben wurde, zeigte es sich, daß es unmöglich ist, den Emu zu hetzen, ohne eine Herde von fünf- oder sechstausend Schafen aufzuscheuchen und sich dadurch mehr Schaden als Nutzen einzuhandeln. Folgerichtig scheint es um die Jahrhundertwende herum üblich geworden zu sein, den Emu in Ruhe zu lassen, wenn er nicht gerade allzu viele Zäune umriß oder in Notzeiten zuviel Gras für sich in Anspruch nahm.

Das australische Opossum, vom amerikanischen übrigens recht verschieden, lieferte

Sehr populär war die Hetzjagd auf Emus. Bald jedoch war sie mit der Intensivierung der Schafzucht nicht mehr vereinbar. So verlor sich diese Jagdart.

den Weißen um 1900 herum geradezu einen Nationalsport. Fast an jedem mondhellen Abend zog der junge Australier mit seinem Hunde los, um auf Opossums zu jagen. War der Vierbeiner gut abgeführt, fand er bald einen Baum, den er heftig anbellte, um die Anwesenheit eines Opossums darin zu verkünden. Der Jäger mußte dann in verschiedenen Abständen um den Baum herumschleichen, bis er den runden Kopf mit den aufgestellten Ohren des Opossums klar als Silhouette vor dem Mond erkennen konnte. Dann schoß er und lauschte angespannt. Wenn das Tier getroffen war, hörte er vielleicht das Tropfen von Schweiß oder das Kratzen der Krallen, das anzeigte, daß es versuchte, seinen Halt zu bewahren. Blieb es unverletzt, dann flüchtete es zum nächsten Erdloch.

Nun war es leicht möglich, einen Baumast, ein Nest weißer Ameisen oder einen Koalabären (Beutelbär; Phascolarctos cinereus) mit einem Opossum zu verwechseln. Ein eifriger Opossumjäger jener Zeit schrieb darüber:

»Von einigen Pechvögeln ist bekannt geworden, daß sie einen Eingeborenenbären oder Koala als Opossum ansprachen, und, nachdem sie ihm ein Dutzend Schrotladungen auf den Pelz gebrannt hatten, unter dem Eindruck, sie seien verhext, zum Lager zurückkehrten. Der Bär behandelt nämlich normales Opossumschrot wie Dreck und weigert sich, sich auch nur zu rühren, wenn man ihm nicht mit einer Handvoll Posten oder zwei bis drei Kugeln kommt.«

Auch Flughörnchen, eine noch kleinere Gruppe von Beuteltieren, wurden in ähnlicher Weise bei Mondschein erlegt, nur daß man dazu keinen Hund brauchte. Nach Angabe des gleichen Autors:

»Ihr pausenloses Schnattern läßt sie leicht finden. Der Busch ist so still, daß man sogar das Geräusch ihres Fluges auf einige Entfernung hören kann. Wenn sie getroffen sind, fliegen sie meist noch 40 oder 50 Yards weit, bevor sie herunterfallen, und ihr Aussehen, wenn sie mit ausgebreiteten Flughäuten vom Monde durchleuchtet werden, vermittelt einen stark übertriebenen Eindruck von ihrer wahren Größe ... Dieses Schießen bei Mondschein auf so kleine Tiere mag manchen Leuten witzlos erscheinen, ... hat aber seinen eigenen Reiz.«

Inzwischen war bereits 1851 ein Rotwildpaar aus England nach Neuseeland verbracht worden. Das Tier starb auf der Reise, aber der Hirsch wurde auf den Hügeln bei Nelson auf der Südinsel ausgesetzt. Seitdem scheinen über 220 schriftlich belegte Aussetzungen von Rotwild aus England, Schottland und Australien auf der Nord- und Südinsel stattgefunden zu haben, und zwar bis 1923. Unzweifelhaft hat es noch viele weitere gegeben, die unbestätigt sind. So ist das Rotwild heute auf beiden Inseln fest angesiedelt.

Das erste in Neuseeland eingeführte Damwild stammte aus dem Richmond Park bei London und wurde im Jahre 1864 ebenfalls bei Nelson ausgesetzt. Während der nächsten Jahre folgten weitere Einfuhren und Freigaben auf beiden Inseln. Die größte, nachgewiesene davon bestand aus 28 Stücken, die man 1877 freiließ. Auch das Damwild ist heute aus Neuseeland nicht mehr wegzudenken. Es ist zu einem beliebten Jagdwild geworden.

Trotz verschiedener Bemühungen sind dagegen andere Hirscharten nicht sowohl auf der Nord- als auch auf der Südinsel heimisch geworden*. Sikahirsche, Sambar (Aristoteleshirsch; Rusa unicolor) und javanische Rusa (Pferdehirsche) finden sich nur auf der Nordinsel. Das erste Sikawild wurde auf dieser 1885 ausgesetzt und lebte sich gut ein, aber das Rudel wurde von den örtlichen Farmern abgeschossen, die behaupteten, er habe ihre Ernten geschädigt.

Im Jahre 1905 wurden drei weibliche und drei männliche Stücke aus dem Bestand des Herzogs von Bedford in Woburn herübergeschickt, und diese wurden samt einem unterwegs gesetzten Kalb bei Rangitaiki ausgesetzt. Sie scheinen sich jetzt völlig an verschiedenartige Standorte ihres neuen Lebensraumes gewöhnt zu haben.

Virginiahirsche (Weißwedelhirsche), Wapitis und überraschenderweise selbst Elche haben sich dagegen auf der Südinsel akklimatisiert. Es ist allerdings zweifelhaft, ob es dort auch heute noch Elche gibt, denn ihre Zahl ging anerkanntermaßen zurück, und seit 1954 ist keiner mehr erlegt worden. Ebenso wie eine Anzahl von Axishirschen, die um 1900 herum in der gleichen Gegend ausgesetzt wurden, mögen sie heute wieder ausgestorben sein.

Die Wapitis haben sich dagegen nicht nur gehalten, sondern sind fest eingebürgert und vermehren sich ständig.

Auch die Tahrs aus dem Himalayagebiet, Bergziegen genannt (Hemitragus jemlaicus), nehmen auf der Südinsel stetig zu. Zwischen 1904 und 1909 wurden aus der Herde des Herzogs von Bedford in Woburn acht Böcke und fünf Ziegen nach Neuseeland geschickt und nahe beim Mount Cook ausgesetzt. Ihre Nachkommen haben sich bis jetzt über ungefähr 140 Meilen (225 km) der südlichen Alpen verbreitet. Unglücklicher-

Gegenüber Eingeborene räuchern Opossums aus. *Umseitig* Das Eintreiben von Elefanten in ein »Keddah« (Elefantenfalle). Aus Williamsons »Oriental Field Sports«.

* So überraschend ist die Tatsache, daß sich nicht alle Tierarten auf beiden Inseln wohlfühlen, gar nicht. Diese sind nämlich klimatisch ganz verschiedenartig: Die Nordinsel hat ein warmes, ozeanisches Klima, ähnlich dem Portugals, die Südinsel ein kühleres, wie Irland oder Westnorwegen. Aus diesem Grunde sind auch die Maoris, die ja Polynesier sind, fast ausschließlich auf der Nordinsel ansässig. (Anmerkung des Übersetzers)

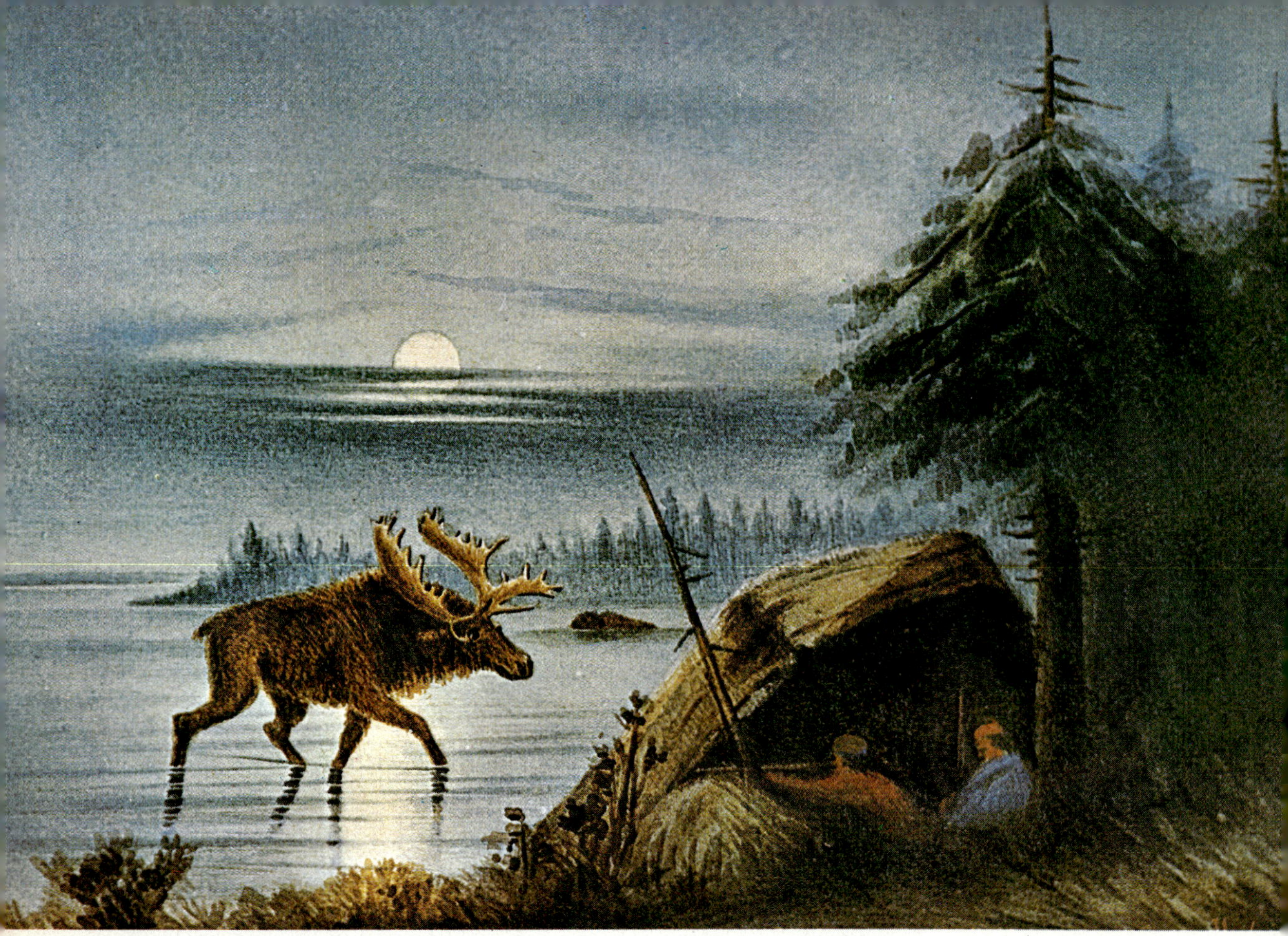

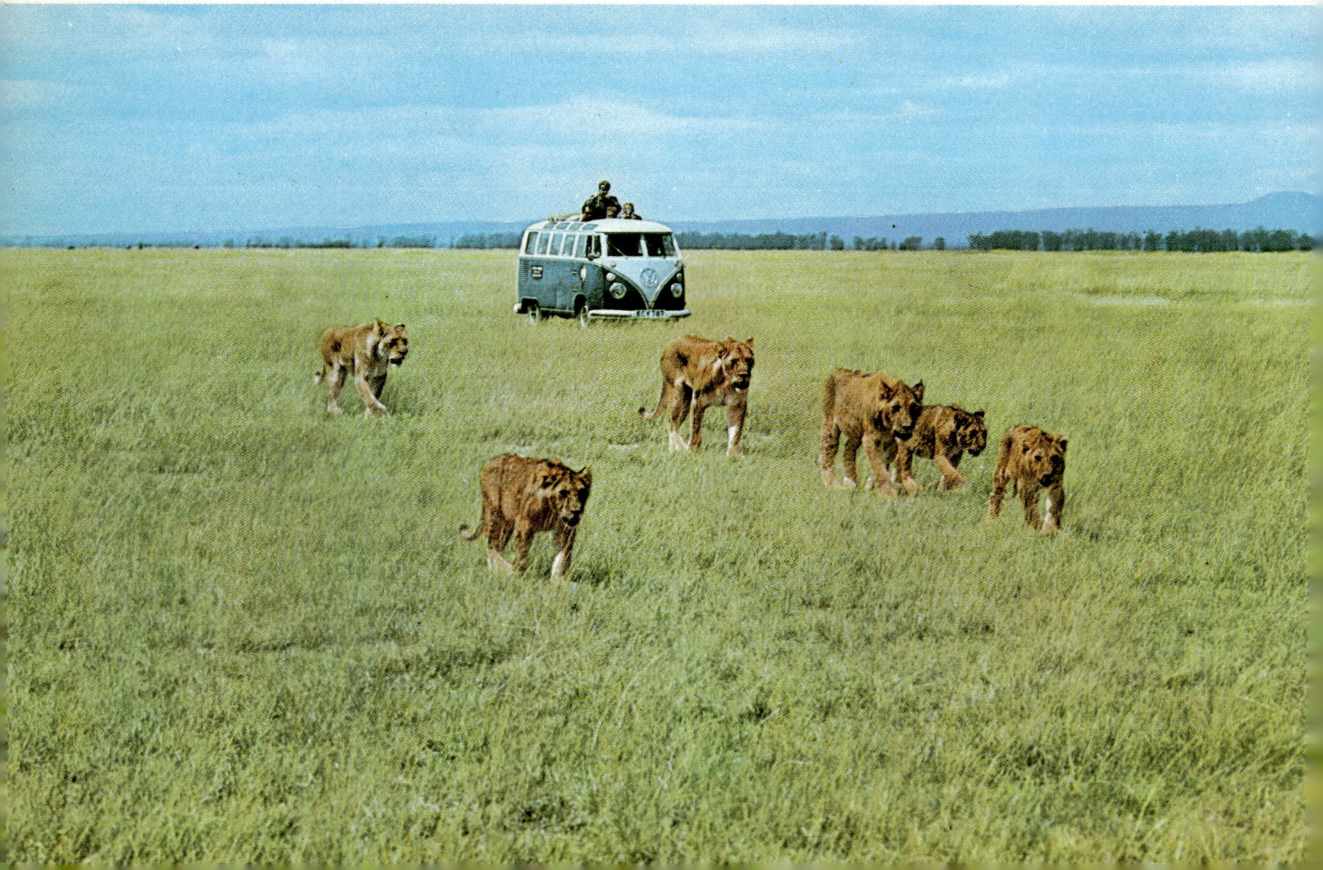

weise blieben zwei Aussetzungen auf der Nordinsel in den Jahren 1909 und 1911 ohne Erfolg. Die Vorkommen auf der Südinsel Neuseelands und bei Kapstadt in Südafrika sind die einzigen bekannten außerhalb ihrer ursprünglichen Heimat, des Himalajagebietes.

Im gleichen Gebiet der neuseeländischen Alpen leben auch zahlreiche Gemsen, die es auf der Nordinsel ebenfalls nicht gibt. Verwilderte Hausziegen sind dagegen auf beiden Inseln verbreitet; auf der Nordinsel sogar verhältnismäßig stärker. Das gleiche gilt für Schwarzwild.

So gibt es fast unbegrenzte Jagdmöglichkeiten mit der Büchse im heutigen Neuseeland, wobei für reichliche Abwechslung gesorgt ist. Infolge des sehr erheblichen gewerbsmäßigen Abschusses, der in seinen Methoden durch keinerlei Vorschriften behindert wird, existieren allerdings einige Gegenden, wo es nicht mehr so einfach ist, einen Hirsch zu erlegen. Zudem ist das Gelände in vielen Teilen Neuseelands außerordentlich schwierig und zerklüftet. Aber gute Jagdmöglichkeiten sind offensichtlich für alle diejenigen vorhanden, die bereit sind, Strapazen auf sich zu nehmen. Für den passionierten Jäger also eher ein Anreiz.

Seit 1930, als ihr Schutz aufgehoben wurde, hat es eine zu große Wilddichte bei verschiedenen Schalenwildarten gegeben, und es sind Schäden an Ernten und Wäldern entstanden. Deshalb haben staatlich angestellte Jäger seitdem über eine Million Stück Rotwild abgeschossen, um die Zahl zu verringern. Außerdem wurden jährlich mehr als 100 000 Stück von Sportsleuten und gewerbsmäßigen Jägern erlegt. In Grenzen gehaltene Auslese dieser Art ist jedoch eine Sache, unkontrolliertes Töten eine andere. In den letzten Jahren haben Jäger Hubschrauber und Selbstladebüchsen benutzt, um den Schwierigkeiten aus dem Wege zu gehen, die das Anpirschen an den Hirsch in den unglaublich verwachsenen Dickungen verursacht.

Zunächst ergab sich dadurch eine erhebliche Vergrößerung der Strecken, aber jetzt wird berichtet, daß das Rot- und andere Wild sofort in Deckung geht, wenn es das Geräusch eines Hubschraubers vernimmt. So wachsen die Bäume nicht in den Himmel, und das Wild bleibt eine wertvolle Touristenattraktion. Die anerkannt guten Jagdgründe locken in zunehmendem Maße amerikanische und europäische Jäger auf die exotische Insel. An Jagdhotels und erfahrenen Führern ist im ganzen Lande kein Mangel. Der europäische Jäger hat jedoch mit der immer noch immens langen Dauer der Flugreise eine weitere Belastung auf sich zu nehmen.

Von den in Neuseeland eingeführten Wildvögeln, die sich fest eingebürgert haben, wären Chukars (Steinhühner; Alectoris graeca) auf der Südinsel, Wachteln und Fasane auf der Nordinsel erwähnenswert. Der »Fasanengürtel« umfaßt ungefähr die nördliche Hälfte bis zu zwei Dritteln der Nordinsel, der »Wachtelgürtel« deren südliche Hälfte bis zu zwei Dritteln, wobei sich beide etwa zwischen Taupo und Tauranga überlappen. Die besten Wasservogelgebiete liegen nordwestlich von Wellington, südlich von Rotorua, westlich von Gisborne und südöstlich von Auckland. Die Kenntnis von den besten Entenlagunen ist im allgemeinen ein streng gehütetes Geheimnis, das sich vom Vater auf den Sohn vererbt.

Der »Steinhuhngürtel« auf der Südinsel bedeckt ungefähr die südlichen zwei Drittel der Insel. Deren beste Wasservogelgegenden liegen nördlich von Invercargill sowie südlich von Christchurch und Nelson, aber auch hier sind die besten Plätze normalerweise ein Familiengeheimnis, das Fremden kaum je anvertraut wird. Da es auch sehr wenig Führer für die Jagd mit der Flinte gibt, hat diese für Touristen kaum Anziehungskraft. Sie ist jedoch für die Neuseeländer selbst ein genußreicher Sport, der mit Hunden ausgeübt wird. Dabei werden die gewöhnlichen Retriever, Spaniels, Pointer und Setter

Gegenüber oben Jagd auf den Elch; ein Gemälde des Kanadiers C. Krieghoff.
Gegenüber unten Löwen im Serengeti – Tierschutzgebiet in Tansania.

benutzt. In den letzten zehn Jahren ist auch der Deutsch-Kurzhaar aus England ins Land gekommen und hat sich als äußerst nützlich und für das Land und die Jagd dort geeignet erwiesen.

In den zwanziger und dreißiger Jahren war die riesige Kaninchenzahl in Australien, vom Standpunkt der Farmer aus betrachtet, nahezu verhängnisvoll und bedrohte ernstlich die Volkswirtschaft. Man versuchte jede damals bekannte oder vorstellbare Methode zu ihrer Verminderung: Schießen, Schlingen, Fallen, Fangnetze, Vergiftung der Wasserlöcher in Dürreperioden, Vergasen der Baue u. a. m. Dabei wurden Millionen von Kaninchen getötet, ohne daß das auch nur die geringste Wirkung auf ihre heißhungrigen Massen auszuüben schien, die das Gras in den Notzeiten zum Schaden des Weideviehs abästen.

Es ist deshalb verständlich, daß man im Jahre 1936 nach sehr gründlichen Tests, die sicherstellten, daß die Krankheit nicht auf andere Tiere übergriff, das Myxoma-Virus versuchsweise benutzte, um festzustellen, ob es sich als »Verminderungsmittel« eignete. Diese Versuche waren zunächst erfolglos, wurden jedoch bis 1943 fortgesetzt. Erst nach dem zweiten Weltkriege kam man mit dieser zweifelhaften Vertilgungsmaßnahme endlich ans Ziel. In den Jahren 1951 und 1952 wurde in Victoria und Neusüdwales eine sehr hohe Kaninchen-Todesrate erzielt. Man sah Millionen von toten und an den Folgen dieser abstoßenden Krankheit sterbenden Tieren.

Seitdem hat die Wirksamkeit dieser Viren sehr merklich nachgelassen. Man mußte neue und noch tödlichere Abarten in immer kürzeren Abständen einführen. Weit sicherer wäre es, wenn möglich, eine mechanisierte Form des Caldra-Langnetzsystems anzuwenden, das auf einen Landrover geladen wäre und große Flächen mit einem Mal umgeben könnte. Aber in Australien sind verständlicherweise dem Kaninchen gegenüber alle Mittel recht – und dennoch überlebt es dank seiner großen Widerstandskraft noch immer...

Aus den gleichen Gründen gibt es in Teilen Australiens auch für das Känguruh keine Gnade, und die Massenschlächtereien, die im 19. Jahrhundert so treffend beschrieben wurden, sind in gewissen Gegenden noch immer ein bedauerlicher, aber notwendiger Bestandteil des täglichen Lebens. Mit Hilfe modernen Lufttransports, Aufklärungsflugzeugen, Landrovern, Funkverbindung und Repetierbüchsen kann man natürlich solche Exekutionen heute noch weit umfangreicher und wirksamer gestalten.

Deshalb sollten derartige Eingriffe in Grenzen gehalten werden. Es wäre ein großer Fehler, zuzulassen, daß das Känguruh in gleicher Weise ausgerottet wird wie einst der Bison in Nordamerika.

Wie der Leser sicherlich verstanden hat, haben die Jagdmöglichkeiten mit der Waffe oder Meute in Australien im Gegensatz zu Neuseeland bis jetzt nie die Anforderungen erfüllt, die man an eine Touristenattraktion stellt. Andererseits gibt es für die Australier selbst Sportmöglichkeiten in beträchtlicher Menge, vom Wasserwild- und Wachtelschießen angefangen bis zur Rotwildpirsch und der Jagd mit Hunden. In verschiedenen Gegenden wird auch die Jagd mit der Meute nach englischer Art noch ausgeübt, obwohl man dabei eher einer Schleppe als einem Fuchs nachreitet. Der alte Jagdstil aber ist erhalten geblieben.

Die meisten zur Jahrhundertwende vorhandenen Jagdarten gibt es auch heute noch. Es sind sogar einige hinzugekommen, von denen ein Teil auf uralte Vorbilder zurückgeht. Es gibt z. B. zumindest eine kleine gemischte Meute, der man zu Fuß folgt, um Wildschweine zu jagen. Wenn das Stück schließlich von der knurrenden, lautgebenden Meute gestellt, gedeckt und verbellt wird, schleicht sich der Rüdemann mit seinem Messer heran, hebt einen der Hunde an den Hinterläufen hoch und gibt der Sau den altehrwürdigen Fang.

Ein Rotspießer, erlegt auf einer Flußniederung der Südinsel Neuseelands. Das Rotwild wurde Mitte des 19. Jahrhunderts eingeführt und bürgerte sich schnell sowohl auf der Nord- als auch auf der Südinsel ein.

Das Krankheitsbild der Myxomatose ist an diesem Kaninchen, das einem schleichenden Tode entgegensieht, deutlich erkennbar.

So machte es Samuel Baker (von dem wir im letzten Kapitel hören werden) im 19. Jahrhundert in Ceylon, und diese Tradition geht bis zu Gaston Phöbus im 14. Jahrhundert und noch viel weiter zurück: Solche Jagdart ist eine der ältesten, die es überhaupt gibt. Auf einem Kontinent vom Ausmaße Australiens, der so große Klimaunterschiede und so viele Landschaftsarten aufweist sowie solche natürlichen Vorteile bietet, sollte es eigentlich jedermann möglich sein, alles Jagen und Reiten zu bekommen, das er ersehnt. Man kann dort Hirsche, Sauen und Wildziegen, ja, neben Känguruhs sogar Büffel, Dingos, Füchse und, wenn gewünscht, Krokodile erlegen. Wachteln und Wasservögel kann man vor Vorstehhunden schießen.

Wie in Neuseeland sind alle üblichen Gebrauchshundrassen vertreten. Eine Neueinführung ist der Deutsch-Kurzhaar, der 1962 aus Schottland nach Victoria kam. Seitdem sind weitere Zuchttiere importiert und ein blühender Züchterklub gegründet worden. Dieser Rasse scheinen Land und Klima großartig zuzusagen, und sie ist offenbar auch für die unleugbar harten Bedingungen besonders geeignet. Man muß dort z. B. auf der Jagd Antitoxin für Schlangengift mit sich führen, falls Herr oder Hund gebissen werden sollte. So etwas kann den leidenschaftlichen Jäger allerdings nicht daran hindern, die Jagd zu genießen.

Solcher Genuß kann jedoch, wie fast jeder Sport, durch gedankenlose oder selbstsüchtige Handlungen einer Minderheit verdorben werden. Wenn man z. B. in Australien eine Hundeprüfung abhalten will, ist es erforderlich, das Gelände zuvor zu erkunden, um festzustellen, ob es genügend Wild gibt. Ein freundlicher Farmer oder Grundbesitzer wird vielleicht andeuten, daß ein gewisser Teil seines Eigentums einen Besuch lohnen würde, und eine kurze Prüfung bestätigt, daß es dort reichlich Wild gibt. Da wäre es nun grundverkehrt, vor der Prüfung deren Ort öffentlich bekanntzugeben, denn in diesem Falle könnte es geschehen, daß die Gegend ratzekahl geschossen ist, wenn das Ereignis stattfindet. Dagegen gibt es hierzulande noch immer keinen gesetzlichen Schutz.

Jagdklubs und Wildschutzvereinigungen sind gegründet worden, die u. a. das Ziel verfolgen, jedermann die Bedeutung bundes- und einzelstaatlicher Kontroll- und Schutzmaßnahmen auch auf örtlicher Ebene klarzumachen. Außerdem wollen sie den Jägernachwuchs im Umgang mit der Schußwaffe und in der Hundeabführung schulen. Der Australier ist jedoch von Natur aus eindeutig gegen Regierungseingriffe in jeder Form eingestellt. Wenn man ihn also nicht davon überzeugen kann, daß die Schonung des Wildes während der Setz- und Brutzeiten in seinem und seiner Mitbürger eigenem Interesse liegt, dann wird trotz aller Information und Beweiskraft wohl wenig dabei herauskommen.

Man hat besonders die zahlreichen Neueinwanderer aus Italien beschuldigt, für einen großen Teil des Schießens in der Schonzeit und des Schlingenlegens für Haarwild sowie die Erbeutung auch geschützter Tiere, wie die Bronzeflügeltaube und den Rieseneisvogel (kookaburra bird; Dacelo gigas), verantwortlich zu sein. Es stimmt, daß in Städten und Vororten Käfigfallen und andere Fanggeräte beobachtet worden sind, und viele kleine Singvögel sind offenbar wirklich in klassisch italienischer Manier in Familienschmortöpfen verschwunden.

Solche Gebräuche sind aber geeignet, die Beziehungen zwischen »neuen« und »alten« Australiern ernstlich zu stören, und man macht deshalb große Anstrengungen, die Betroffenen umzuerziehen und diese Art des Wilderns auszurotten.

Es ist vielleicht bezeichnend, daß es bereits eine Jagdfarm auf King Island in der Bass-Straße zwischen Victoria und Tasmanien gibt, die ausgezeichnet geht. Sie bietet den Abschuß von Fasanen mit einer Tagesbegrenzung von drei Exemplaren. Die Bedingungen sind so, daß das Treffen nicht leicht ist. Es gehört unbedingt ein guter Hund dazu, und selbst damit wird die 3-Stück-Grenze nicht immer erreicht. Die Jagdfarm wird jedoch nach Richtlinien geführt, wie sie von den Schießklubs in gewissen Teilen Nordamerikas befolgt werden. Es ist nicht ausgeschlossen, daß sie einen Vorgeschmack davon gibt, wie die Entwicklung in Australien weitergehen könnte. Könnte! Denn sorgfältige Erhaltung des Wildbestandes und Einhaltung der Schonzeiten würden solche Einrichtungen überflüssig machen.

Die Zukunftsentwicklung ist noch in der Schwebe, und sowohl »alte« als auch »neue« Australier sollten an die kommenden Generationen denken. Jagen, Schießen und künftiger Wildbestand hängen von den Entscheidungen und Maßnahmen ab, die jetzt getroffen werden.

Ein Einwanderer aus Italien gründete 1968 die erste Farm für Fasanenschützen in Tasmanien. Er bot nach amerikanischem Vorbild die Fasanen für fünf Dollar pro Stück an.

11 Die Großwildjagd in Afrika von 1800 bis heute

Als die Briten während der Napoleonischen Kriege 1806 das Kap der guten Hoffnung eroberten, waren die Holländer dort schon hundertfünfzig Jahre lang ansässig. Sie waren jedoch während dieser Zeit nicht viel mehr als 150 Meilen (240 km) in das Landesinnere vorgedrungen, denn sie betrachteten das Kap vorwiegend als Durchgangsstation für den Verkehr mit dem Fernen Osten. Die ersten Siedler, die meist deutscher oder französischer und nicht holländischer Herkunft waren und mit der Absicht kamen, sich ein neues Land zu eigen zu machen, um Verfolgungen in Europa zu entgehen, betrachteten sich bereits als »Afrikaner«. Sie hatten ihr Land meist von Eingeborenenhäuptlingen erworben, nachdem sie so weit wie möglich landeinwärts »getreckt« waren, um den strengen holländischen Behörden auszuweichen, und hatten mehr Interesse an Landwirtschaft und Viehzucht als am Sport. Für sie waren Schießen und Jagen nur Mittel, Fleisch zu bekommen oder Felder und Vieh vor den Plünderungen bzw. Räubereien durch Wildtiere zu schützen. Letztere gab es in großer Zahl.

Der erste Bericht, den der kommandierende Offizier der britischen Truppen aus Kapstadt kurz nach dem Siege absandte, erwähnte bereits das »Brüllen der Löwen« bei Nacht. Afrika muß zu jener Zeit ein wahres Wildparadies gewesen sein. Es gab dort endlose wandernde Tiermassen, die einen großen Teil dieses Erdteils bevölkerten: Herden von Antilopen, Zebras, Giraffen, Löwen und Leoparden, gar nicht zu reden von solchen Tieren wie Elefanten, Nashörnern und Flußpferden. Zusätzlich gab es einen großen Reichtum kleinerer Wildarten und Vögel, vom Strauß bis zum Frankolinhuhn, Reptilien wie Krokodile, Schlangen und Eidechsen sowie eine unendliche Vielzahl von Insekten.

Einer der Hauptgründe dafür, daß die »Afrikaner« oder Burenfarmer nicht weiter in das Landesinnere vorgedrungen waren, bevor die Briten nach Südafrika kamen, dürfte gewesen sein, daß ihre Feuerwaffen damals außerordentlich primitiv waren. Sie scheinen bis zum Beginn des 19. Jahrhunderts langläufige Musketen benutzt zu haben, die eine Gewehrauflage oder Gabelstütze erforderten, oder aber alte, einem früheren Zeitalter angehörende Waffen mit Lunten- oder Radschlössern, die man für den Gebrauch mit Feuersteinen umgebaut hatte. Natürlich waren diese Waffen plump, ganz abgesehen von der Tatsache, daß sie weder wirksam noch genau genug schossen, um damit Großwild gegenüberzutreten.

Im frühen 19. Jahrhundert begannen die Buren, ein schweres Elefantengewehr mit glattem Lauf zu verwenden, das sechzehn Pfund (7,3 kg) wog und mit einer Kugel geladen wurde, von denen vier auf ein englisches Pfund gingen. Die Pulverladung für diese gewaltige Waffe betrug 17 drams (Drachmen) Schwarzpulver* (Fußnote auf S. 206), das man gewöhnlich Handelspulver nannte. Der holländische Ausdruck für diese

Britische Wagehälse brachten Anfang des 19. Jahrhunderts lebendige Schilderungen ihrer Jagd-
erlebnisse mit afrikanischem Großwild mit nach Hause. Hier zwei Darstellungen aus Captain Harris' »Wild Sports of Southern Africa«, das 1839 veröffentlicht wurde. *Oben* Jagd auf den wilden
Elefanten. *Unten* Giraffenjagd.

Ein Bure kehrt von der Jagd zurück. Die Buren hatten wenig Interesse an der Jagd als Sport; sie erlegten Tiere, um sie zu essen oder ihre Viehherden und Ernten zu schützen.

Gewehre war, recht bezeichnend, »Roers«, was den Donner der Explosion beim Schuß wiedergab*. Es ist vielleicht kennzeichnend für die den »Afrikanern« innewohnende Grundhaltung, daß solche Waffen noch bis nach 1870 benutzt wurden.

Die frühesten Berichte von der Großwildjagd in Südafrika verdanken wir Captain William Cornwallis Harris, der zwei Bücher darüber schrieb. Eins davon hieß »Wild Sports of Southern Africa« und das andere »Portraits of the Game and Wild Animals of Southern Africa«. Er erforschte Transvaal 1837, und das war das gleiche Jahr, in dem die Buren ihren großen »Treck« unternahmen, bei dem sie die Matabele-Zulus schlugen und in ihren großen ochsenbespannten Planwagen mit Frauen, Kindern und Vieh ins unerforschte Innere zogen, um der britischen Herrschaft am Kap zu entgehen. Die-

Fußnote zu S. 204   Die Umrechnung ergibt Schrotkaliber 4 gleich 26,7 mm Bohrungsdurchmesser, Kugel 113 g und Pulverladung 30 g. Zum Vergleich: Die Minengranate einer 2 cm-Flak wiegt 115 g. Da kann man nur sagen: Respekt, Respekt! (Anmerkung des Übersetzers)
* Der Verfasser irrt. »Roer« bedeutet im Holländischen schlicht »Rohr«. Wahrscheinlich eine Verwechslung mit dem Worte »roar« aus dem Englischen. (Anmerkung des Übersetzers)

sen mürrischen, starken Männern, ausgezeichneten Schützen mit ihren »Roers«, erfahrenen Jägern und guten Farmern konnte sich kaum etwas in den Weg stellen.

Während seiner Erforschung Transvaals schoß Captain Harris in den Magaliesbergen eine größere Zahl von Elefanten. Besonders ausführlich beschrieb er ein Tal, in dem ».... das ganze Gesicht der Landschaft buchstäblich mit wilden Elefanten bedeckt war. Es können nicht weniger als dreihundert innerhalb unseres Gesichtskreises gewesen sein. Jede Anhöhe und grüne Kuppe war mit Gruppen von ihnen gesprenkelt, während die die Talsohle eine dichte, düstere lebende Masse zeigte – man konnte ihre gewaltigen Formen in den offenen Lichtungen auftauchen sehen, Äste im Rüssel, mit denen sie sich lässig gegen die Fliegen verteidigten.«

Bei einer anderen Gelegenheit fand sein Trupp »eine grünende Schlucht von zwei oder drei Meilen Länge, die völlig mit Klumpen aus Elefanten übersät war.«

Es gibt nicht den geringsten Grund, an Captain Harris' Berichten der von ihm gesehenen Elefantenmengen zu zweifeln. Andere Reisende bestätigten, daß seine Beschreibungen die Zustände zu der Zeit, als die Buren 1837 in Transvaal eindrangen, genau wiedergaben. Wieder andere schilderten die riesigen Mengen von Antilopen und sonstigem Wild. Einer davon war Roualeyn George Gordon Cumming, ein berockter Schotte, der das gleiche Gebiet von 1843 bis 1848 bejagte und 1850 ein Buch mit dem Titel »Five Years of a Hunter's Life in the Far Interior of South Africa« herausbrachte. Seine Aufzeichnungen über die fast tägliche Erlegung großer Wildmengen, angefangen von »camelopards« (Giraffen) über Böcke und Flußpferde bis zu Elefanten wirken auf die Dauer ein bißchen langweilig und manchmal sogar ekelerregend.

Cumming schrieb über die erstaunlichen Wanderungen der Springböcke (Antidorcas euchore) von einem Teil des Gras- oder Buschlandes zum anderen folgendes: »Ich hatte schon zwei Stunden vor der Morgendämmerung in meinem Wagen wachgelegen und dem Grunzen der Böcke auf ungefähr 200 Yards Entfernung in dem Glauben zugehört, daß eine große Springbockherde neben unserem Lager äste. Aber als ich beim Hellwerden aufstand und um mich blickte, sah ich das Land im Norden buchstäblich mit einer dichten Masse von Springböcken bedeckt, die langsam und stetig voranmarschierten. Sie kamen aus der Unterbrechung einer langen Hügelreihe im Westen, durch die sie noch immer wie die Überschwemmung eines großen Flusses hervorquollen. So riesig und überraschend diese am Morgen beobachtete Springbockherde auch war, so wurde sie doch bei weitem von jener übertroffen, die ich auf dem Marsch von meinem ›Vley‹ (Wasserloch) zum Lager des alten Sweir erblickte; denn als wir die niedrige Hügelkette durchquert hatten, aus der sie gekommen war, sah ich die endlosen Ebenen und selbst die Hügel auf allen Seiten dicht bedeckt nicht etwa mit Herden, sondern mit einer einzigen riesigen Herde von Springböcken! So weit das Auge reichte, war die Landschaft von ihnen belebt, und in der Ferne verschmolzen sie zu einer undeutlichen roten Masse lebender Wesen.«

Gordon Cumming schätzte die Zahl der von ihm beobachteten Springböcke in der Größenordnung von Hunderttausenden, und das wurde später als keineswegs übertriebene Beurteilung bestätigt. Sein Gastgeber, der alte Bure Sweir, zeigte sich völlig unbeeindruckt von dem für ihn gewöhnlichen Schauspiel und fügte hinzu: »Du hast heute morgen nur eine einzige Ebene gesehen, die mit Springböcken bedeckt war. Aber ich gebe dir mein Wort, daß ich eine lange Tagesreise über eine ganze Folge von Ebenen geritten bin, die voll davon waren. So weit ich sehen konnte, standen sie so dicht, wie Schafe einer Herde.« Derselbe Vergleich wurde von William Cotton Oswell angewandt, dem großen englischen Sportsmann, der zusammen mit Livingstone 1849 den Ngami-See entdeckte.

Oft erlebten Großwildjäger unangenehme Situationen. Hier eine Abbildung aus dem Buche »Five Years of a Hunter's Life« von Gordon Cumming.

Unter all den Jägern, die in Afrika Großwild erlegten, gebührt Oswell ein hervorragender Platz. Er war ein ausgezeichneter Reiter und schoß meist aus dem Sattel oder stieg für den Schuß ab, wenn das Wild gestellt war. Seine Lieblingswaffe war ein doppelläufiges Purdey-Gewehr vom Kaliber 10, das zehn Pfund wog und eine Leinenpflasterkugel vor einer Ladung von sechs drams feinen Schwarzpulvers schoß*. Der Vorteil dieses Gewehres war der, daß es auch zu Pferde für damalige Begriffe einfach und schnell ladbar war, denn das Pulver war in Papierpatronen verpackt, die man nur an einem Ende abbeißen mußte, bevor man es samt dem Papier in den Lauf stieß. Die Schußgenauigkeit reichte bis fünfzig Yards (45,7 Meter) aus, aber Oswell ritt gewöhnlich bis auf zehn oder fünfzehn Yards an seine Beute heran, um genaue, sofort tötende Schüsse sicherzustellen.

Alle Großwildjäger jener Tage erlebten Situationen, die haarscharf an die Grenze zwischen Leben und Tod führten. William Baldwin, der zwischen 1852 und 1860 im Zululand, der Ngami- und der Sambesiregion jagte, schrieb ein Buch mit dem Titel »African Hunting from Natal to the Zambesi«, das 1863 herauskam und manches Davonkommen mit kanpper Not sowie andere Abenteuer fesselnd schilderte. Die Beschreibung eines seiner haarsträubenden Löwenabenteuer ist eine wirklich spannende Geschichte. Er hatte den ganzen Tag mit einem Breitbeil in der heißen Sonne gearbeitet, um Ersatzteile für seinen Wagen zu machen, und fühlte sich nach eigenem Eingeständnis sehr erschöpft und wacklig, als ihm von einem Löwen ganz in der Nähe berichtet wurde. Nachdem er diesen zwei Meilen weit verfolgt hatte, wurde er eingeholt: »Ich stieg ungefähr sechzig oder siebzig Yards entfernt von ihm ab und schoß auf ihn. Dabei war nur sein Umriß zu erkennen, und er fiel so blitzschnell um, daß ich glaubte, ich hätte

* Auch hier ergibt die Umrechnung noch imponierende Resultate: Laufbohrung 19,7 mm, Geschoßgewicht 42–45 g, Pulverladung 10,6 g. Natürlich noch ein Vorderlader, aber sicher bereits mit Perkussionszündung, d. h. mit Zündhütchen, die ein Versagen fast ausschlossen. (Anmerkung des Übersetzers)

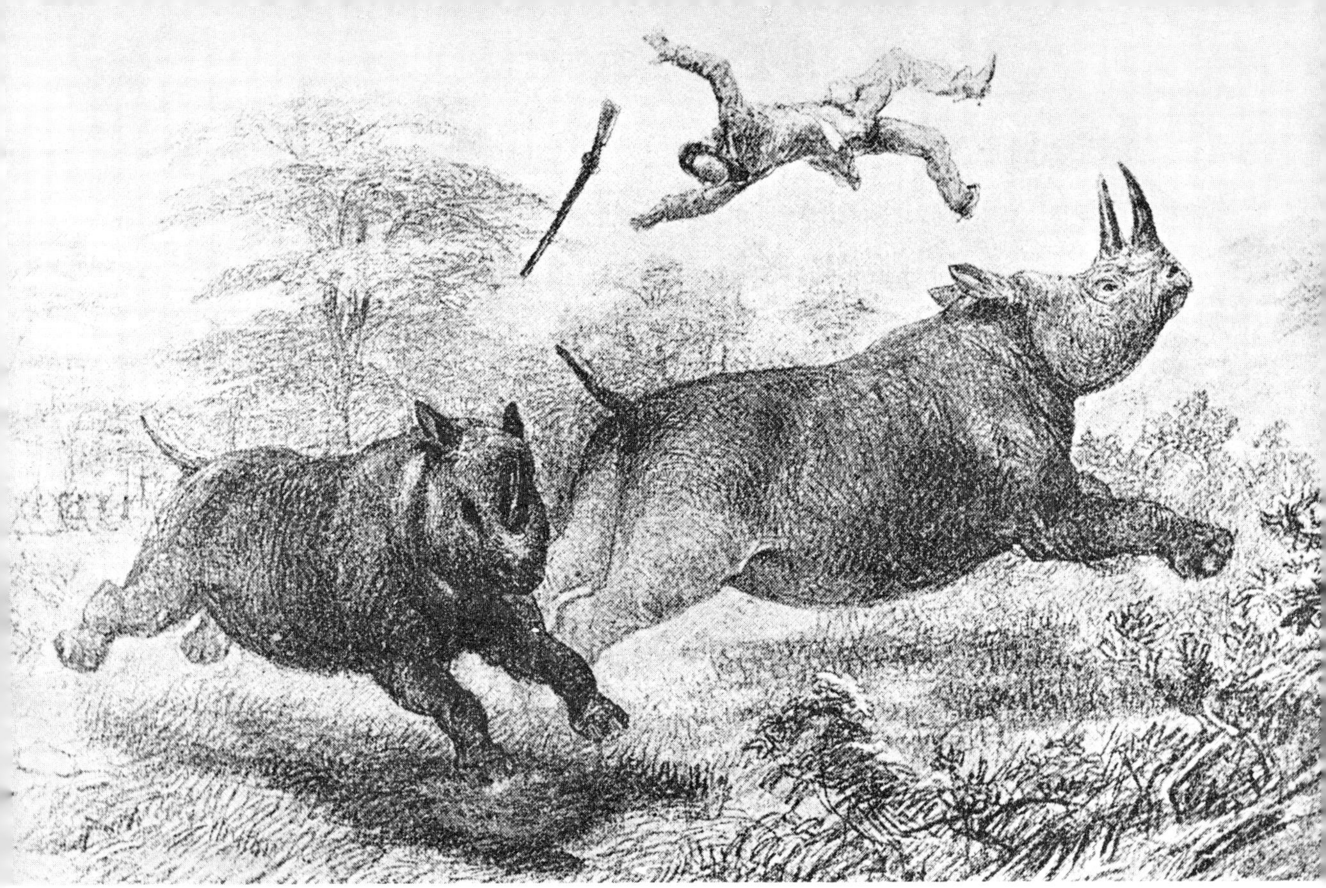

Oben »Hier fühlt man beide Hörner eines Dilemmas«. William Oswell, der große englische Sportsmann, der mit Livingstone den Ngamie-See entdeckte, wird von zwei Nashörnern erwischt.
Unten Livingstone wird von einem Löwen überrascht.

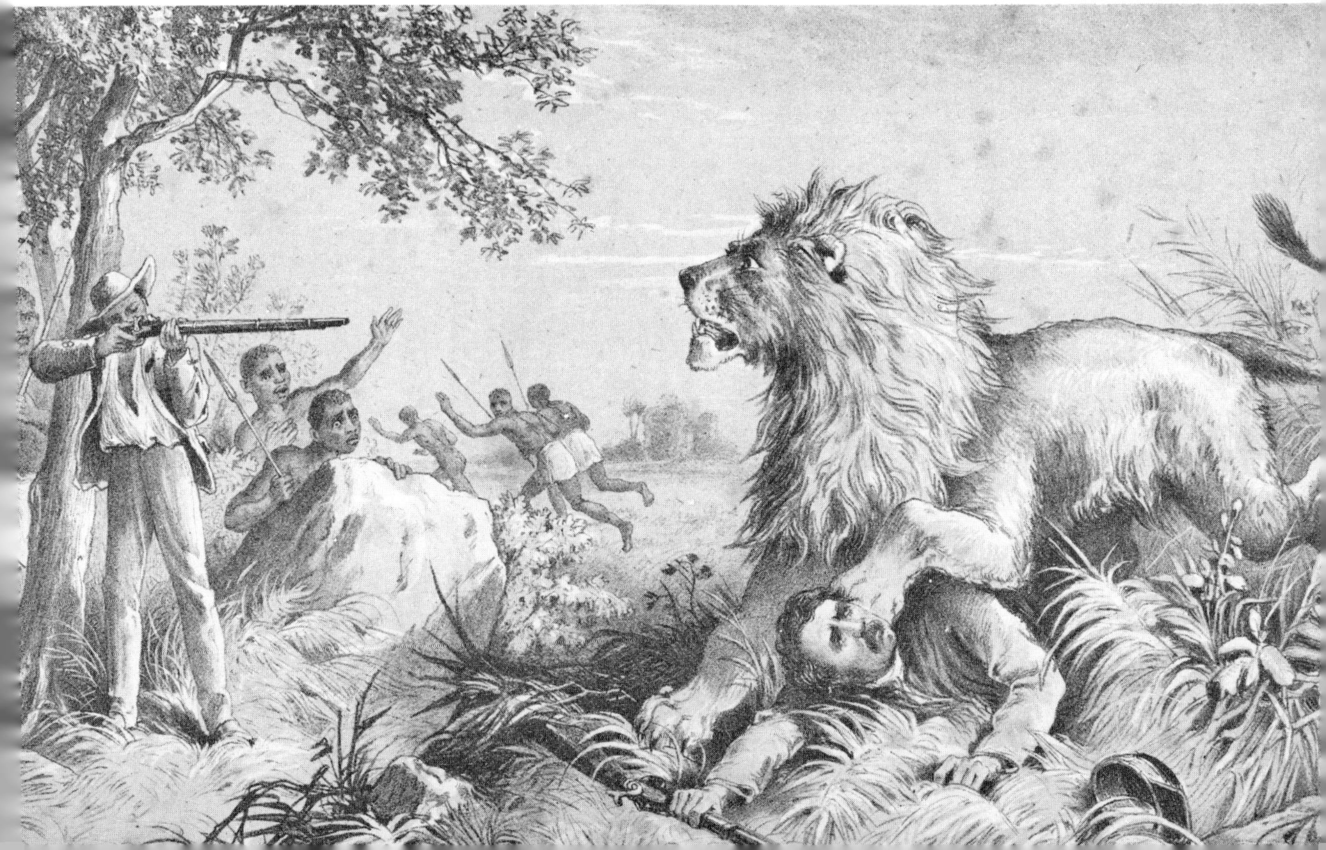

ihn getötet. Ich stieg wieder auf, lud neu, ritt einen kleinen Kreis und richtete mich in den Steibügeln auf, um ihn besser sehen zu können. Seine Augen leuchteten so grimmig, und er kauerte in einer so normalen Stellung mit aufgestellten Ohren, deren Spitzen schwarz wie die Nacht waren, daß ich sofort erkannte: Ich hatte ihn gefehlt. Ich hatte gerade das Pferd in Bewegung gesetzt, um einen Schuß auf eine etwa fünfzehn Yards geringere Entfernung anzubringen, als er mit fürchterlichem Gebrüll angriff. Ferus (das Pferd) wirbelte wie ein Kreisel herum und machte sich mit höchster Geschwindigkeit aus dem Staube. Mein Tier war schnell und hatte bereits Gemsantilopen eingeholt, die zu den flinksten zählen, aber die Art, wie dieser Löwe uns hetzte, war schreckenerregend. Ich war augenblicklich in bester Gangart, vorwärts gebeugt und die Sporen tief in seinen Flanken, auf hartem, flachem, ausgezeichnetem Galoppiergelände. Aber als ich über die Schulter blickte, kam der Löwe näher, mit jeweils zwei Sätzen, wo wir nur einen machten. Ich habe niemals so etwas gesehen und möchte es auch nie wieder erleben. Es ging mir blitzartig durch den Kopf, mich im Sattel herumzudrehen und zu schießen, wenn er nur noch drei Sätze entfernt wäre, aber nach kurzer Überlegung gab ich

William Baldwin, der zwischen 1852 und 1860 in Afrika jagte, erlebte viele Situationen, in denen er nur um Haaresbreite dem Tode entging. Eine Zeichnung aus seinem Buche »African Hunting.«

dem Zügel einen heftigen Ruck nach der einen Seite und grub auf der anderen verzweifelt meinen Sporn in die Weiche – gerade eben noch rechtzeitig, denn der alte Knabe sprang an mir vorbei und streifte dabei meine Schulter mit solcher Wucht, daß er mich beinahe abgeworfen hätte. Aber es gelang mir, mich durch Anklammern am Steigbügelriemen wieder aufzurichten. Der Löwe verminderte sofort seine Geschwindigkeit. Sobald ich mein Pferd durchparieren konnte, was gar nicht so schnell ging, denn Ferus war aufgeregt, sprang ich ab und gab einen guten, ja löblichen Schuß ab, wenn man die Zerreißprobe bedenkt, die ich gerade bestanden hatte (ich spreche das selbst aus, denn wer sollte mich sonst loben?). Dieser Schuß zerschmetterte seinen Hinterlauf auf 150 Yards gerade am Rande eines Gebüsches. Da ich fürchtete, ihn zu verlieren, war ich im Nu wieder im Sattel und jagte wie ein Verrückter hinterher. Sein gebrochener Lauf gab mir große Zuversicht, obwohl das Tier auch auf drei Läufen noch schnell war. Ich sprang vierzig Yards hinter ihm ab und gab ihm den anderen Lauf. Das war ein wirklich guter Schuß, der das Rückgrat zerbrach; als der Löwe dann, wütend brüllend, unter einem Busche lag, bekam er noch zwei Schüsse und damit hatte er genug.«

In den Jahren 1861 und 1862 erforschte Samuel White Baker, der Entdecker des Albert-Sees und damit einer der Nilquellen, Abessinien. In seinem Buche »The Nile Tributaries of Abyssinia« schilderte er auch das Wild, das er in dieser unberührten Gegend, die damals noch völlig unbekannt war, antraf. Eines morgens sah er 154 Giraffen in einer einzigen Herde, Büffel, Hartebeeste (Kuhantilopen; Alcelaphus caama oder auch Leierantilopen), Tiang-Antilopen (Damliscus corrigum), Roananti- lopen (Pferdeantilopen; Hippotragus equinus), Wasserböcke (Kobus defassa), Busch- böcke (Tragelaphus sylvaticus) und verschiedene Gazellenarten nebst anderem Wild. Dort, am Atbara-Fluß, traf er auch die wilden Hamran-Araber, einen Stamm von Jägern, der Elefanten und Nashörner aus dem Sattel mit Schwertern angriff. Während einer von ihnen als Köder diente und sich von dem Elefanten auf seinem Pferde jagen ließ, ritten andere hinter dem Dickhäuter her und durchschlugen ihm mit ihrer schar- fen, zweihändig geschwungenen Schwertern die Achillessehnen. Baker beschrieb eine solche Szene folgendermaßen: »Allergrößte Kaltblütigkeit und Gewandtheit werden von dem Jäger verlangt, der, nunmehr der Gejagte, die Geschwindigkeit seines Pferdes der des Elefanten so anpassen muß, daß das wütende Tier das Rennen gewinnt, bis es beinahe den Schweif des Rosses erreicht. So geht die Verfolgung dann weiter. Inzwi- schen galoppieren zwei andere Jäger von hinten unbemerkt an den Elefanten heran, dessen Aufmerksamkeit völlig von dem beinahe erreichten Pferde in Anspruch genom-

Straußenjagd; aus Bald- wins »African Hunting«.

men ist. Wenn beide Verfolger dem Elefanten dicht auf den Fersen sind springt einer von ihnen in vollem Tempo mit gezogenem Schwerte ab und zerschlägt die Hintersehne mit einem geschickten zweihändigen Hieb, während sein Gefährte die Zügel des ledigen Pferdes ergreift.«

Dadurch wurde der Elefant bewegungsunfähig, und es fiel dem Jäger verhältnismäßig leicht, auch die Sehne des anderen Laufes durchzuhauen.

»Das Tier stirbt schnell am Blutverlust, wird also tatsächlich von einem Manne mit zwei Schwertstreichen getötet.«

Offensichtlich erlegten die Hamran-Araber mit ihren scharfen Schwertern auch Löwen, Antilopen und anderes größeres Wild. Baker, der selbst durchaus bereit war, mit einem Jagdmesser einem angreifenden Keiler entgegenzutreten, schrieb: »Hier gab es Männer, die ohne die Hilfe erstklassiger Büchsen und tödlicher Geschosse auf ihr Wild in seinem Unterschlupfe zugingen und ihm mit Schild und Schwert trotzten ... Ich kam mir erbärmlich klein vor.«

Aber das Abschußtempo begann sich auch in Afrika bereits auszuwirken. Schon 1843 hatte Gordon Cumming über das dauernde Donnern der Burenrohre auf den Ebenen Südafrikas geschrieben. Die Buren schossen das Wild in ungeheuren Mengen, und zwar aus drei Gründen. Erstens wegen des Fleisches, das sie trockneten und entweder selbst verzehrten oder ihren Dienern gaben, zweitens um das Land davon frei zu machen und so Ernten und Vieh zu schützen, und drittens wegen der Häute, die auf Ochsenwagen verladen und zur Küste gebracht wurden, um nach Europa verschifft zu werden. So waren um 1880 herum die Ebenen des Oranje-Freistaates und Transvaals zwangsläufig wildarm geworden.

Etwa 1870 gab es in Transvaal keinen Elefanten mehr, obwohl Harris nur dreißig Jahre zuvor über ihre unermeßliche Menge so begeistert berichtet hatte. Als Erklärung bietet sich an, daß z. B. allein im Jahre 1866 ein einziger berühmter Jäger aus Transvaal, Jan Vilgoen, mit seinen Söhnen 210 Elefanten erlegte. Da dieses Ergebnis wahrscheinlich auf waidmännisch einwandfreie Weise und mit den alten schweren Vorderlader-»Roers« erzielt wurde, war es eine beachtliche Leistung. Eine weniger anständige Art, ähnlich große Mengen in kürzester Zeit bequem zu töten, demonstrierte die Familie van Zyl anfangs der siebziger Jahre. Sie trieb eine Herde von 104 Elefanten in einen Sumpf jenseits des Ngami-Sees im Okavangobecken und hatte bei Sonnenuntergang alle getötet. Unter solchen Umständen ist es wirklich nicht verwunderlich, daß man nur dreißig Jahre benötigte, um die Elefanten in Transvaal auszurotten. Man muß eher darüber staunen, daß es genug gab, um so lange vorzuhalten ...

Nach den Gründen für dieses Massenmorden brauchen wir nicht lange zu suchen. Elefanten und Landwirtschaft lassen sich nicht vereinbaren. Aber ganz abgesehen davon war schon 1837 ein Paar guter Elefantenzähne für den Jäger 60–70 Pfund Sterling wert. Ein Beispiel für den Verdienst, den ein Elfenbeinjäger erwarten konnte, lieferte einer von ihnen, der 1866 siebenundneunzig Elefanten erlegte und damit 5000 Pfund Elfenbein (fast 2,3 Tonnen) erbeutete, für die er rund 1700 Pfund Sterling bekam. 1869 tötete er 111 Elefanten, aber das Elfenbein brachte ihm nur 1750 Pfund. Das war aber für jene Zeit ein hohes Einkommen!

Um die Situation noch schlimmer zu machen, begannen die europäischen Großwildjäger der Victorianischen Zeit damals, nach Afrika zu kommen, um immer stärkere und bessere Rekordtrophäen zu erbeuten. Neue, wirksamere Hinterlade-Doppelbüchsen wurden entwickelt, die das Jagen in den siebziger und achtziger Jahren wesentlich vereinfachten und gefahrloser gestalteten. Gleichzeitig begannen die Eisenbahnen durch die Wildnis zu kriechen und verstärkten unbarmherzig die »Ausbreitung der Zivilisa-

Buren mit einer Tages-
strecke im Jahre 1888.
Die Massenschlächtereien
durch Buren und britische
Trophäenjäger bewirkten,
daß in Südafrika viel
Großwild verschwand.

tion«. Man kann sagen, daß die große Zeit der Großwildjagd in Afrika zwischen 1836 und 1890 lag. Während dieser Epoche wurde das Großwild in vielen Teilen Südafrikas ohne jede Rücksicht auf die Zukunft total abgeschossen und ausgerottet. Und gerade dort war es doch einst in solchem Überfluß vorhanden gewesen!

Ein anderer der berühmten Jäger, der überlebte und dazu kam, ein Buch über seine Abenteuer zu schreiben, war F. C. Selous. Er nannte es »African Nature Notes and Reminiscences« und berichtete darin: »Während einer bestimmten Nacht im Jahre 1873, die ich nie vergessen werde, hörte das Planschen und Trompeten von Herde nach Herde durstiger Elefanten von der Abenddämmerung bis lange nach Mitternacht nicht auf. In dem Lande zwischen Bulawayo und den Victoria-Fällen gab es damals keine Eintönigkeit. Der Überfluß an Großwild-Elefanten, schwarzen und weißen Nashörnern, Giraffen, Büffeln, Zebras und vielen Gazellenarten – machte es sowohl für den Jäger als auch für den Naturliebhaber stets interessant.«

Wenn eine Gegend leergeschossen war, drängten die Jäger weiter ins Innere und erschlossen bei der Suche nach neuen Jagdgründen bisher unberührte Gebiete. Der erste, der über Ostafrika schrieb, war Joseph Thomas in seinem Buche »Through Masailand«.

214

Die riesigen Wildmengen, die er dort fand, scheinen denen Südafrikas in der Frühzeit nicht nachgestanden zu haben. Beinahe vergessene Gestalten, wie Sir John Willoughby und Sir Robert Harvey, erforschten in den achtziger Jahren Kenya, ohne natürlich dabei die Jagd zu vergessen, die sie mit großem Erfolg ausübten. Bald war Kenya von mehr und mehr weißen Farmern besiedelt, und diese fanden zwangsläufig heraus, was die Buren schon vor ihnen entdeckt hatten: daß man das Wild abschießen mußte, wenn man Ernten und Vieh schützen wollte.

Einige Tierarten waren schon damals bis zur Ausrottung verfolgt worden. Ein anderer bekannter Jäger, H. A. Bryden, schrieb darüber 1897: »Das Quagga, eine Art Zebra (Equus quagga), war früher in der Kapkolonie überreichlich vorhanden, und man nimmt an, daß das auch in Teilen von West-Griekwaland und des Oranje-Freistaates der Fall war. Sein Verbreitungsgebiet war eigenartig beschränkt, und es scheint selten oder nie über dessen Grenzen hinausgewandert zu sein. Noch zur Zeit von Cornwallis Harris (1837) schrieb man über dieses Tier, es bewohne die Ebenen des Oranje-Freistaates in »ungeheuren Herden«. Noch 1850 war es ziemlich häufig. Sein Untergang wurde ausschließlich durch felljagende Buren verursacht, und das endgültige Ausster-

Springbockjagd in Südafrika; in der Ferne eilen einige Strauße davon.

216

ben scheint in der Kapkolonie zwischen 1865 und 1870 stattgefunden zu haben. Im Oranje-Freistaat geschah es möglicherweise etwas später.«

Um die Wende des neunzehnten Jahrhunderts berichteten die Schriftsteller, daß viele Tierarten, die man vierzig Jahre zuvor noch in riesigen Herden auf den Grassteppen gesehen hatte, nun nur noch beim heimlichen nächtlichen Besuch der Tränke oder beim Hereinkriechen ins Gebüsch zum Schutz vor der sengenden Sonne bei Tage zu beobachten seien. Sie hatten also ihre Lebensgewohnheiten geändert, um überleben zu können, starben aber auch so durch die rücksichtslose Verfolgung der gierigen Farmer auf dem Graslande oder durch wildernde Eingeborene, die sich zur Fleischbeschaffung leicht herzustellender Drahtschlingen, vergifteter Pfeile oder alter Feuersteingewehre bedienten. Oft verendeten sie unter Qualen und verluderten nutzlos für jedermann.

Ein Buchverfasser hielt ein anderes Ergebnis dieser fünfzigjährigen Verfolgung fest und beklagte, daß ».... schweres Wild in Afrika viel scheuer und mißtrauischer geworden ist als früher und seine Verfolgung dem Jäger erheblich mehr Mühe macht.... lange und ermüdende Stunden im Sattel, nachdem man schon vor Sonnenaufgang von den Wagen aufgebrochen ist und oft das Wild erst nach mehreren Stunden dauernder Fährtensuche, die von eingeborenen Jägern oder Buschmännern durchgeführt wird, erreicht. Unter Umständen werden zwei weitere Stunden mit der eigentlichen Jagd und dem Abhäuten und Zerwirken des Wildes verbracht, und dann kommt ein langer Ritt von möglicherweise fünf oder sechs Stunden zurück zu den Wagen. Nicht selten bricht der Jäger in der Morgendämmerung auf und erreicht das Lager erst wieder, wenn das Tageslicht schwindet oder sogar bei Nacht.... Die eigentliche Erlegung des Wildes, wenn auch nicht immer einfach, ist keineswegs der schwierigste Teil der modernen Jagd in Südafrika. Die Strapazen allein, die das tägliche acht- bis zehnstündige oder noch längere Reiten unter der glühenden Sonne über rauhes und oft ausgedörrtes wasserloses Gelände bedeutet, sind keine Kleinigkeit.«

Inzwischen war es nicht nur Wild, das in Afrika abgeschlachtet wurde. Der Zulukrieg im Jahre 1879 forderte unter Schwarzen und Weißen beträchtliche Opfer. Der erste Burenkrieg wegen der Frage der Selbstregierung Transvaals verursachte 1881 Verluste unter Buren und Engländern. Der zweite Burenkrieg dauerte von 1899 bis 1902 und brachte noch größere Leiden für ganz Südafrika mit sich, ganz abgesehen davon, daß er die Volkswirtschaft des Landes völlig über den Haufen warf.

All diese Kriege beeinflußten das Wild mehr oder weniger nachteilig, denn in Zeiten des Bürgerkrieges wurde noch mehr davon geschossen als sonst. So kam es, daß man sich nach dem zweiten Burenkriege auf Regierungsebene zum ersten Male Sorgen um die verschwindenden Wildbestände machte. Achttausend Quadratmeilen* Landes im nordöstlichen Transvaal wurden als Wildschutzgebiet reserviert und nach dem großen Burenführer Krüger-Nationalpark benannt. Er war ein Nebenprodukt des Krieges und der erste seiner Art, aber ihm sollten bald andere folgen, als die rasch dahinschwindenden Wildbestände immer mehr Grund zur Beunruhigung gaben.

Aber es war nicht nur der Mensch, der für das Massensterben der Tiere verantwortlich war. Auch die Natur konnte grausam sein, besonders, wenn der Mensch das ökologische Gleichgewicht gestört hatte. Um 1900 herum gab es dafür ein denkwürdiges Beispiel. Wie viele andere wüstenbewohnende Tiere, können Springböcke normalerweise lange Zeit, manchmal für Monate, mit der Grünäsung, d. h. ohne Wasser, auskommen. Aber manchmal scheint sie ein unerbittlicher Durst zu überkommen, der gestillt wer-

---

* Das sind 20 720 qkm; etwa die Fläche des Bundeslandes Hessen. (Anmerkung des Übersetzers)

217

den muß, was auch immer geschehen mag. Bei dieser Gelegenheit zogen die Springbockherden im großen Buschmannland, offensichtlich von einem solchen Antrieb befallen, sämtlich nach Westen. Sie erreichten die Küste des kleinen Namaqualandes und schöpften durstig das Salzwasser des Atlantiks. Zehntausende von ihnen gingen am Strande ein, und ihre Kadaver erstreckten sich über mehr als dreißig Meilen.

Anfangs dieses Jahrhunderts, vor dem ersten Weltkriege, machten Lord Cranworth und Lord Wodehouse im Berglande Kenias enorme Strecken. Aber ihre Jagdausübung beschränkte sich dort nicht auf Großwild. Es war vielleicht sogar typisch, daß für sie eigens eine Hundemeute eingeführt und die »Masara-Hounds« getauft wurde. Das Feld traf sich regelmäßig außerhalb Nairobis. Mit Mastern und Pikören im traditionellen roten Rock jagte man Schakale und Böcke anstelle des Fuches.

In den friedlichen, wohlhabenden, großzügigen Tagen Eduards VII. vor dem ersten Weltkriege strömte überhaupt eine ununterbrochene Prozession des niederen Adels aus Europa und England sowie zahlreicher reicher Amerikaner herbei, die in Kenia und Ostafrika Großwild schießen wollten. Theodore Roosevelt kam auch, kurz nachdem seine Präsidentenzeit abgelaufen war, und erklärte feierlich und fest: »Ich bin nicht im mindesten ein Wildschlächter. Meine Interessen sind die eines Tierforschers.« Während seines anschließenden achtmonatigen Aufenthaltes in Afrika schoß er dann vier Löwen, zwei Giraffen, zwei Weißschwanzgnus (Wildebeests, Connochaetes gnu), zwei Nashörner, eine Gazelle und zahlreiches kleineres Wild. Gemessen an dem zur Verfügung stehenden Wildreichtum war das allerdings fast mit seiner vorher ausgesprochenen Absichtserklärung vereinbar.

Der bereits erwähnte Selous schwelgte im Jahre 1908 folgendermaßen in Erinnerungen: »Der Reisende, der jetzt mit der Bahn zu den Victoria-Fällen fährt, reist, das kann man nicht leugnen, in aller Bequemlichkeit. Er rollt, reichlich mit Speise und Trank versehen, durch scheinbar endlose Einöden niedriger Wälder und verkümmerter Büsche und wird vermutlich denken, dies sei ein schrecklich eintöniges und uninteressantes Land. Niemand wird jemals mehr beim Lagerfeuer am Ufer eines der kleinen Flüsse sitzen, die die Eisenbahn überquert, oder das weiße Nashorn beobachten, das gerade noch vor Einbruch der Dunkelheit zur Tränke kommt, noch wird jemand daliegen und zuhören, wie Herde auf Herde von Elefanten nahe dem Lager trinkt und badet.«

Im Jahre 1909 schrieb James Dunbar Brunton in seinem »Sportsman's Guide to North East Rhodesia«: »Afrika als für sein Großwild bekanntes Land ist seit langer Zeit ausgebeutet worden, und viele der zugänglichsten Gegenden wurden stark bejagt, wenn nicht sogar leergeschossen. Das Einströmen der Zivilisation drängt das Wild zurück, und die Jäger müssen weiter in die Ferne gehen, um ihm zu folgen.«

Und sie gingen in der Tat weiter in die Ferne. Major Henry Darley und Captain W. D. M. Bell waren zwei der letzten Elfenbeinjäger, die das Landesinnere bis weit nach Abessinien hinein durchstreiften und sich dabei wenig um Staatsgrenzen kümmerten. Beide schrieben über ihre Erfahrungen. Bell benutzte ausschließlich kleinkalibrige Büchsen, .275 oder .256*, die genaues Schießen und Mut erforderten, damit der Elefant durch einen Schuß ins Gehirn zur Strecke kam. In drei Jagdtagen erlegte er damit einmal 44 Elefantenbullen, und an einem einzigen anderen neun Bullen mit einem

Gegenüber Großwildtrophäen aus der Zeit Eduards VII. Lord Cranworth und Lord Wodehouse bei ihrer Rückkehr von einer Jagdexpedition in die Berge Kenyas.

---

* Metrisch bedeuten diese beiden Kaliberbezeichnungen 7,0 bzw. 6,5 mm. Heute sind für Dickhäuter Kaliber ab 9,3 mm üblich; in manchen Ländern ist das Mindestkaliber .375 Holland & Holland Magnum gesetzlich vorgeschrieben. Besonders beliebt ist zur Zeit die Patrone .458 Winchester Magnum. (Anmerkung des Übersetzers)

Elfenbeingewicht von 660 kg, das ihm 877 Pfund Sterling einbrachte. Sein Rekord scheinen 15 Bullen an einem Tage gewesen zu sein, und in einer Saison erbeutete er im Dalboa-Tal 14 000 Pfund Elfenbein, das sind zwischen sechs und sieben Tonnen. Beim Tschadsee traf er Eingeborene, die die Elefanten zu Pferde mit rasiermesserscharfen breitklingigen Speeren jagten. Sie erlegten sie durch Durchtrennen der Hintersehne, ganz so, wie es Baker beschrieben hat. Bell war der letzte Elfenbeinjäger: er begann 1898, schoß bis zum ersten Weltkriege, kehrte danach zurück und gab sein Gewerbe erst 1921 auf.

Das Resultat dieses ersten Weltkrieges für Afrika bestand darin, daß in Deutsch-Ostafrika und weit darüber hinaus Unruhe entstand, als die Schutztruppe von Lettow-Vorbecks von Ort zu Ort gejagt wurde, ohne daß sie jemals gestellt werden konnte. Starke Streitkräfte waren dabei eingesetzt, und drei direkte Auswirkungen wurden dadurch unvermeidlich. Erstens wurde die Saat für spätere tiefgreifende Unrast ausgestreut. Zweitens kamen viele Siedler, die das Land im Kriege gesehen oder von seinen Möglichkeiten gehört hatten, danach herein. Drittens wurde viel mehr Wild geschossen.

In den zwanziger und dreißiger Jahren war die Großwildjagd in den meisten Teilen Afrikas genau geregelt, aber es gab auch noch große Gebiete, besonders den belgischen Kongo und Portugiesisch-Angola, wo das Schießen wenig wirklichen Einschränkungen unterworfen war. In Kenia und Uganda berechtigte eine Besucher-Jagdlizenz den Inhaber, der dafür 100 Pfund Sterling zahlen mußte, zum Abschuß von 6 Büffelbullen, 6 Oryxantilopen, 8 Topi-Antilopen (Damaliscus corrigum), 6 Grévy-Zebras, 20 Coke's Hartebeeste, 6 Hunter's Antilopen (Kuh-Antilopen, auch Brillenantilopen), 12 Wildebeests (Weißschwanzgnus), 10 Riedböcken (Gattung Redunca) und je 10 Peters-, Grant- und Sömmerings-Gazellen. Löwen waren frei und konnten nach Belieben geschossen werden. Ein Elefant kostete 15 Pfund extra, zwei Elefanten 45 Pfund. eine Giraffe kam ebenfalls auf 15 Pfund, ein Nashorn auf nur 5 Pfund, zwei davon auf 15 Pfund Sterling.

In einem Briefe an die »Times« aus den zwanziger Jahren schrieb Mr. G. H. Anderson, der sich auf zwanzig Jahre Großwildjagderfahrung in Afrika berufen konnte, über die Lage in Tanganjika: »Fast alle Jagdgesellschaften kommen über Kenia in Lastautos und wahrscheinlich einem leichten Tourenwagen ins Land. Diese Gruppen jagen fünf bis sechs Wochen lang und kehren dann mit durchschnittlich fünf Löwen je Schütze (sie sind neuerdings auf fünf begrenzt), dazu Büffeln, Nashörnern, Geparden und wahrscheinlich einen oder zwei Leoparden sowie achtzehn anderen Wildarten zurück. Sie erzielen in sechs Wochen eine Strecke, die in den vergangenen Zeiten mit Trägern sieben Monate oder länger voller Anstrengungen und Mühen erfordert hätte .... Ich bedaure, sagen zu müssen, daß ein großer Teil des Wildes tatsächlich aus dem Fahrzeug heraus geschossen wird. All das macht aus der ganzen Sache eine Farce und hat nach meiner Ansicht mit Sport sehr wenig zu tun. Eigentliches Jagen ist praktisch kaum erforderlich, und eine solche ›Safari‹ bedeutet nur, daß der sogenannte ›Großwildjäger‹ nach sechs Wochen mit einer großen Strecke zurückkommt, die ohne Arbeit, ohne jedes Mühsal und mit sehr geringer Gefahr erbeutet wurde.«

Die Tage der motorisierten Safari und des »white hunters« (weißen Jagdführers) waren also endlich gekommen. Die alten Fachleute waren darüber mit Recht erbost und prophezeiten wie Mr. Anderson dunkel, daß das »Wild in wenigen Jahren nicht etwa total abgeschossen, sondern total abgemurkst sein werde«. Sie hatten gar nicht so unrecht. Auf solche Weise konnte es wirklich nicht endlos weitergehen.

Im Krüger-Nationalpark gab es zu dieser Zeit »Elefanten, schwarze Nashörner, Flußpferde, Elenantilopen, Giraffen, Löwen, Leoparden, Geparden, Rappenantilopen,

Pferdeantilopen, Kudus, Burchell-Zebras, Wasserböcke, Schwarzfersenantilopen, blaue Weißschwanzgnus (ostafrikanische Steppengnus), Halbmondantilopen (tsesseby), Riedböcke, Buschböcke und andere kleine Antilopen. Außerdem lebten dort Flußschweine (bushpigs; Potamo choerus), Warzenschweine und andere Tiere.« Oberstleutnant Stevenson-Hamilton, der den Park sechsundzwanzig Jahre lang betreute, schrieb ein Buch »Low – Veld«, das das Gebiet beschreibt. Darin schätzte er dessen Löwenbestand auf fünfhundert Stück und den jährlichen Abschuß gleich dem Zuwachs. Er sagt weiter: »Die Bruttovermehrung der größeren Antilopenarten unter natürlichen Bedingungen kann man auf jährlich 30 % schätzen. Wie die Dinge im Jahre 1925 lagen, ergab sich eine Nettovermehrung von 15 %. In einer völlig naturgemäßen Umwelt, wo es keinerlei menschliche Eingriffe gibt, wo sich also andererseits auch die Raubtiere ungehindert vermehren können, dürfte der Nettozuwachs bei etwa 5 % im Jahr liegen.«

Zwischen den beiden Weltkriegen wurden in Afrika noch andere Nationalparke und Wildreservate eingerichtet, aber der dem Wilde abgeforderte Zoll stieg insgesamt doch ständig an. Dann brachte der zweite Weltkrieg neues Chaos und frische innere Unruhe. Und obwohl diesmal nur im Norden des Erdteils gekämpft wurde, wurden die Auswirkungen sogar noch stärker empfunden als die des ersten Weltkrieges. Die Nachwirkungen waren unmittelbarer. Wie zuvor, gab es große Unrast und Unzufriedenheit mit dem Leben, wie es war; mehr Siedler kamen nach dem Kriege ins Land, und wieder wurde mehr Wild getötet.

Seit dem Ende des zweiten Weltkrieges hat Afrika möglicherweise größere Erschütterungen erlebt als jeder andere Erdteil. Das verhinderte allerdings zunächst nicht, daß die motorisierten Safaris in vielen Gebieten weitergingen. Dann aber tendierten die bürgerkriegsähnlichen Verhältnisse doch dazu, solche leichtfertigen Unternehmungen zu unterbrechen, ja, sie machten sie in einer Weise gefährlich, die die Teilnehmer wohl nicht vorausgesehen hatten. Losfahren, um Großwild zu schießen und anstatt dessen selbst beschossen werden – das schreckte den durchschnittlichen »Sportsmann« entsprechenden Typs genügend ab.

Einer der letzten Autoren, die die afrikanische Großwildjagd beschrieben, war Robert C. Ruark in seinem Buche »Horn of the Hunter«, das eine motorisierte Safari beschreibt. Er flog 1952, gerade vor Ausbruch des Mau-Mau-Aufstandes, nach Nairobi und unternahm mit seiner Frau und einem »white hunter« eine solche Expedition. Er sah und schoß auch Wild und schrieb sehr unterhaltsam darüber, aber verglichen mit den Berichten früherer Jäger macht sein Buch sehr deutlich, daß es an Tieren arg fehlte. In den letzten fünfziger und in den sechziger Jahren befreite sich England von seinen afrikanischen Verpflichtungen, und Belgien folgte seinem Beispiel. Das Resultat waren nur allzu oft Bürgerkriege und Blutvergießen, das den Unabhängigkeitserklärungen folgte. 1957 erhielt die Goldküste die Unabhängigkeit und wurde 1960 zur Republik Ghana. 1960 wurde Nigeria selbständig, hatte aber von 1967 bis 1970 unter einem Bürgerkrieg zu leiden. Im Jahre 1961 wurde Südafrika eine unabhängige Republik und im gleichen Jahre auch Tanganyika unter dem Namen Tansania. 1963 wurde Kenya selbständig, und im nächsten Jahre wurde Nord-Rhodesien zur unabhängigen Republik Sambia. Im Jahre 1966 wurde Betschuanaland unter dem Namen Botswana und Nyassaland unter der Bezeichnung Republik von Malawi selbständig, nachdem die Föderation von Rhodesien im gleichen Jahre auseinandergebrochen war. Schließlich erklärte sich Südrhodesien 1970 zur unabhängigen Republik.

Während des größten Teiles dieser Epoche hatte es im Kongo Aufstände und Bürgerkriege gegeben. Der frühere belgische Kongo war 1960 zur kongolesischen Republik

geworden. Die versuchte Abtrennung des Staates Katanga unter Moise Tschombé ergab einen Bürgerkrieg, der bis 1967 dauerte. Während der gleichen Zeit gab es im benachbarten Angola viele Unruhen und Kämpfe.

Diese Zusammenstellung politischer Veränderungen und Auseinandersetzungen wurde eingefügt, damit der Leser sich einen Begriff von der gegenwärtigen Situation machen kann. In Tansania gibt es das berühmte Serengeti-Wildschutzgebiet, einen Nationalpark, der 6000 Quadratmeilen* in den Regionen von Aruscha, Mwanzi und Mara umfaßt. Er ist bekannt durch die Vielfalt und Anzahl des darin lebenden Wildes. Uganda hat nicht weniger als drei Nationalparke mit einer sehr großen Artenzahl. Es gibt noch andere, besonders in Kenya und Südrhodesien. Zusammen mit dem Krüger-Nationalpark stellen diese eine kleine Vorratskammer für das Großwild Afrikas dar, aber leider wird dieses in riesigen Gebieten noch immer ohne jede wirksame Begrenzung geschossen und gefangen.

Es ist ein trauriger Kommentar über das Leben, daß das Großwild trotz aller Anstrengungen der Naturschützer von Jahr zu Jahr weniger wird. Gott sei Dank ist in dieser Hinsicht nicht alles katastrophal. Die weißen Nashörner mögen z. B. zusammen mit einigen anderen Großwildarten dem Aussterben nahe sein, dafür gibt es aber andere, die sich sogar vermehren. In den Nationalparken fühlen sich gewisse Tierarten ausgesprochen wohl, wie die Zahlen aus dem Krüger-Park zeigen. Bei anderen ist es zur Erhaltung des natürlichen Gleichgewichts erforderlich, einen jährlichen Abschuß vorzunehmen. Und damit sind wir vielleicht bei einer Antwort auf die Frage nach der

Umseitig
Wandernde Herden im Serengeti-Wildreservat. Ein kleiner Bruchteil der endlosen Herden der Vergangenheit!
Unten
Wo vielleicht die Zukunft der Jagd in Afrika liegen könnte: Ein Jäger beim Sammeln von Vögeln nahe des Mashi-Flusses in Nordrhodesien.

* Das sind 15 540 qkm; fast genau die Fläche des Bundeslandes Schleswig-Holstein. (Anmerkung des Übersetzers)

Zukunft der Jagd in Afrika angelangt. Jene Touristen, die sich eine »Trophäe« wünschen, könnten sich eine Abschußerlaubnis kaufen und unter der Führung eines der Parkwächter ausnutzen. Das wird natürlich in manchen Gegenden bereits gemacht, und es scheint, daß an Bewerbern kein Mangel ist. Die Kosten einer solchen Lizenz tragen zur Unterhaltung des Personals und des Parkes selbst bei. Das ist natürlich weit entfernt von den guten alten Tagen des Ochsenwagens und Vorderladers...

Die einzige Reitjagd, die es in Südafrika noch gibt, trifft sich zwar noch mit Master und Pikören im roten Rock, aber sie jagt auf einer Schleppfährte. Vielleicht gibt es sogar noch eine Meute außerhalb Nairobis, die Schakale jagt, aber das ist wenig wahrscheinlich. Es gibt jedoch so vieles kleinere Wild, so viele Vögel – das Frankolinhuhn, das Wasserwild und die Trappenarten –, die einem Jäger in Afrika Freude verschaffen können! Man kann fast überall in Afrika erfolgreich mit der Flinte jagen, aber das scheint bisher als Touristenattraktion überhaupt nicht beachtet worden zu sein. Es wäre vielleicht an der Zeit, das Großwild in seinen Reservaten in Ruhe zu lassen und sich auf die vielen »kleineren« Jagdmöglichkeiten zu konzentrieren, die dieser Erdteil zu bieten hat.

12 Die Jagd im Fernen Osten von 1700 bis heute

Die Beamten und Offiziere der Ostindischen Gesellschaft und der britischen Regimenter, die man im siebzehnten und achtzehnten Jahrhundert nach Indien sandte, um die Franzosen zu bekämpfen, entdeckten schnell eine Vielzahl sportlicher Unterhaltungsmöglichkeiten, die ihnen dort offenstanden. Die Wasser- und Dschungelvögel, die Rebhühner, Fasanen, Schnepfen und das andere exotische Federwild versahen sie mit reichlichen Jagdgelegenheiten. Aufregender waren natürlich die organisierten Gesellschaftsjagden, bei denen Hirsche verschiedener Art, Wildschweine, Leoparden, Tiger, Löwen, Bären, Elefanten oder sogar Nashörner angetroffen und erlegt wurden.

Solche Gesellschaftsjagden mit riesiger Teilnehmerzahl wurden von den Radschas oder Eingeborenenfürsten noch immer in weitgehend gleichem Stil abgehalten, wie unter Kublai Chan, nur in kleinerem Maßstab. Große Mengen eingeborener Treiber drückten das Wild durch das hohe Dschungelgras auf die Schützen zu, die in relativer Sicherheit in »howdahs«, großen umschlossenen Plattformen, auf Elefanten saßen. Offene »howdahs« wurden ebenfalls viel verwendet, und ein starker Tiger konnte in seiner Verzweiflung durchaus bis auf den Kopf oder die Kruppe des Elefanten springen, so daß der Jäger sein Gewehr häufig fast in den Rachen des wütend fauchenden Tieres stecken mußte. In solchen Fällen waren gute Nerven erforderlich.

Aber auch stählerne Nerven reichten nicht immer aus, wenn das Steinschloß versagte, und dann war manchmal der Jäger das Opfer. Außerdem waren die Radschas in jenen Tagen keineswegs immer freundlich. Der berüchtigte Tippu oder Tippoo, Herrscher von Mysore, war ein Musterbeispiel dafür. Er war der Sohn des Abenteurers Hyder Ali, ein glühender Englandfeind, und es lag ihm meilenfern, besuchenden englischen Offizieren Jagdgelegenheit zu bieten. Diese konnten viel eher damit rechnen, ihre Tage in seinen Kerkern beschließen zu müssen. Nach seinem Tode bei der Belagerung von Seringapatam im Jahre 1799 wurde sein Palast geplündert. Einer der dabei entwendeten Gegenstände ist noch heute im Victoria-und-Albert-Museum in London zu besichtigen. Es ist ein lebensgroßer, hölzerner, realistisch dargestellter Tiger, der auf einem englischen Offizier liegt und diesem mit Krallen und Zähnen zusetzt. Im Innern des Tieres ist ein Mechanismus verborgen, der die Schreie des Opfers nachahmt, wenn man eine Kurbel dreht.

Es ist deshalb nicht sehr verwunderlich, daß es über die Jagd in Indien im 18. Jahrhundert nur wenig schriftliche Berichte gibt. Das erste Buch über die Jagd im Fernen Osten ist Captain Thomas Wi'liamsons »Oriental Field Sports«, das 1807 von Edward Orme veröffentlicht wurde. Es war eine Frucht von Williamsons Dienstzeit während der vorangegangenen zwanzig Jahre, die in den achtziger Jahren des 18. Jahrhunderts begonnen hatte. Anstatt ausschließlich über die Jagd zu berichten, beschrieb er das gesamte

Ein lebensgroßer Holztiger bei der »Bearbeitung« eines englischen Offiziers. Er war Eigentum von Tippu, dem Herrscher von Mysore. Eine mechanische Orgel im Innern ahmt die Schreie des Opfers nach.

Leben in Indien zu jener Zeit. Dabei erwähnte er auch die Jagdmethoden der indischen Fürsten, die dabei zwei- bis dreitausend Elefanten und dreißig- bis vierzigtausend Leute zu Pferd und zu Fuß einsetzten. Sein erster Gedanke sei bei diesem Anblick gewesen, wo die Schlacht denn nun eigentlich stattfinden solle...

Williamson beschäftigte sich besonders eingehend mit zwei Methoden, die von der Ostindischen Gesellschaft angewendet wurden, um Elefanten zu bekommen. Diese wurden damals für schwere Arbeiten, für Transporte und die Jagd viel gebraucht. Das »Keddah-System«, um sie zu fangen, bestand einfach in einer größeren Fläche, die von einem Graben umgeben war, der zu breit war, daß der Elefant hinübersteigen konnte. Außerhalb des Grabens gab es einen stabilen hölzernen Zaun. Dann wurde ein trichterförmiger Eingang gebaut, der in den »Keddah« hineinführte. Schließlich trieb man die Herde wilder Elefanten mit Hilfe einiger Tausend zu diesem Zwecke angeworbener Treiber hinein. Einmal darin, wurde die Herde eingeschlossen und langsam gezähmt. Das dauerte mit Hilfe bereits zahmer Elefanten gar nicht so lange.

Eine andere Methode zum Fang einzeln umherziehender Bullen bestand darin, sie mit einem Paar »Koonkies« – abgerichteten weiblichen Tieren – anzulocken. Diese ver-

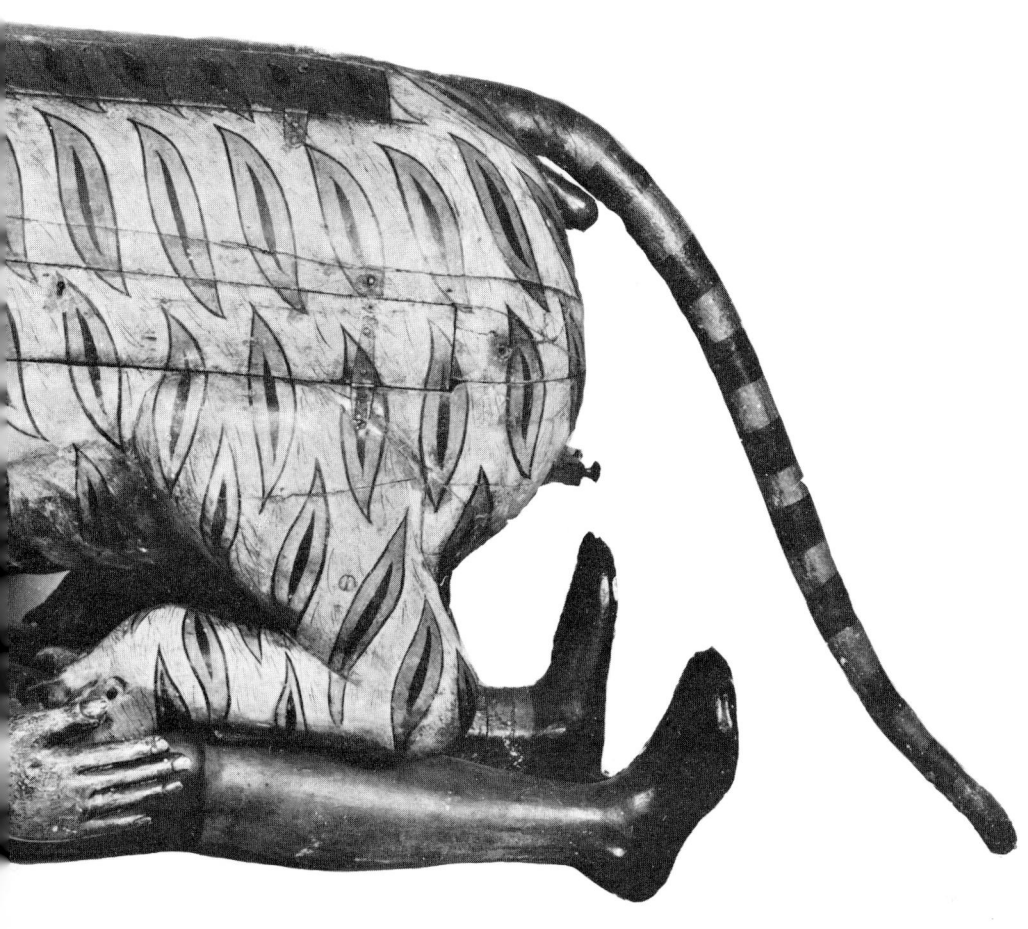

führten den Bullen, während der »Mahout« oder Elefantenwärter ein Seil um seinen Fuß befestigte und es an einem Baum festband. Die »Koonkies« verstanden ihre Aufgabe so gut, daß sie dem Mahout tatsächlich bei der Anbringung des Seiles halfen und die Aufmerksamkeit des wilden Elefanten ablenkten. War die Fesselung abgeschlossen, halfen sie später bei der Zähmung durch den Mahout.

Williamson schrieb auch über das Aufspießen von Bären aus dem Sattel und über die gleiche Jagdart auf Wildschweine. Es scheint, als ob der wohlbekannte Sport des »Schweinestechens« (pig sticking) sich erst aus dem »Bärenstechen« entwickelt hat. Da sich die Anzahl der Bären im 18. Jahrhundert als unzureichend erwies, haben sich die britischen Sportsleute eben auf Wildschweine umgestellt. Daraus entwickelte sich dann der Lieblingssport des 19. Jahrhunderts, das Schweinestechen. In vollem Galopp durch dichtes hohes Gras, hinter einem »glückbringenden«, schnellen Beutetier herzureiten, das sich jeden Augenblick stellen und Roß und Reiter mit rasiermesserscharfen Gewehren anfallen konnte, erforderte schon einen besonderen, durch Gewöhnung erworbenen Geschmack. Aber der scheint sich bereits 1807 durchgesetzt zu haben.

Eine andere Tatsache, die Williamson auffiel, war die Degeneration der englischen

Meuten- und Vorstehhunde im indischen Klima. Die dritte oder vierte Generation war bereits unbrauchbar. Die klimatischen Einflüsse bewirkten, daß die Hunde alle Jagdlust und jedes lebhafte Temperament einbüßten. Das träfe besonders auf Windhunde zu, schrieb er, die viel zur Schakalhetze verwendet würden.

Bei dem Thema Wolfsjagd beschrieb Williamson eine Eingeborenenfalle, die in ihrer Einfachheit bis in die Frühzeit des Menschen zurückreicht. Alles, was man brauchte, war eine Art Galgen, von dem ein Korb herabhing. In diesem lag ein Zicklein, das man sorgfältig festgebunden hatte. Um sicherzustellen, daß es dauernd blöckte, wurde wurde ein Wasserbehälter mit einem feinen Loch darüber angebracht, so daß das Tierchen in regelmäßigen Abständen von einem Tropfen getroffen wurde. Dann wurde der Galgen über dem Schacht eines ausgetrockneten Brunnens von genügendem Durchmesser aufgestellt, der mit Zweigen verblendet wurde. Der Wolf kam heran, versuchte die Ziege zu erreichen und fiel Hals über Kopf in den Schacht.

Nun bestand noch das Problem, den Wolf lebend wieder aus dem Schacht herauszubringen. Es wurde durch einen Soldaten gelöst, der sich, angespornt durch eine entsprechende Belohnung, hinablassen ließ und herausfand, daß er den Wolf leicht mit

Der Fang eines wilden Elefantenbullen mit Hilfe abgerichteter weiblicher Elefanten, die seine Aufmerksamkeit auf sich ziehen.

einer Schlinge fesseln konnte: der hatte noch mehr Angst vor dem Menschen, als umge-
kehrt. War er aber an die Oberfläche gezogen, kehrte sein Kampfgeist zurück, so daß
es sich schließlich als beste Lösung erwies, eine Schakalfalle oder einen Käfig hinunter-
zulassen, in den der Wolf hineinkomplimentiert wurde. Dann wurden Behälter mit
Inhalt herausgezogen und der Wolf auf einer offenen Fläche freigelassen, um als Beute
einer Hetzjagd zu dienen.

Bezüglich der am Rande des Dschungels möglichen Federwildjagd ging Captain Williamson auf Einzelheiten ein. Er beschrieb zwei Arten von Chukarhühnern, Sumpfschnepfen, Waldschnepfen, »florican«, d. h. eine von zwei vorkommenden Trappenarten*, Tauben und Gartenammern (ortolans; Emberiza hortulana). Von letzteren
berichtete er, daß ein Freund einmal dreizehn Dutzend mit einer Ladung Vogeldunst
erlegt habe. Außerdem sprach er von starken Hasen und schwachen Füchsen und erwähnte ganz besonders die Pfauen, die »guten Sport« abgäben. Der Pointer sei der gegebene Jagdhund für Indien.

* Diese beiden sind die bengalische Barttrappe (Houbaropsis bengalensis) und die Flaggentrappe
(Sypheotides aurita). (Anmerkung des Übersetzers)

Andere Jagdarten, über die er schrieb, waren das Schießen von Nashörnern und Tigern vom Elefanten herunter oder von Plattformen in Bäumen (»machans«). Außerdem erwähnte er die Erlegung auf Bäumen lauernder Leoparden und das Schießen auf dem Ganges von Booten aus. Die Methode scheint bei letzterem darin bestanden zu haben, sich einer Gegend zu nähern, wo der Fluß seine Ufer überflutet hatte, und die verschiedenen Wildarten zu schießen, wenn sie zur Tränke kamen. Wie Williamson selbst andeutete, war dabei keine große jagdliche Leistung erforderlich. Die Jagd auf Schweinshirsche (Cervus porcinus) mit der Lanze scheint ein weit sportlicheres Unternehmen gewesen zu sein. Dabei wurde nach seinen Angaben einmal ein Jäger so schwer geforkelt, daß man einige Zeit an seinem Aufkommen zweifelte.

Sehr wahrscheinlich hat uns Captain Williamson ein wirklichkeitsnahes Bild von den jagdlichen Möglichkeiten vermittelt, die dem Europäer in Indien zur Verfügung standen. Aber andererseits hat er wohl selbst nicht allzuviel Gelegenheit gehabt, auf Großwild zu jagen. Er bringt nicht viele Beispiele von Jagden auf andere Tiere als Tiger, Leoparden und Bären. Außer einer flüchtigen Randbemerkung über Nashörner findet sich bei ihm kaum etwas über das Thema Großwild. Löwen werden nicht erwähnt, und auch über die Erlegung von Elefanten sagt er nichts.

Die Ratschläge im Tagebuch eines hohen ostindischen Beamten aus den ersten Jahren des 19. Jahrhunderts, das bisher nur privat veröffentlicht wurde, ergeben eine sehr gute Vorstellungsmöglichkeit darüber, welche Jagdmöglichkeiten den privilegierten Mitgliedern der Regierung und der Streitkräfte damals offenstanden. Die jagdlichen Eintragungen des Verfassers beginnen 1819 und enden 1825; sie sind kaum mehr als Hinweis auf die Sportarten, die er besonders liebte. Bevor er Indien im Jahre 1831 verließ, unternahm er eine Expedition in das Bergland, wo er einen »monal« (Königsglanzfasan, Lophophorus impejanus), einen Goldfasan (Chrysolophus pictus) und einen J'har schoß sowie gehörnte und andere kleinere und weniger exotische Fasanen sah*. Er schoß auch Waldschnepfen und Rebhühner. Auf diesem letzten Jagdzuge begegnete ihm auch das Tharwild (Hemitragus jemlaicus), die Wildziegen des Himalaya. Während der etwa zwanzig Jahre seines Aufenthaltes in Indien scheint dieser Beamte eine größere Vielzahl von sportlichen Betätigungen ausprobiert zu haben als Captain Williamson.

Es ist ein bißchen schwierig, seine Gesamtstrecke auf seinen verschiedenen Jagdausflügen abzuschätzen. Aber es steht fest, daß die Teilnehmer innerhalb von sieben Jahren 104 Tiger erlegten. Es scheint äußerst wahrscheinlich, daß er gut die Hälfte davon selbst schoß und auch oft Doubletten mit dem rechten und linken Lauf erzielte. Die Gewehre, die er benutzte, waren von John und Joseph Manton** hergestellt. Außerdem hielt er eine Zwei-Unzen-Büchse (Geschoßgewicht 57 g) für größeres Wild, z. B. Elefanten, bereit. Sein Rat für angehende Jäger in Indien liest sich wie folgt: »Um die Jagd in diesem Lande wirklich genießen zu können, sollten Sie einen eigenen Elefanten haben. Die »howdah« (Sitzplattform) sollte so leicht wie nur möglich angefertigt sein. Machen Sie sich nichts daraus, wenn der Elefant so groß wie ein Haus ist: der Vorteil zeigt sich

---

* Die deutschen bzw. wissenschaftlichen Bezeichnungen für »J'har« und »horned pheasants« konnte selbst das äußerst freundliche und hilfsbereite Frankfurter Senckenberg-Museum und Forschungsinstitut nicht herausfinden. Ihm sei an dieser Stelle besonders gedankt. (Anmerkung des Übersetzers)

** Joseph Manton war ein berühmter englischer Büchsenmacher zu Beginn des 19. Jahrhunderts. Er verbesserte u. a. die Flinte durch Einführung der Laufschiene und ließ sich 1818 das »tube lock«, einen Vorläufer des Perkussionsschlosses, patentieren. Er gilt als bester, nie übertroffener Meister seines Faches. (Anmerkung des Übersetzers)

nach der Arbeit eines langen Tages oder während eines weiten Rittes. Wenn bei anderen Rücken und Brust wund sind, wird der Ihre noch brauchbar sein. Pflegen Sie ihn gut und geben Sie ihm nach hartem Tagewerk reichlich Massaulak. Lassen Sie ihn nicht aus purer Angeberei unnötig von einem Tiger verletzten, denn das macht ihn mit Sicherheit ängstlich. Sie sollten vier Doppelgewehre (nach Möglichkeit von Joe oder John Manton) in Ihrer Howdah mit sich führen, dazu außerhalb eine Zwei-Unzen-Büchse, die nur auf Großwild wie Elefanten, Nashörner und Büffel benutzt wird. Denn wenn diese auch schon mit gewöhnlichen Kugeln erlegt worden sind, so ist dabei Glück im Spiele gewesen; große sind notwendig. Zur Ausrüstung gehören weiter ein Doppel- oder Einzelpfahlzelt, acht oder zehn Kamele, eine Trägerkolonne, ein alter zweirädriger Wagen mit Pferden und ein Reitpferd, dazu so viele Elefanten der Gesellschaft, wie Sie bekommen können. Wenn Sie ein paar Freunde begleiten – um so besser. Aber größer darf die Gesellschaft nicht werden, wenn Sie wirklich jagen wollen.«

Der vielleicht gewaltigste Nimrod in Indien und Afrika, sicher aber einer der berühmtesten Großwildjäger des 19. Jahrhunderts, war Samuel White Baker, der Sportsmann und Forschungsreisende. Er kam 1843 im Alter von zweiundzwanzig Jahren nach Ceylon, um Elefanten zu schießen. Baker, ein Mann von beträchtlicher körperlicher Stärke

Trappenjagd in Indien anfangs des 19. Jahrhunderts. Viele Vogelarten am Rande des Dschungels boten den britischen Jägern gute Jagdmöglichkeiten.

und großer Entschlossenheit, war der erste, der auf die Elefanten in Ceylon, die eine regelrechte Landplage waren, eine Wirkung erzielte. Es gab damals hohe Abschußprämien dafür.

Die Waffen Bakers waren als solche bereits einzigartig. Er benützte entweder eine 36 Zoll lange einläufige Büchse, die einundzwanzig Pfund wog und eine massive Vier-Unzen-Kugel vor der unglaublichen Ladung von 16 Drams schoß, oder eine lange Doppelbüchse von 16 Pfund, deren Kugeln je zwei Unzen wogen und von zwölf Drams Pulver angetrieben wurden*. Diese beachtlichen Waffen waren fähig, jedes Tier an den Platz zu bannen. Seine einläufige unglaubliche Büchse sandte ihre Vier-Unzen-Kugel

Saujäger werden von einer Tigerin überrascht. Auf dieser Abbildung aus Captain Williamsons »Oriental Field Sports« zeigt sich deutlich, mit welchen Zufällen bei der Jagd in Indien zu rechnen war.

* Die 36 Zoll der ersten Büchse ergeben umgerechnet 91,44 cm. Zieht man 37 cm für den Kolben ab, so verbleiben für den Lauf nur 54,44 cm; es ist also wahrscheinlich nicht die Gesamt-, sondern die Lauflänge gemeint. 21 englische Pfund sind 9,4 kg, die Kugel wog 113 g, das Pulver 28,3 g (!!!). Das Gewicht der zweiten Waffe betrug 7,3 kg, ihr Geschoßgewicht 56,7 g, die Pulverladung 21,2 g. Baker muß nicht nur »beträchtliche körperliche Stärke«, sondern auch stählerne Nerven besessen haben. Die normale Schwarzpulverladung betrug nämlich zur Zeit unserer Urgroßväter nur etwa ein Fünftel des Geschoßgewichtes! (Anmerkung des Übersetzers)

einmal auf 200 yards durch beide Hüftgelenke eines Büffelbullen. Ein anderes Mal schoß er damit zwei Büffel mit einem Schuß: beide wurden glatt durchschlagen. Bei einer weiteren Gelegenheit schoß er einen Elefanten mit einer Kugel durch die Stirn auf 120 yards mausetot.

Wie Oswell in Afrika, betrachtete Baker den Elefanten als dem Löwen überlegen. Er schrieb: »Der Löwe wird ganz allgemein als König der Tiere betrachtet, aber niemand, der je einen wilden Elefanten gesehen hat, kann auch nur einen Augenblick daran zweifeln, daß diesem der Titel als Erbrecht gebührt. Der Elefant ist der Herr der Schöpfung, an Kraft und Klugheit allen Tieren überlegen, wenn er durch die Wälder seiner Heimat streift. Er äst die Knospen und Blätter von hochgelegenen Zweigen und wirft aus reiner Schalkhaftigkeit junge Bäume um. Er wandelt bei Tagesanbruch maje-stätisch durch Steppe und Wald, ein Monarch alles dessen, was er überblickt...«

Und ebenfalls wie Oswell in Afrika, geriet auch Baker manchmal in die Klemme. Eine solche beschrieb er folgendermaßen: ».... von genau dem gleichen Punkte, wo der letzte tote Elefant lag, kam die wahrhaftige Verkörperung eines bösartigen Einzelgän-gers in vollem Angriff. Sein Rüssel war hoch in die Luft geworfen, sein Schwanz stand

»Erlegung eines Leopar-den« aus »Oriental Field Sports«. Die Jagd von der »Howdah« oder Sitzplatt-form auf dem Rücken ei-nes Elefanten aus war in Indien eine verbreitete Methode und wird dort auch heute noch in dieser Form ausgeübt.

235

aufgerichtet über seinem Rücken wie ein Stock, und genau wie die Pfeife einer Lokomotive gellend, jagte er mit einer geradezu erstaunlichen Geschwindigkeit durch das hohe Gras auf mich zu. Seine Augen blitzten, als er herankam, und er hatte mich als sein Opfer auserwählt . . .

Das miteinander verflochtene Gras machte einen Rückzug unmöglich. Ich hatte nur einen Lauf geladen, und der war nutzlos, denn der erhobene Rüssel schützte seine Stirn. Ich fühlte mich verloren . . . und entschloß mich, mit dem Schuß zu warten, bis er ganz nahe war, immer hoffend, daß er seinen Rüssel senken und damit seine Stirn entblößen möge.

Er kam heran, wie ein Pferd in vollem Galopp; während das Gras nach beiden Seiten auseinanderflog, war er in wenigen Augenblicken bereits ganz dicht bei mir, aber sein Rüssel war immer noch aufgerichtet, so daß ich nicht schießen konnte. Eine Sekunde später war er in seiner ungestümen Gangart auf drei Fuß Entfernung von mir angekommen, da schlug sein Rüssel mit der Geschwindigkeit einer Peitschenschnur herunter, und er war mit einem schrillen Wutschrei über mir.

In diesem Augenblick schoß ich, flog aber im Nu durch die Luft, wie ein vom Schläger getroffener Ball. Ich war im Moment des Schusses nach links gesprungen, aber er traf mich trotzdem mit seinem Zahn in voller Wucht auf die rechte Hüfte und schleuderte mich acht oder zehn Schritte weit fort. Zugleich hielt er an, drehte sich im Kreise, schlug das Gras rund um sich herum mit seinem Rüssel und begann eine gründliche Suche nach mir. Ich hörte ihn der Stelle näherkommen, wo ich still wie ein Toter lag, und wußte, daß meine einzige Chance im Verstecken lag. Ich hörte das Rascheln des Grases ganz nahe bei mir; er kam immer näher und schlug schließlich das Gras genau über mir mehrmals mit dem Rüssel. Ich hielt den Atem an und erwartete jeden Augenblick, daß er seinen massigen Fuß auf mich setzen würde. Glücklicherweise hatte ich jedoch meinen Schuß aufgespart, bis die Büchse ihn fest berührt hatte: so hatten Pulver und Rauch ihn beinahe geblendet und seinen Geruchssinn zeitweilig verdorben. Zu meiner Freude hörte ich das Rascheln des Grases schwächer werden . . . und schließlich war er fort. Ich glaubte damals zunächst, daß die Hälfte meiner Knochen gebrochen sei, da ich von der Kraft des Stoßes von Kopf bis Fuß wie betäubt war. Man kann solchen Angriff nur mit der Wucht einer Lokomotive vergleichen, die zwanzig Meilen in der Stunde (32 Stundenkilometer) fährt. Ich glaubte nicht, mich bewegen zu können, konnte mich aber dann doch auf Händen und Knien aufrichten. Dabei bemerkte ich zu meiner Freude, daß doch kein Knochen gebrochen war und stand mit einem Gefühl der Dankbarkeit schließlich aufrecht. Unter Schwierigkeiten erreichte ich einen nahegelegenen Wasserlauf, in dem ich mein Bein badete, aber es schwoll in wenigen Minuten trotzdem auf die Dicke einer Männertaille an.«

Solche Kleinigkeiten hinderten Baker keineswegs daran, sich schon zwei Tage später wieder auf die Jagd zu begeben und vier Elefanten zu schießen, davon zwei als Doublette mit dem rechten und linken Lauf. In fünf Tagen erlegte er einmal 31 Elefanten, und seine größte Tagesstrecke betrug vierzehn: eine bemerkenswerte Leistung, besonders mit einem Vorderlader!

Baker schrieb zwei Bücher: »With Rifle and Hound in Ceylon« und »Wild Beasts and their Ways«. In dem ersteren beschrieb er seine Lieblingsjagdart, nämlich die Verfolgung von Hirschen und Sauen zu Fuß mit seinen Hunden. Bewaffnet war er dabei mit einem Jagdmesser, das aus einem gekürzten Hochland-Claymore* (Fußnote auf S. 238) bestand, der zweischneidig und scharf wie ein Rasiermesser zugeschliffen war und eine 46 Zentimeter lange und fünf Zentimeter breite Klinge bei einem Gewicht von ungefähr drei Pfund aufwies. Er beschrieb diesen Sport mit folgenden Worten: »Der

Samuel White Baker ging 1843 als Zweiundzwanzigjähriger nach Ceylon, um Elefanten zu schießen. Eine Abbildung aus seinem Buche »With Rifle and Hound in Ceylon.«

S. W. Baker erlegt ein von Hunden gestelltes Wildschwein; aus »With Rifle and Hound in Ceylon.« Sauen und Hirsche zu Fuß und mit Hunden zu jagen, war sein Lieblingssport.

Mann, der den Hunden in diesem wilden Lande durch Dschungeln, Flüsse, Ebenen und tiefe Schluchten folgen will, muß kerngesund an Gliedern und Lunge sein und darf kein überflüssiges Fleisch an sich haben. Er muß bereit sein, manchmal von Sonnenaufgang bis Sonnenuntergang unterwegs zu sein, oft ohne außer einer Tasse Kaffee und einem Stück Toast vor dem Aufbruch etwas zu sich genommen. Es ist anstrengende, mühsame Arbeit, aber auch ein edler Sport; man hat keine andere Waffe als das Jagdmesser und keine Gewißheit über die Wildart, die man finden mag. Es kann ein Hirsch, ein Wildschwein oder ein Leopard sein. Dabei sind bis auf den heutigen Tag das Messer und die guten Hunde alles, dem man vertrauen kann.«

Wie die meisten Großwildjäger betrachtete Baker den wilden asiatischen und afrikanischen Büffel als gefährlichstes Jagdwild. Er schrieb darüber: »Der Angriff eines Büffels ist eine sehr ernste Sache. Viele Tiere greifen an, wenn sie wütend gemacht worden sind, aber man kann sie im allgemeinen durch die betäubende Wirkung einer Büchsenkugel zum Abdrehen bringen, selbst wenn diese nicht tödlich ist. Der Büffel ist jedoch der Fleisch gewordene Teufel, wenn er sich einmal zum Angriff entschlossen hat. Nichts

Fußnote zu S. 236 Es ist nicht klar, ob die ursprüngliche, mittelalterliche Form des schottischen Claymore gemeint ist, der ein schmales Schwert mit Griff zur anderthalben Hand war, oder die modernere, pallaschartige, die einen ledergefütterten Korb besitzt und sich von der italienischen Schiavona ableiten läßt. Wahrscheinlich ist letztere Ausführung gemeint; mit den oben beschriebenen Änderungen kommt dabei eine Art Hirschfänger mit vorzüglichem Handschutz heraus. (Anmerkung des Übersetzers)

kann ihn dann zum Umkehren bewegen, er muß tatsächlich vom plötzlichen und augenblicklichen Tode und nichts anderem aufgehalten werden. Wenn er nicht getötet wird, wird er mit Sicherheit seinen Gegner vernichten. Es gibt keine andere lebende Kreatur, die so entschlossen ist, das Leben aus ihren Gegnern zu stampfen; und die Heftigkeit seiner Wut ist unübertroffen, wenn ein verwundeter Büffel in seinem letzten verzweifelten Angriff vorwärts stürmt. Sollte es ihm gelingen, seinen Feind umzuwerfen, wird er dessen Körper nicht nur mit den Hörnern zerfleischen, sondern auch versuchen, ihn in Stücke zu reißen und auf dem leblosen Leibe zu knien sowie ihn mit den Hufen zu zerstampfen, bis die Überreste zur Unkenntlichkeit verunstaltet sind.«

Wenn man dieses Bild vor Augen hat, kann man sich Bakers Gefühle leicht ausmalen, als dieser sich einem angeschweißten Büffel im seichten Teile eines Sees mit leergeschossener Waffe gegenübersah. Er erzählt es so: »Plötzlich zuckte eine glänzende Idee durch mein Hirn. Ohne die Augen von dem Tiere vor mir zu wenden, lud ich eine doppelte Menge von Pulver in den rechten Lauf, riß einen Fetzen von meinem Hemd ab und nahm alles Hartgeld aus meiner Börse, nämlich drei Schillinge in Sixpenny-Stücken und zwei Anna-Stücke, die ich glücklicherweise zur Entlohnung der Kulis in so kleiner Münze bei mir hatte. Dann machte ich mit dem Hemdfetzen schnell eine Geldrolle daraus, und diese war kaum in den Lauf gestoßen, als der Bulle wieder vorwärtssprang . . . Die Hörner waren gesenkt, ihre Spitzen umgaben mich von beiden Seiten und die Mündung meines Gewehres berührte fast seine Stirn, als ich den Abzug durchzog und der Gegenwert von drei Schillingen in Kleingeld in seinen Schädel rasselte. Er brach zusammen und überschlug sich durch das plötzliche Abbremsen seines Ansturms.«

Baker wartete nicht, bis der betäubte Büffel wieder zu sich kam, sondern nahm die Beine in die Hand und machte sich aus dem Staube. Wie die meisten Großwildjäger, oder wenigstens diejenigen, die am Leben blieben, wußte er, daß es Augenblicke gibt, wo man fest bleiben, und andere, wo man das Feld räumen muß, und sei es auch nur vorübergehend. Bei dieser Gelegenheit flüchtete er auf einen Baum, während der Büffel betäubt auf der Ebene lag. Als er am nächsten Morgen, voll Hoffnung, ihn zu finden, wiederkam, war keine Spur des Büffels mehr zu sehen*. Solche Vorfälle geben der Großwildjagd nun einmal ihre besondere Würze.

In dieser Klemme steht S. W. Baker einem angeschweißten Büffel mit einem Gewehr gegenüber, das mit Sixpence – Stücken geladen ist, denn die Kugeln sind ihm ausgegangen.

Die Meuterei der Sepoy-Truppen im Jahre 1857 hielt Indien zwar für ein Jahrzehnt in Aufruhr, störte aber die Jagd nur wenig. Es kann sein, daß sich die Zahl der menschenfressenden Tiger vergrößerte und daß es mehr angeschweißtes, also gefährliches Großwild gab, aber sonst änderte sich kaum etwas. H.A.C. Levesson, der unter dem Pseudonym »The Old Shekarry« (»Der alte Jäger«) schrieb, fand genug menschenfressende Tiger und erlegte sie zur Freude ganzer Distrikte, die davon terrorisiert worden waren. Mit seinem Buche »The Hunting Grounds of the Old World«, das 1868 herauskam, stattete er einen erregenden Bericht seiner Abenteuer ab.

Fußnote zu S. 239 Ich habe diese Geschichte getreulich übersetzt, ohne sie in Richtung Glaubwürdigkeit abzuändern. Es scheint mir jedoch erforderlich, auf die vielen Widersprüche hinzuweisen, die darin enthalten sind. Warum wartete der doch offensichtlich nicht schwer verletzte Büffel den umständlichen Ladevorgang ab? Warum rissen die »ihn umgebenden Hörner« Baker beim Sturz des Büffels nicht um? Wie kam letzterer, obwohl betäubt, aus dem See auf die Ebene? Blieb Baker die ganze Nacht auf dem Baum, auf den er gar nicht klettern mußte, da ja der Büffel außer Gefecht war? Warum trifft der laut Illustration vorhandene zweite Schütze auf etwa 20 Meter nicht? Bakers Büchse hatte Kal. 8. Dafür ist die normale Schwarzpulverladung 8,75 g, die Ladung bei der Beschußprobe 26,25 g. Baker aber schüttet sogar 42,4 g hinein! Am Morgen »war keine Spur des Büffels mehr zu sehen«. Auch keine Schweißfährte? (Anmerkung des Übersetzers)

»Pig Sticking« (Schweinestechen) war bei den britischen Truppen in Indien ein sehr beliebter Sport.

Durch das Aufkommen des Hinterladers wurde die Jagd in Indien wie in Afrika wesentlich sicherer und einfacher. Es stimmt wohl, daß Jäger wie Selous gesagt hätten, man könne jedes Stück Wild einschließlich eines Elefanten mit einer einzigen Vorderkugel Kal. 16 (16,8 mm) töten. Aber die meisten Leute zogen doch die Möglichkeit vor, im Bedarfsfalle schnellstens nachzuladen. Die Fähigkeit des Hinterladers, auch über fünfzig Yards hinaus noch genau zu treffen, war nicht so wichtig wie Aufhaltekraft und schnelles Nachladen.

Während des Restes des 19. Jahrhunderts blieb die Jagd in Indien so ziemlich in den beschriebenen Bahnen. Die englischen Truppen dort zogen das Schweinestechen meist der Großwildjagd vor, aber gelegentlich versuchten sich doch die meisten Offiziere einmal darin, einen Leoparden oder Tiger zu schießen. Einige begannen sogar, ein Interesse an Himalaya-Expeditionen zu bekunden, um dort Rekordtrophäen von Thars und anderem Wild zu erbeuten. Es waren eben die Tage der Rekordtrophäen, und Tiger, Leoparden, Büffel und Elefanten wurden in erster Linie wegen des sinnlosen, wetteifernden Begehrens erlegt, alle anderen Jäger mit einer größeren und besseren zu übertreffen.

Im großen ganzen war Indien zu weit von Europa entfernt, um die gleiche Anzahl von Jägern anzulocken wie Afrika. Es gab dort auch nicht in gleichem Ausmaß den Wunsch,

den Boden für die Landwirtschaft zu erschließen und das Großwild loszuwerden. So wurde dessen Zahl, obwohl vielleicht anfangs geringer, in den späteren Jahren nicht in gleichem Ausmaße dezimiert. Zugegeben, in manchen Gegenden wurde es seltener, sogar sehr selten. Aber es gab auch noch Regionen, wo es im Überfluß vorhanden war. Die Jahrhundertwende und die Ära Eduards VII. hatten wenig Einfluß auf die britische Herrschaft in Indien und die Wildmengen, die man dort jagte und schoß. In den meisten Bezirken, in denen Kavallerieregimenter stationiert waren, gab es auch Hundemeuten, mit denen Schakale oder Hirsche gejagt wurden. Im übrigen verschaffte die Flinte auf Schnepfen, Chukarhühner, Trappen und das zahlreiche andere Feder- und Wasserwild genug jagdliche Betätigung. Das Großwild war eine besondere und andere Kategorie, denn es gehörte ein langer Urlaub von mehreren Monaten dazu, eine Jagdexpedition zu organisieren. Gelegentlich machte jedoch ein Leopard oder Tiger den örtlichen Dorfbewohnern Schwierigkeiten und wurde dann mehr als dienstliche Verrichtung denn als Sport geschossen.

Der erste Weltkrieg hatte äußerlich wenig Auswirkungen auf Indien, und das Leben dort schien in den alten Gleisen weiterzulaufen. Das Schießen von Tigern aus den »Machans« oder Hochsitzen unter Verwendung einer elektrischen Lampe erwies sich in den zwanziger und dreißiger Jahren als eine Art Neuheit. Bis dahin hatte diese Jagdart vom Mondlicht abgehangen, obwohl der Tiger oft vor der Dämmerung oder erst nach Tagesanbruch erschien.

Das Prinzip bestand einfach darin, eine solche Plattform nahe bei dem letzten Riß des Tigers zu errichten. Der Jäger bestieg sie am frühen Nachmittag, setzte sich zurecht und machte sich schußbereit. Kam der Tiger zurück, erlegte ihn der Jäger, wenn möglich. Das ist die prosaische Beschreibung eines endlosen verkrampften Wartens auf wackligem Hochsitz im bequemen Sprungbereich eines möglicherweise berüchtigten Menschenfressers, der an solche Fallen gewöhnt ist. Das kurze Husten, das der Tiger bei der Rückkehr an den Riß hören läßt, kann die erste Warnung sein, die der Jäger von seiner Gegenwart erhält. So war die Hinzufügung einer elektrischen Lampe zu seiner Ausrüstung manchmal ein großer Vorteil, denn damit brauchte er nicht mehr auf das Mondlicht zu warten. Wenn die Anwesenheit des Tigers am Riß hörbar wurde, konnte der vorher eingerichtete Scheinwerfer eingeschaltet und der Schuß abgegeben werden. Selbst so berühmte Jäger wie H. Corbett machten von dieser Neuerung Gebrauch, wenn es auch nur bei bekannten Menschenfressern geschah.

In den zwanziger und dreißiger Jahren war der Hauptwilderer nach Ansicht mancher Behörden der eingeborene Shikari (Jäger, Führer, Jagdgehilfe). Er verkaufte das Fell, das Fleisch und sogar das Haupt als Trophäe. Gemäß Oberstleutnant C. H. Stockley in seinem Buche »Big Game Shooting in the Indian Empire« sah das so aus: »Es ist ein regelrechter geordneter Markt für den Verkauf von Trophäen entstanden. Solche aus Kaschmir, den Vereinigten- und den Zentral-Provinzen finden ihren Weg ... zu den großen Geschäften in Bombay und in manchen Fällen auch Kalkutta. Verkauft werden sie zu den erstaunlichsten Wucherpreisen an Weltenbummler, die manchmal aber auch eine Menge Geld sparen, indem sie »ihre Trophäen« im Laden eines Mittelsmannes im Landesinneren erwerben.«

Der zweite Weltkrieg brachte für den Fernen Osten riesige Veränderungen. Das britische Weltreich hatte in Indien offensichtlich sein letztes Stadium erfolgreicher Regierung erreicht. Der Krieg in Burma hatte zu Tod und Vernichtung vielen Wildes geführt, allerdings ist es möglich, daß es weniger war, als man sich einbildete. Die Anwesenheit großer Truppenmassen in Indien hatte auf den dortigen Wildbestand fast ebenso große Auswirkungen.

Gegenüber Fasanenjagd in Meruchak durch Mitglieder der British-Afghanischen Grenzkommission im späten 19. Jahrhundert.

242

Durch die indische Unabhängigkeitsakte von 1947 wurden Indien sowie Ost- und Westpakistan selbständig. 1948 wurde auch Ceylon unabhängig. Leider erzeugten diese Veränderungen zunächst Aufstände und blutige Gemetzel zwischen Religionsfanatikern. Im Laufe der Zeit beruhigten sich die Dinge zwar, aber es hat gelegentlich beunruhigende Töne und eine Periode offenen Krieges gegeben. Die Lage im Fernen Osten ist noch weit von Stabilität entfernt; aber das kann man im Augenblick von der ganzen Welt sagen.

Was das Wild betrifft, so besteht kaum ein Zweifel daran, daß in manchen Gegenden zügellos gewildert wird. Wilddieberei ist jedoch im Dschungel nicht so einfach wie auf

Die Tigerjagd ist heute eine hoch organisierte und einträgliche Touristenattraktion.

offener Steppe. Das Wild hat sich deshalb in Indien und Pakistan wahrscheinlich besser gehalten, als man voraussehen konnte. Es ist sicher in vielen Bezirken nicht mehr so reichlich vorhanden wie einst, aber das ist ja auf der ganzen Welt so. Während der fünfziger und sechsziger Jahre ist die Großwildjagd dort, wo die Umstände sie ermöglichen, eine einträgliche Attraktion für Touristen geworden. Eine Schikar-Expedition in den Fernen Osten übertrifft heute wahrscheinlich bereits eine Großwildsafari in Afrika an weltweitem Anreiz.

Hege anstatt Jagd ist die allgemeine Tendenz, aber es gibt vieles, was den sportliebenden Besucher in den Fernen Osten zieht, und sei es auch nur die Jagd mit der Flinte.

Literaturverzeichnis

Der englischen Originalausgabe lagen folgende Veröffentlichungen zugrunde
(in chronologischer Reihenfolge):

Anonymus: La Chace dou Cerf, ca. 1275
Twici, Guyllame: Le Art de Venerie, 1327
Anonymus: Le Livre du Roy Modus, 1338
Gaston III.: Gaston Phoebus, 1391
Edward, Duke of York: The Master Of Game, 1410
Bernes, Dame Julyans: The Boke of St. Albans, 1486
Fouilloux, du: La Venerie de Jacques du Fouilloux, 1561
Cockaine, Sir Thomas: A Short Treatise on Hunting, 1591
Markham, Gervase: The Gentlemans Academie, 1595
    – Countrey Contentments, 1615
    – Hungers Prevention: The Whole Art of Fowling by Land and Water, 1621
Cox, Nicholas: The Gentleman's Recreation, 1674
Blome, Richard: The Gentleman's Recreation, 1686
Howlett, Robert: The School of Recreation, 1696
Giles, Jacob: The Compleat Sportsman, 1718
Gardiner, J. S.: The Art and the Pleasures of Hare-Hunting, 1750
Fairfax, Thomas: The Compleat Sportsman, 1758
Beckford, Peter: Thoughts on Hunting, 1781
Thornton, Thomas: A tour of the Highlands, 1784
Strutt, Joseph: Sports and Pastimes, 1801
Thornton, Thomas: A Sporting Tour through Various Parts of France, 1802
Daniel, W.B.: Rural Sports, 1801
Williamson, Thomas: Oriental Field Sports, 1807
Hawker, Peter: Instructions to Young Sportsmen, 1814
Cook, John: Observations on Fox-Hunting, 1826
Scrope, W.: The Art of Deer-Stalking, 1838
Harris, W.C.: The Wild Sports of Southern Africa, 1839
Blaine, D.: Encyclopedia of Rural Sports, 1840
St. John, C.: Wild Sports and Natural History of The Highlands, 1845
    – : Analysis of the Hunting Field, 1846
Cumming, R.G. Gordon: Five Years of a Hunter's Life in the Far Interior of South
    Africa, 1850
Baker, Samuel White: The Rifle and the Hound in Ceylon, 1854
Stonhenge: Rural Sports, 1855
Berkeley, George C.G.F. (Grantley): A Month in the Forests of France, 1857
    – The English Sportsman in the Western Prairies, 1861
Baldwin, W.C.: African Hunting, 1862
Baker, Samuel White: The Nile Tributaries of Abyssinia, 1867

Speedy, Tom: Sport in the Highlands and Lowlands of Scotland, 1884
Davenport, Bromley: Sport, 1885
Walsingham, Lord: Shooting, Field and Covert, Badminton Library, 1889
Gallwey, R. Payne: Letters to Young Shooters, 1892
Dixon, J. Willmott (Thornanby): Kings of the Rod, Rifle and Gun, 1901
Arkwright, W.: The Pointer and his Predecessors, 1902
Baillie-Grohman, F.B.: The Master of Game, 1904
Drummond, J.: The Animals of New Zealand, 1905
Buller, W.L.: Birds of New Zealand, 1906
Selous, F.C.: Recent Hunting Trips in British North America, 1907
  – African Nature Notes and Reminiscences, 1908
Cuming, E.W.D.: British Sport, Past and Present, 1909
Coaten, A.W.: British Hunting, 1910
Smith, W.H.: A Sporting Tour, 1912
Baillie-Grohman, W.A.: Sport in Art, 1913
Sparrow, W.S.: British Sporting Artists, 1922
Bell, W.D.M.: The Wanderings of an Elephant Hunter, 1923
Percival, A.B.: A Game Ranger's Note Book, 1924
Lyell, D.: The African Elephant and its Hunters, 1924
Slitzer, F.: The Story of British Sporting Prints, 1925
Digby, G.B.: The Mammoth and Mammoth-Hunting in North-East Siberia, 1926
Schwerdt, C.F.G.R.: Hunting, Hawking, Shooting (4 Bände), 1928
Gee, Ernest: Early American Sporting Book, 1928
Manchester, Herbert: Four Centuries of Sport in America (1490–1890), 1931
Smith, H. Worcester: A Sporting Family in the Old South, 1936
Urk, J. B. van: Story of American Foxhunting, 1940

Bildnachweis

Fett gedruckte Seitenzahlen bezeichnen farbige Abbildungen

Register